天津市高校"学科领军人才培养计划"项目研究成果

影视艺术与传媒应用型教材
戏剧与影视学学科系列教材

王艳玲　杨爱君／丛书主编

# 电视编导实训教程

DIANSHI BIANDAO SHIXUN JIAOCHENG

张　萌　王艳玲／编著

U0652240

北京师范大学出版集团
BEIJING NORMAL UNIVERSITY PUBLISHING GROUP
北京师范大学出版社

**图书在版编目（CIP）数据**

电视编导实训教程 / 张萌，王艳玲编著. —北京：北京师范大学出版社，2020.8（2025.1重印）

（影视艺术与传媒应用型教材）

ISBN 978-7-303-25145-2

Ⅰ. ①电⋯　Ⅱ. ①张⋯ ②王⋯　Ⅲ. ①电视节目制作-高等学校-教材　Ⅳ. ①G222.3

中国版本图书馆 CIP 数据核字（2019）第 206242 号

---

DIANSHI BIANDAO SHIXUN JIAOCHENG

出版发行：北京师范大学出版社 https：//www.bnupg.com

北京市西城区新街口外大街 12-3 号

邮政编码：100088

| 印　　刷：北京虎彩文化传播有限公司 |
| 经　　销：全国新华书店 |
| 开　　本：787 mm×1092 mm　1/16 |
| 印　　张：13.75 |
| 字　　数：345 千字 |
| 版　　次：2020 年 8 月第 1 版 |
| 印　　次：2025 年 1 月第 4 次印刷 |
| 定　　价：49.80 元 |

---

| 策划编辑：周　粟 | 责任编辑：朱前前 |
| 美术编辑：李向昕 | 装帧设计：李向昕 |
| 责任校对：丁念慈 | 责任印制：马　洁 |

---

# 作者简介

## 张　萌

　　天津师范大学津沽学院广播电视编导专业讲师。曾在中央电视台经济频道、天津电视台文化娱乐频道担任编导，具有丰富的实践经验。作为自由撰稿人，曾在《读者》《知音》《家庭》以及《八小时以外》等杂志发表文章超过40万字。

　　长期从事广播电视、新媒体创作研究，主讲课程为《电视编导基础》《视听语言》《电视音乐音响》《导演基础》等。指导学生作品获得国家级、省部级奖项四十余项。

## 王艳玲

　　天津师范大学新闻传播学院教授，中国传媒大学广播电视艺术学博士，天津市高校"学科领军人才培养计划"人选，天津师范大学"戏剧与影视学"硕士一级学科带头人，天津师范大学艺术硕士专业学位评定分委员会委员。中国高等院校影视学会第五届理事会理事，天津师范大学马季艺术研究会理事，北京电影学院中国电影教育研究中心特聘研究员，河北大学校外兼职博士生导师。

　　长期从事广播影视、网络媒体及媒介批评研究，在《新闻与传播研究》《现代传播》《新闻大学》《当代传播》《文艺理论与批评》《戏曲艺术》等核心期刊及部分高校学报发表学术论文90余篇；主持并完成了国家社会科学基金项目1项、教育部规划课题1项、省级哲学社会科学课题4项（重点项目3项）；出版专著及教材4部。

# 戏剧与影视学学科系列教材书目

1. 电视编导实训教程（张萌　王艳玲）
2. 经典影视作品读解教程（杨爱君）
3. 影像语言（孙蕾）
4. 文艺理论教程（王艳玲）
5. 影视精品解读（韩红梅）

# 总　序

## 站在互联网时代思考影视传媒艺术教育

周　星

影视教育在过去年代几乎等同于专业技术教育，编导演化服道等分工差异与专业至上成为法则。随着社会文化发展需要与观念扩展，影视教育不仅包含影与视之间的交汇，而且影视与文学之间的交融借鉴也日渐丰富，打破了技术唯一的根基，对影视教育逐渐成为图像视听文化教育的认识大大增强。随着技术发展，电影不仅是胶片创作，而且是数字创作；创作的不仅是影院产品，而且是更为丰富的图像产品。影视合流的趋向也日渐明显。伴随互联网出现并且移动互联重要性日益凸显，影像的多元化创作景观更为影视教育提供了扩展机遇，各种类型学校的影视教育风起云涌。所以，当下的影视教育不仅是电影创作制作的教育，而且是视听影视图像创作制作的综合性教育。由此，当代影视教育是在影视相互关联而影视传播的性质不可或缺的基础上探讨综合性交融、专业性把握结合的相关教育。显然，在艺术成为独立门类后，我们已经意识到中国影视教育将出现新的局面，而迅猛发展的中国影视教育更大的改变是随着技术、文化和社会生活的需要而产生的变化。胶片退出历史舞台、DV 给予常人创作的便利和微电影兴旺在带来时代变化局面的同时，也向影视教育提出不可回避的问题。《阿凡达》所带来的视觉奇观和创作的局面，也提醒人们新时代的不可逆转。时至今日，虚拟技术（VR）和增强现实技术（AR）带来难以预料的影视创作局面。作为现代传媒教育的核心部分的影视学科与人才培养，面临路径复杂的现实问题。但无论如何，中国影视传媒艺术发展必须坚持的是坚守精神价值的意义。探究传媒艺术的新时代发展需要正确认知观念，也需要把握现实状况。

影视传媒艺术学科教育在适应时代发展大局与学理规范要求之间，在传媒的客观规律把握与宣传的意识形态性之间，在理论要求和实践性之间，都有新的要探究的问题，需要细致的质量把控。党的二十大报告指出："加强基础学科、新兴学科、交叉学科建设，加快建设中国特色、世界一流的大学和优势学科。"艺术学升为一级学科后，传媒艺术学科获得了更为广阔的发展空间，意义难以估量。按照艺术传播规律进行学科建设，更多地依赖行家来评判，推进学科发展，促进传媒艺术学科建设更为扎实，都有了更为有利的条件。独立成门也就意味着更为宽广的心胸和视野。艺术学门类要开始新的建设，必须从观念上重视学科门类是一个理论体系的建立，而不是简单的番号变化，学科性质的界定才是学科为自立门户进行建设的重要事情。传媒艺术学科的自身理论基础建设和学科定位将会是下一步重要的工作，我们期望在传媒教育中，中国特色的传媒学科和传媒教育经验将得到确立，具有独立精神的传媒艺术摒弃随波逐流的屈就市场和娱乐放纵，高扬艺术人文精神的高尚性和传播的客观公正精神，适应新背景下传媒艺术发展规律，开拓健康发展的新局面。

因此，网络时代的开阔的电影认识和教育观念不可或缺。近十年电影发生了巨大变化，近十年中国电影教育也发生了诸多变化，所以我们谈论电影教育离不开审视电影，而电影创作也越来越需要思考电影教育的现实和应变。实际上这都归结于电影教育应时而变，话题不可避免地摆在我们面前，任何忽视都显然不合时宜。首先，电影的发展让观念不能不变：随着电影从胶片时代到数字时代的改变，随着3D电影普及化的欣赏需要和市场追捧，随着拍摄进入草根微电影和非导演占据显耀位置的景观的呈现，随着高科技给电影语言带来的大幅度变化，我们应该确认，电影教育已经到了一个改革阶段。上述这些变化，每一项都对电影教育提出警示。有意思的是，电影这个文化产品依然存在，但此电影已经不是彼电影，它们如何生存？没有问题，文化在支撑着形态变化的核心。

其次，电影创作者的性质不断变化，影响深远。近年电影市场新人群体亮相而且占据收益前列，似乎电影第一次鲜明地呈现出创作青春化和受众青春性与青年创作主体崛起少有的合拍，于是电影就在影像的青春梦幻这一点上呈现完整合一的历史定格。关于青年的电影与此相关的因素都汇聚起来，情感的激情、青春的冲动、青春窥伺的现实、青年对于世界的看法等集群式呈现。而这一代人恰好十分适应好莱坞的大制作、高科技的虚拟想象创作，他们对于内容的期望是和视觉的夺人眼球相互呼应的。而大众审美的匪夷所思的影响力，让电影教育所针对的市场和观众素养的矛盾性凸显，再一次让我们思考电影教育应该采取什么改革。

再次，显然，在来势汹汹的网络时代，影响观赏、数量、受众获知和市场收益的因素越来越明显，线上的传播、话题的推广等都带来电影景观的大变化，电影教育也由此需要应对。例如弹幕电影的知晓心理预示什么？网络预售说明什么？朋友圈和粉丝对于电影市场收益有无决定性影响？等等。电影教育的重要因素都不能无视这一时代媒介的存在和发展。

最后，除了上述电影环境相关的变化，作为学科的"戏剧影视学"所带来的综合性改变了以往为了提升电影独特个性提出的戏剧与电影分家说，而开始电影的综合性发展，更大的世界发展趋势在影响着电影：强调胶片电影向数字电影的必然变革，是因为电影分工和技术讲授的归纳性显然需要调整；而电影的互联网生存影响着电影传统，是因为电影已经不是一个单纯的艺术形态，大众感知和大众传播、大众观看环境的影响对于电影而言可能与电影作品自身内容一样重要，而微电影对于电影的改变则已经是事实。实践中，培育人才和影像观念的改变都对电影教育产生影响。

显然，当下电影忽然改变了，而当下电影教育却还在艰难适应。对专业分工的绝对性的毁灭性打击？导演其实不需要多种阅历和经验也一样能获得观众欢心？经验的获得未见得需要有综合性素养？商业因素和艺术价值的改变对于艺术教育还在哪里具有价值意义？

电影进入网络时代是一个事实，而电影票房高涨也是事实，所以网络时代电影无可置疑地与之相联系，但有不少人怀疑互联网资本大鳄介入有损于电影作为内容产品的价值，而对于依存于互联网产生的大数据是否必然有利于电影生产传播也需要思考。时代显然在变化，当下电影认知思考不能离开网络这一背景，电影教育者和教育方式的网络方式都是不能忽略的因素。

总之，电影教育不能无视关于互联网时代的观念认知。从影视角度讲，移动互联网时代带来的最大变化是审美观念的变化，比如弹幕电影的兴起就是迎合了移动媒体时代青年人的变化，让观众在电影院里使用社交工具。互联网时代培育出的年轻观众观看弹幕电影，大银幕上的交流互动比电影的剧情、桥段、艺术表现还重要。自然，我不认为电影发展到这种地步是进步，只能说允许在有限的条件下给年轻人交流的空间。但不得不承认弹幕电影这种产物的出现是匪夷所思的，这种现状在以前是不敢预料的。文化审美没有对错之分，但有雅俗之别。一种群体对一类文化现象有一种把持态度，出现无所谓对错的文化现象属于正常的社会范畴。越在平和、物质发达、文化兴盛的年代，越没有文化对错之分。对于电影文化，人类应该传承，而不是非议。多元文化应该有相对理性、更完善、更高尚，至少是更正向的文化作为核心价值的引领。

我们的电影教育需要对移动媒体时代的多元、开放有足够的认识。在这个特殊时代，艺术始终要坚守的原则是什么？同时，艺术需要哪些新鲜元素来适应这个时代的变迁？我们要正视移动互联网媒体时代。世界景观发生变化，要跟上时代脚步，不能拿传统审美整齐划一地要求这个世界。艺术要坚定一条原则：人类传承文化始终要强化核心价值。这个思想丰富的时代生成了新的语态和传播机制，人作为高级动物，一定会在丰富的评级里寻找一个艺术文化标准，那就是正能量。艺术文化的正能量对人类本性的、善良的、诚实的创作激励是最核心的。正能量对于艺术创作来说，最重要的是既能接纳多元观点又能凸显自身观点。在正能量主体追求过程中，电影教育承担着重要责任。

人类的智慧会使人感知更优质的文化，寻求新的审美机制和规律，它可能是宽泛的，但只要是与人类正能量当中的崇高、伟大等结合在一起的，这种新的文化审美体制就能够建立，它可以补正我们整个社会的道德失范。文化审美需要有一个向上、向善的秩序。在这个秩序中，无论是国家还是群体都要明确一点，那就是文化不是唯利是图的。虽然包括电影在内的文化产品必然为了市场生成价值，但文化毕竟不是物质产品，唯利是图的产品不是文化。我认为，一个国家的文化慢慢可以达到有规则的趋利，或者说达到人的精神需要的利益。去除功利性对于良好的文化秩序建设特别重要，因此要建设人类可以相互制约、携手并肩向更好前景进发的新环境。

党的二十大报告指出："繁荣发展文化事业和文化产业。坚持以人民为中心的创作导向，推出更多增强人民精神力量的优秀作品，培育造就大批德艺双馨的文学艺术家和规模宏大的文化文艺人才队伍。坚持把社会效益放在首位、社会效益和经济效益相统一，深化文化体制改革，完善文化经济政策。"

这两年关于传统媒体与新兴媒体的融合元年、VR元年之类的说辞，都在提示我们电影教育或者说影视教育的复杂化和多样化的前景。我们需要达观的态度、开阔的眼界来适应，才能建立起适应时代影像发展和青年学子需要的新型教育体制。

（周星，男，曾任北京师范大学艺术与传媒学院院长；二级教授，博士生导师，传媒艺术国家级实验教学研究中心主任，北京师范大学亚洲与华语电影研究中心主任。教育部高校戏剧与影视学类专业教学指导委员会主任，中国高校影视学会学术委员会副主任。）

# 目　录

# 第一章　电视编导简述

**一、知识点**

（一）电视编导的工作范畴与具体职责

（二）电视编导的能力与素养

（三）电视编导的思维特点

**二、教学目标**

（一）了解电视节目制作过程中编导的具体职责

（二）了解电视编导需要具备的专业素养、学科与艺术素养、政治素养以及社交素养

（三）了解电视编导的思维方式及职业特殊性

（四）通过实训项目，培养学生的编导思维和综合素质

电视编导是随着广播电视事业的发展而出现的职业，是电视传媒行业中最重要的生产岗位之一，也是电视节目制作的核心人物。

编导是编辑与导演的合称，在早期的电视节目制作过程中，二者的工作职能是有明显区分的，编辑主要对素材进行后期的加工与制作，而导演的工作更多集中在前期的策划、构思与拍摄方面。但随着电视事业的发展，节目制作流程越来越复杂，也越来越具有综合性，二者的职能在创作过程中逐渐被统一起来，统称为"电视编导"。其工作贯穿电视节目的前、中、后期，对节目进行全方位的把关，是电视节目制作的统领者。

## 第一节　电视编导的工作范畴

在介绍电视编导的具体工作职责之前，有必要先做一个简单的区分。在各类电视节目中，新闻类节目（包括消息类及专题类）在制作方面具有其特殊性。由于其时效性

与新闻性极强，以及对于真实性的要求，"编导"这个词一般不适用于此类节目。这类节目的采摄人员，我们称为电视记者，简称记者。将记者采录回来的素材加工制作成新闻节目的人员，则称为电视编辑，简称编辑。

虽然叫法不同，但其工作性质具有相通性，具体的工作流程也具有相似性。不管是何种电视节目类型，从制作流程上均可宏观地分为三大块：前期——创意构思阶段；中期——采访摄录阶段；后期——剪辑制作阶段。下面我们就分阶段概括地介绍一下编导的工作内容。

## 一、前期——创意构思阶段

### （一）申报选题

虽然大部分电视节目的风格、受众群体、时长及具体的节目环节都是相对固定的，但是每期节目的内容依然有很大的创作空间。因此，拍摄内容就显得尤为关键。好的选题是节目成功的一半，好的选题同时也是收视率的保证，所以申报选题是编导工作环节中第一个要考虑的问题。节目选题获批后，其他的工作才能顺利地往下进行。

### （二）收集素材、预先采访

在确定了选题和方向后，编导不可能马上投入拍摄，而是需要一段时间进行相关素材的收集和整理工作，要了解大量的实际情况和收集背景资料。同时还要熟悉选题所涉及的人物或事件，搞清楚事件的来龙去脉，对事件中的关键人物进行预先采访。

如果拍摄中涉及某些机构或单位，还需要事先进行沟通，了解相关法律法规及对方的规章制度，确保后续采访拍摄顺利往下进行。

### （三）撰写拍摄文案

在进行了缜密的准备工作后，编导需要进行拍摄文案的规划和写作。文案应当包含节目要表现的内容，如采用何种结构方式、节目整体预计要呈现何种风格，等等。

同时，还要设计出具体的拍摄流程，定好时间节点，拟好采访问题的提纲，与摄像人员沟通好镜头的处理方式。部分电视节目还需要提前设计好解说词等。

如果节目中有情景再现的部分，或者有需要通过影视手法表现的地方，还需要事先写出分镜头脚本，便于拍摄使用。

## 二、中期——采访摄录阶段

### （一）拍摄沟通

电视节目的制作不是一种单打独斗的工作，编导一个人很难完成整个节目的录制，需要各个部门的协调和配合。一般在正式采访拍摄之前，编导需要和主持人、摄像、现场导演甚至录音师等相关工作人员进行前期沟通，将自己的拍摄想法告知相关工作人员，并提出各方面工作的要求和注意事项。同时，也要认真听取其他工作人员的建议。例如有些编导对摄像技术并不十分了解，因此会出现具体想法无法实现的情况，这就需要编导与摄像进行深入沟通，以期找到更有效的表现手法。

### （二）指挥调度

现场拍摄时的指挥与调度是最考验编导能力的一个环节。编导需要协调好摄制组的内外关系，把控好整个拍摄的进程，对现场的各种突发状况进行处理和解决，确保拍摄的顺利进行。因此，在这个阶段编导不但需要对拍摄内容熟记于心，还需要过硬的心理素质，更需要具有极强的判断力。

### （三）收集影像、声音资料

拍摄结束后，并不是所有的前期工作就完成了，编导还需要收集一切相关的影像和声音资料以备用。尤其需要注意的是拍摄现场出现的一些临时状况，虽然可能不在拍摄计划内，但也需要及时抓拍，也许会收到意想不到的效果。比如《每周质量报告》的一期节目中有一个场景，描述的是工人在对已经被污染的医药器皿进行重新包装。现场拍摄时，画面录制已经完成，但编导补录了一段玻璃器具搅拌在一起的音响素材。在后期编辑的时候，这个看似"没用"的声音素材却派上了大用场，编导将这个刺耳的声音提高，配上被污染的医药器皿，声画对立的效果立刻显现。此时，声音的穿透力直击人心，大大扩充了画面的表现力，给观众留下了非常深刻的印象。

## 三、后期——剪辑制作阶段

### （一）画面粗剪

编导对拍摄的素材进行第一轮的鉴别、整理与取舍，根据拍摄文案大致整理出节目的框架，并将相关的镜头按照顺序一个一个组接起来。在粗剪的过程中，编导需要对节目进行整体把握，发现闪光点，同时也要发现逻辑上的漏洞，并在剪辑机上进行标记。

### （二）解说词写作

粗剪完成后，编导需要根据拍摄的素材进行解说词的写作及修改。当然，也有部分节目在拍摄初期便已经拟好了解说词，那么进行到这个阶段，编导只需要对解说词进行适当的调配即可。此时，编导需要注意解说词与画面的配合，画面不足的，解说词补上，而画面中已经表现的，解说词就要留出一定的余地，尽量让画面"说话"，不应喧宾夺主。

### （三）配音与配乐

一般电视节目的配音由专门的配音人员或主持人来完成，但编导绝不是旁观者。编导在写好解说词后，需要和配音人员沟通，将解说词的含义和语气、节奏等要求告知对方。采集到声音素材后，编导还需要选择恰当的配乐用以渲染情绪。

### （四）精编与后期合成

节目进入了精编，也就是进入了最后的阶段，编导需要对片子的长度、节奏及剪辑点等进行全面周密的考量。电视台播出的片子是需要精确到帧的，所以精编的时候容不得一丁点的马虎。

后期包装合成也是在这个阶段完成的，一般情况下，电视节目都有一套成熟的包装模板，如果没有，编导也可以请专门的后期人员来协助完成。

### （五）检查与修改

最后，编导在把片子送审之前，还需要进行全面的检查和修改。检查内容通常包括画面剪接是否有问题、剪辑点是否选择恰当、有无夹帧等技术性失误，每段声音的音量大小是否符合播出的标准、声画是否同步，以及字幕有无错别字等。

总体来说，编导是从选题、策划到采访拍摄、演播室录制，最后再到节目剪辑制作包装的总负责，每个环节都体现着编导的个人意志。编导是艺术的创造者，同时也是一个团队的管理者。

## 第二节 电视编导的素养与能力

电视编导是一种综合性很强的职业，它不但需要有超强的艺术感知力，还需要有很强的实践操作技能。同时，电视编导还需要有一定的政治素养和社交能力。概括起来说，电视编导应具有的能力有以下几点。

### 一、专业素养

电视编导是一种技术性较强的职业，需要掌握较为全面的电视专业知识和专业技能，这是从事编导工作最基本的条件。

#### （一）文字写作能力

文案撰写是编导工作中最基础和最重要的一环。解说词的写作、台词的撰写及策划案的写作都需要编导具有较强的文字写作能力，但是这种文字写作能力与写小说、写剧本等文学性较强的写作还不一样。电视文案的写作需要编导对电视的媒介特性有相当的了解、对画面与文字的关系有深入的研究才行。

#### （二）故事编创能力

人人都爱听故事，做电视其实就是在讲故事，哪怕是一条新闻，其实也需要用一个故事化的手法来呈现，这样才容易取得好的传播效果。如何把故事讲得跌宕起伏、讲得人人爱听爱看，是非常考验编导能力的。

因此，好的编导一定是一个讲故事的高手，这就是为什么各高校在进行艺术类招生时都要考查考生故事编创能力的原因。当然，故事编创能力也是用人单位对编导进行考量的一个重要指标。

### （三）新闻采访能力

有人认为只有记者才需要采访，这样想其实是很片面的。在很多情况下，电视编导都离不开采访。做访谈节目需要事先预采访，做专题片、纪录片都需要提前对被拍摄者进行沟通和采访，所以采访能力对于编导来说自然是非常重要的。编导通过采访才能发现新闻线索、才能挖掘出事件背后的各种内幕，而这些恰恰是做节目的基础和关键，因此新闻采访能力是编导工作的基础之一。

### （四）创意与策划能力

电视是创意文化产业，编导是一个节目的创作者，无疑需要很强的创造力。创意并不是凭空产生的，需要编导时刻保持对职业的敏感性，善于发现社会生活中那些潜在的有价值的题材，能够抓取鲜活的事件、现象和群众关注的热点、焦点问题。

创意要求编导的思维要反常规，能够想到多数人想不到也看不到的点。例如，我们策划一个"拒绝酒驾"的公益广告。大多数人看到"酒"和"驾"两个字，都会想到"一个人喝酒了，然后出车祸了"这种场景。如果编导还沿着这种思路进行下去，这种片子肯定不会出彩。如果我们换一种思路，由"酒驾"我们可以想到"出车祸"，由"出车祸"我们可以想到"死亡"，再从"死亡"我们可以延伸到"与亲人的生离死别"。进行到这一步，我们可以从"情"入手，比如设想一个场景，"爱人、孩子、欢声笑语，画面渐渐消失在酒杯中"，这种创意就比"一个人喝酒了，然后出车祸了"要好一些。我们从情入手，更能让观众感同身受、得到警醒。当然，从刚才的思考路径来看，创意也不是凭空而来的，而是要沿着主题给出的方向深入思考才能得到的。

有了创意之后，编导还需要将创意落实，此时就需要策划能力了。如何把一个现象变成一个故事、一期节目，这些都是编导在策划时需要考虑的问题。

### （五）场面调度能力

电视节目的制作是需要团队协作来完成的，无论是外拍采访还是演播室录制，电视编导都需要充当领导和指挥者的角色。编导的现场调度能力在相当大的程度上关系到节目的成败，很难想象一个失控的拍摄现场最后会获得一个好的效果。当然，现场调度能力绝不是天生的，而是需要编导通过不断地向前辈学习、不断地总结各种实践经验来获得的。我们反复说编导绝对不是一种单打独斗的职业，一个特立独行的、不喜欢与人合作的人是当不成编导的。懂得协作、懂得尊重各部门劳动、懂得如何调整现场氛围是编导学会指挥和控制的关键所在。

### （六）动手操作能力

大的媒体机构一般都有专门的后期技术人员，但是电视编导也不能做"门外汉"，必须要熟悉非线性编辑、制作与包装等后期制作环节，要具有一定程度的编辑、制作水平。尤其在网络媒体日益发达的今天，电视节目制作对于编导"全能"的要求就更高了，一个节目只有一个工作人员的情况也屡见不鲜。因此，编导要对现在最新的、最快捷的各种摄影、摄像器材及编辑软件等有相当的了解。毕竟电视是艺术与技术的结合，再好的想法如果无法通过后期得到实现的话，也是徒劳的。

## 二、学科与艺术素养

### (一)编导是个"杂家"

电视作为传播平台，还兼具社会功能。每一档电视节目都涉及社会命题，经济、政治、文化等都与电视关联较多，这些都是编导需要涉猎的领域。

同时，学科素养的提高能够帮助编导提升其社会感知力。总而言之，编导专业的学生绝不能只满足于学习本专业的知识，应该多涉猎各类学科知识，应该是一个"杂家"，懂得越多，就越容易发现选题，也越容易将节目做出深度、做出内涵。

### (二)艺术鉴赏能力

电视编导是个复合型工作，许多电视作品都具有极高的艺术价值。同时电视与很多近缘艺术门类都有交集，比如电影、文学、美术、摄影、音乐及舞蹈等。这就更加需要编导在提高专业素养的同时兼具一定的艺术素养。

虽然在工作性质上不同于影视剧的导演，但电视编导需要时时与影像打交道。在对视听艺术的感知上，电视编导与导演又有许多相通的地方。这就需要编导大量地欣赏各类影视作品，对各种艺术流派及拍摄手法都要有所了解。只有见多识广，编导才能提高艺术鉴赏能力；有了鉴赏能力，编导才能做出好的节目。

## 三、政治素养

政治素养是电视编导需要具备的最基本素质之一。作为大众传播媒介，电视的传播面广、覆盖面大、渗透力强，因而成为党和政府联系群众的最有效工具之一。因此，电视编导有责任对社会事实进行客观的报道，从党和国家、社会、行业的工作全局出发，为人民利益着想，使节目具有强烈的时代感和责任感。

电视编导还要有强烈的政治责任心，以对党的事业、人民群众高度负责的态度，对待自己编辑的任何一期电视节目。编导的报道失误，不仅仅影响着一期节目的质量，而且会对社会造成不良的影响。因此，电视编导制作电视节目的时候要想到可能会造成的影响，正确估计、反复衡量其社会作用。

电视编导还要有强烈的事业心与敬业精神，时时刻刻将为受众服务放在第一位，保持廉洁的工作作风。

## 四、社交素养

社交能力是电视编导从事节目创作工作的一个重要的基础。编导的社交能力首先体现为编导以一种开放的心态与社会接触，并形成自己的社会交际圈，不断获得各种社会信息和行业资源，为成功开展节目创作奠定可靠的社会基础。

好的编导一定有着非常广泛的社会关系网，关系网越大，交际越多。这些庞大的信息网不但不会分散编导的精力，还会为其提供无数的选题甚至资金支持等。可以说，如果没有关系网，编导就很难正常开展电视节目的创作工作。例如，同样一个选题，可能有很多家媒体都在关注，到底谁能够抢占先机或者拿到独一无二的资源，就要看编导的能力了。

## 第三节　电视编导的思维特点

不同的职业有着不同的思维特点，甚至相近的职业也会因为服务平台的不同造成思维方式上的差异。

总体来说，电视编导的思维特点可以概括为以下几点。

### 一、抽象思维与形象思维相结合

有的人认为只要文学修养够，就可以写出好的文案和脚本，但事实上并非如此。比如作家写小说，可以用非常抽象的语言描绘内心所感所想；记者写评论文章，需要用抽象的逻辑语言阐述事情的来龙去脉。而编导写文案、写脚本却完全不同，每一句话都需要具有具象性，如形象、声音和动作等，也就是语言要具有画面感。在这点上，编导的写作特点和编剧有相似之处。总之，编导需要将文字的抽象部分转化成具有蒙太奇特点的具象性画面的描述，这是编导思维的第一个特点。

同时，抽象的逻辑思维也是编导必不可少的。通过抽象性的思考，编导才能把握节目的整体脉络，捋清节目的思路，让各环节环环相扣，不能出现逻辑或常识性的失误。

### 二、创新精神

做电视节目，有一个核心口号，就是要"新"！题材要新，人物要新，形式要新，理念也要新。别人都做过、看过的东西，你即使做得再好，恐怕也很难取得理想的收视效果。因此创新是每个编导都需要具备的意识。想要创新，就要有个性，个性就是你所在的节目与其他节目的根本区别。

### 三、思维的具体化

再好的想法，也需要落到实处，因为思维的具体化也是编导的思维特点之一。遇到选题，能否实现、怎样实现、需要分几个步骤实现是编导时时需要思考的问题。

如何将一个抽象的话题变成一个可知可感的事件，也就是我们常说的情节或者细节，或者比情节还要细微的节目要素，这是非常考验编导具象思维能力的。这就需要编导在平时的生活中学会观察、学会总结、学会思考。

比如我们拿到一个关于"中国文化"的选题，设计一档节目或者策划一部纪录片。这个话题太大了，中国文化涉及的层面太多，这时就需要编导的思维具体化。我们可以想象都有哪些内容能够体现中国文化，历史、民俗、饮食、地域等都可以作为展现中国文化的切入点。如纪录片《舌尖上的中国》通过饮食文化来传播中国文化，大型电视节目《国家宝藏》通过文物的历史来展现中国文化等。

大的话题要具体化，小的话题同样也需要具体化的过程。比如，《零零后》是表现2000年以后出生的孩子的成长情况的纪录片，选择了具体的拍摄跟踪对象后，我们到底怎么去记录他（她）？是不是每个孩子的记录重点都是一样的？如果不把这些问题具体化，最后只能得到一个"流水账"。

通过上述例子，我们可以看到思维具体化对于编导工作的重要性，这也是编导学习中的重点内容。

## ▸ 课堂互动

观看经典纪录片《幼儿园》，并阅读附录中的编导阐述，谈一谈你对编导工作的认识。

## 【附录】

### 纪录片《幼儿园》编导创作阐述

**关于选题**

记者：为什么把幼儿园的孩子作为主题？

张以庆：孩子、动物、残疾人是最能打动人心的，是我们能碰到的最柔软的事物。实际上《幼儿园》拍的并不是孩子的问题，你说呢？

记者：看到三个孩子摆凳子、穿衣服、穿鞋，个性不同的孩子解决问题的方式也不同，这是否也映射了片头出现的"或许是我们的孩子，或许是我们自己"？

张以庆：没错，你看那么点儿小事，对孩子来讲就是天大的事，何况还有其他解决不了的问题，比如他心情不好，比如他想家了，比如孩子之间有冲突，比如他不想吃这顿饭。这诸多问题就是给成年人看的，这是现实问题，不是教育问题。

记者：在《舟舟的世界》《英和白》之后，你拍了《幼儿园》，从特殊群体到普通群体，是刻意改变还是随性而为？

张以庆：前两个确实是特殊群体，是全世界唯一的，再也找不到第二例。但其实我在影片中始终概括的是一种东西，不是讲某一个人和熊猫的感情，也不是说智力障碍者怎么生活，更不是说小孩子在幼儿园里怎样。实际上，我说的都是健康的成年人。我拿片子里的人物做面镜子，让每个人都来看看他们内心深处遇到的问题。三个片子其实是一回事，只是题材不同。

记者：幼儿园是怎么进入你的题材选择的？

张以庆：很多人看我拍了《舟舟的世界》《英和白》，就觉得张以庆很幸运，总是用猎奇的题材找到普遍的认同感。后来我就说，那就来一个普通的、谁都可以拍的。普通的题材照样可以拍出很出彩的东西，我强调的是片子背后的问题。《幼儿园》太习以为常了，它连新闻点都没有，要把特别熟悉的东西陌生化、把陌生的东西深刻化，这一(点)难度特别大。

**关于拍摄**

记者：片子从什么时候开始筹备的？拍了多久？

张以庆：这个片子是从2001年5月开始筹拍的，14个月后完成前期拍摄工作。我们开机的那天是5月10日，我和包括制片赵虎、摄像刘德东以及灯光、录音、剧务在内的团队，扛着器材走进了武汉市一所历史悠久的、有着上千名学生的著名幼儿园。

记者：是怎么找到的这家幼儿园？

张以庆：这次最大的不同首先是选定摄制对象。武汉的幼儿园历史悠久，中国的第一所幼儿园就是一百多年前由张之洞在武汉创立的。我几乎跑遍了武汉市所有的幼儿园，园长老师都会跟我介绍说，他们这里教学环境好，还采用双语教学。只有一位园长说，他们更注重对孩子的人文关怀，重视孩子的个性。这所幼儿园面积很大，园舍都是两层的苏式建筑，这正是我要找的幼儿园。

记者：拍小孩不是一件容易的事情吧？

张以庆：摄制组进入幼儿园后，经过两个多月的观察、比较、筛选，在园方的配合下，最后小、中、大每级各选了一个班级。然后我们在曲尺形的教室中的一角架起了机器，但并不拍摄，为的是尽早让孩子们熟悉机器，以免正式拍摄开始后孩子们因为陌生和好奇而造成不必要的干扰。

记者：孩子用了多久就习惯了有个机器在拍他们？

张以庆：第一天进学校，有孩子问：你们来接谁呀？过了一段时间，有孩子问：你怎么又来了？又过了一段时间，一天不见，就会有孩子问：昨天你怎么没来？我们每人的脑海里都有一到两本花名册，茜茜病了、贝贝没来、虫虫情绪反常、高扬又尿床了，我们门儿清。在揭开镜头盖之前，大概两个多月的工夫，我们已经和幼儿园的师生们打成了一片。

记者：拍摄中最困难的是什么？

张以庆：摄制组每天早上6点多都会赶到幼儿园，中午就随便吃个盒饭，有时候还需要拍夜场。为了保证与孩子一样的视角，摄影师拎着摄像机，或蹲或趴地在幼儿园里待了足足14个月。他是个自由职业者，以前为央视及其他制片人拍过片子，有时候不高兴说走就走，连招呼也不打。但这次他每天准时赶到幼儿园上班，手机没有一天带在身上。还有，我们的录音师都六十多岁了，头发都白了，每天举着七八米的吊杆，拾音话筒就在一张张桌子及孩子们的上方，随着摄像机镜头的变化移动。

记者：你们从一开始拍摄，就很确定自己要拍什么吗？

张以庆：不拍讲故事，不拍做游戏，不拍唱歌，不拍画画，不拍六一，不拍国庆……后来，有人问我，你们这也不拍那也不拍，那你们拍些什么啊？我说，像儿童节、国庆节，都是成人按他们的想法，让孩子们先排练两个月，再跳集体舞蹈。我们以为他们是快乐的，其实他们是痛苦的。还有其他导演都会拍的东西，像排练，我也不拍，还有老师我也基本不拍。我舍弃了很多概念性的东西。在不知道要拍什么之前，必须学会不拍什么，这才是最重要的。除了不拍的，剩下的就都是拍的，呵呵。

**关于后期制作**

记者：什么时候感觉压力最大？

张以庆：我最初设想是"幼儿园是快乐、美好的"，"孩子们是快乐、美好的"。拍完了发现，这些其实都是概念化的东西，也发现原来我们并不了解孩子。随着时间的推移，观察三四个月后，平时的耳闻目睹和镜头记录下来的世界彻底颠覆了我心中的设想。甚至摄像刘德东，其实每个镜头都出自他之手，但在片子剪出来后，当初来不及细看的他也大吃一惊，说不敢相信这就是孩子们的世界。

记者：等于原先的想法被推翻了？

张以庆：对，全部被推翻了。当时有很多人问我："你拍什么？""你要说什么？"我说我也不知道。但他们也慢慢观察到，其实孩子们存在好多问题。我在拍摄前是主观的，后来慢慢地变得客观，我必须真实地面对所看到的一切，这是痛苦的，因为选题的方向变了。而且从5000多个镜头和5斤多的拍摄场记中挑选你要的镜头，最后只剪了69分25秒，每剪掉一个镜头都是很痛苦的。

记者：那么多的孩子，大量的素材，怎么发现并锁定你想要的那几个人物？

张以庆：先进去三个月，熟悉情况。有的孩子跟着跟着就没戏了，也有刚开始有意思的，到后来就找不到那个人了。这些孩子在不停地变化，有的到后来几乎格式化了，当然也有几个从头到尾都有戏。这个得沉下来，慢慢去筛选，我们天天带着机器"潜伏"在他们周围。

记者：为什么会安排小孩接受采访？提问还有引导式语言。

张以庆：孩子总得引导吧，还是有人指责——你为什么总问跟大人有关的问题，不问些孩子的问题？可是你们只知其一不知其二，问孩子的事情，孩子一点儿都没兴趣！孩子一听国际问题、大问题就很兴奋，一听他班上小孩子的事儿就觉得很没劲。问他很孩子化的问题，比如说问他班里跟哪个同学最好，他想一下，说："女的啊？"他自己会往男女关系上扯。他们现在接受的都是成年人的东西。为什么说14个月是在煎熬？这就是煎熬。

记者：《幼儿园》里为什么要用《茉莉花》这首歌？当时是怎么想的？

张以庆：就是一声叹息。无论是美好、遗憾还是怅惘，都可以用一声叹息来代表。而且《茉莉花》很有普遍性，也很有意境。

## 实训项目一

**实训内容：** 观察力训练——内景描写

**实训要求：** 通过描写任意一个室内场景，在不出现任何人物的情况下，可以让人清晰地联想到生活在这个场景中的是个什么样的人。字数不超过400。

**实训步骤：**

1. 先选取一个场景，进行细致观察。

2. 记录物品摆放的顺序，并在脑海中建立一个物品关联的图谱。

3. 用具有画面感的语言将其描述出来。

**成果评价：** 学生互评、教师点评。

## 实训项目二

**实训内容：** 团队协作训练——创意照片拍摄

**实训要求：** 每组5人拍摄一组同主题照片。

**实训步骤：**

1. 拟定拍摄主题。

2. 设计5张照片，每张照片之间必须有所关联，并统一于大主题。

3. 成员必须分别出现在5张照片中，且照片由组内其他成员拍摄。

**成果评价：** 作品展示、学生互评、教师点评。

## 小 结

1. 一般来说，一档节目的录制从制作流程上可宏观地分为三大块：前期——创意构思阶段，中期——采访摄录阶段，后期——剪辑制作阶段。而电视编导的工作职责需要贯穿整个电视节目制作的全过程，包括申报选题、收集拍摄素材、事先调查采访、撰写拍摄文案、指挥现场拍摄、后期配音配乐及剪辑等。

2. 电视编导需要超强的专业素养，其中包括文字写作能力、故事编创能力、创意与策划能力，场面调度能力及动手操作能力等。

3. 电视编导的学科与艺术素养、政治素养和社交素养也是需要不断提高的。

4. 电视编导的思维特点包括抽象思维与形象思维相结合、创新精神、思维的具体化。

# 第二章 电视节目与电视受众

>>> **理论单元**

## 一、知识点

（一）电视的媒介特性

（二）电视节目的类型及其特点

（三）电视受众的基本特点

（四）电视受众的收视行为特点

（五）电视节目制作的节目策略

（六）电视节目播放的编排策略

## 二、教学目标

（一）了解电视作为传播工具及艺术影像媒介的特性

（二）熟练掌握和区分不同类型的电视节目及其特点

（三）了解电视受众的特点与其收视行为

（四）了解电视节目的文本制作策略

（五）了解受众和节目播出时段之间的关系及节目编排的基本方法

电视编导要想做好节目，首要的就是要认识电视，了解电视的传播规律，掌握电视作为大众传播平台及艺术与技术媒介的运行规律。这个认识大致分为三个层次：首先，要对电视的传播共性及社会功能有所了解；其次，要熟悉电视的系统构成、电视节目的分类与特点；最后，在"知己"的基础上还要"知彼"，了解受众，搞清楚自己做的节目面向的是哪些人，这些匿名的、分散的受众的行为特点如何。这些都直接影响一档节目的传播效果。

# 第一节  电视的媒介特性

在实践操作中，我们既要把握电视作为艺术媒介的特点，又要注意其作为传播工具的特点。深入地剖析电视的传播共性及其社会功能，将有助于我们更加全面、深入地认识电视的传播模式。

具体来说，电视的媒介特性有以下几点。

## 一、电视的直观性

看电视不同于读书看报，不需要很高的文化水平，也不需要深层次的抽象思维，它以最通俗易懂的图像与声音成了最"无歧视"的大众传播媒介。它排除了读写障碍，即使不识字，也可以接受和理解屏幕所传达的内容与情感。

电视的直观性所带来的冲击力和感染力是其他媒介所不能比拟的，人们看电视不需要思考任何事情，只需把"眼睛"和"耳朵"交给电视机，便可以从中得到愉悦。这也是为什么人们喜欢看电视，甚至沉迷于其中的原因之一。

那么电视的直观性对于电视编导来说有什么样的实践意义呢？

电视的直观性依赖画面与声音的传递与配合，编导要想掌握好这一优势，必须掌握视听语言结合的规律。

虽然电视与电影同属于视听结合的媒介，都具有直观性的特点，但由于播放介质、播放环境及播放内容的限制，电视在视听语言的运用上有其特殊规律。

第一，电视表达多习惯采用"近景"系列的镜头。小景别画面的运用，对于电视来说已经属于一种技术的惯性。麦克卢汉在《理解媒介：论人的延伸》中指出："从技术上说，电视是趋向于一种特定画面的媒介。特写（这里泛指小景别）画面在电影里用来取得使人震撼的效果，可是它到电视上却成了家常便饭。"由于电视的屏幕较小，因此中近景等小景别的叙事方式要比大景别更有利于信息的强化传播，更具有视觉上的冲击力。

第二，众所周知，电视的播放环境大多是在家里，因此相对于电影院来说更加复杂和嘈杂。所以在声音的使用上，电视也有其内在的规律。比如，某个电视节目会选用更具听觉冲击力的音乐作为开场音乐，甚至有时候音轨的音量会被技术性地加大，提示受众节目开始。在播放广告的时候，也会采用加大音量的方式吸引受众观看。

第三，由于电视的直观性，受众更倾向于"以貌取人"，这就要求编导在画面的内容选择上更倾向于"美"的事物，景要美，人也要美。在实践中，无论是主持人、记者还是嘉宾，大都会在出镜前进行适当的身体修饰，包括穿着、妆容、发型等，为的都是给受众呈现一个最美的状态。

某项网络调查显示，同样一句话从"貌美"的人口中说出要比"丑陋"的人更具有说服力。这里的"貌美"指的不完全是漂亮，而是其样貌易于被大众所接受。比如某著名主持人长得虽然不英俊，但是其气质和谈吐深为受众所喜爱。因此编导在确定出镜人选的时候，应该综合考虑其形象是否适合电视媒介的呈现。当然，很多情况下嘉宾的选择是编导无法决定的，这时就要利用角度、景别、光线、运动和色调等技术性手段对人物和画面进行适当的修饰，以期达到最美的视觉效果。

## 二、电视的传真性

耳听为虚，眼见为实。摄像机有还原生活、记录事件的功能。同时，电视的首要社会功能便是其新闻传播的功能。因此，真实性是电视传播的一大要求。电视可以迅速而直接地反映客观实际，宣传党的路线、方针和政策，为受众解难释疑，让受众了解世界上发生的各种重大事件，起着桥梁与纽带的作用。甚至有的受众认为只要是电视上说的，就是真的。

基于此，传递真实的信息是编导的责任所在。真实的信息是受众与电视媒介之间信任的纽带，如果不注意这一点，其后果是难以预计的。编导的工作责任很大，一旦进行了错误的报道，失去的不仅仅是自己的职业，也是公众对于社会的信任。

不过，还需要提示一点，这里所说的"真实"并不代表编导就要不加掩饰和选择地将事件原封不动地搬上屏幕，还要考虑到舆论导向问题。比如汶川地震时，不少媒体在电视屏幕上大肆报道地震遇难者的惨状，虽然事实确实如此，但却给观众带来了很大的恐慌。因此，过于具有刺激性的画面即便是真实的，也应该有选择地播放。

## 三、电视的家庭性

电视是一种特殊的大众传播媒介，其诞生后便很快地进入了人们的家庭中，甚至以"家具"的身份成了家庭装置中不可或缺的一部分，这是电影、报纸、杂志与广播等其他传统媒介所不具备的优势。根据媒介选择概率的规律，电视的易取得性决定了受众对于该媒介的选择要远远高于其他媒介。对于编导来说，认识到电视的家庭性，有助于其在工作实践中使栏目的定位更适应家庭收视的诉求。在制作过程中，编导也更能选择出最适合家庭收看的表现手法。

那么，电视的家庭性具体表现在哪些方面呢？

首先，电视的家庭性决定了电视的播放内容。以每天晚8点到10点的黄金时段为例，这个时段电视上播出的节目类型多以电视剧、综艺娱乐节目及节日晚会等为主，这是因为这个时间是全家聚在一起看电视的时间，因此"全家福"式的节目样式更能取得较高的收视率，其内容也多以轻松、愉悦型的为主。如果此时段选择了服务类或经济类等较为小众的节目，必然会流失一部分家庭成员，导致传播效果不能最大化。

当然，此规律延伸到其他时间段也是如此，比如白天的时间电视台多以播放情感类的肥皂剧为主，而夜晚则改为以播放悬疑类的谍战剧为主。这主要是因为白天在家中可能观看电视的群体以家庭主妇居多，而晚间时段多属于家中男性观看电视的时间，因此这样的节目编排策略更能迎合他们的诉求。

其次，电视的家庭性决定了电视的风格定位。目前除了央视一套、央视新闻频道等，各大卫视都开始走"快乐、幸福、情感"的路线，这主要是因为如果一个电视频道的定位过于小众，那么其广告盈利很难维持其生存，因此电视的风格定位越倾向于"全家福"型，其受众基数就越大，就越容易有较好的收视率。成功的案例有湖南卫视和安徽卫视，一个主打综艺娱乐，另一个则主打电视剧，不管哪种，其风格都是为了迎合电视"家庭化"的收视诉求。

最后，电视的家庭性决定了电视的制作手法。因为电视的观看环境比较复杂和嘈杂，所以电视在拍摄和制作上比电影要更注重声音元素的运用。很多受众在家中很难一直保持一个安静稳定的状态看电视，经常是一边做其他的事一边看电视，势必不能将全部精力放在电视屏幕上，可是耳朵却是忠实的，因此用声音吸引受众也是电视的传播策略之一。比如每天早上的新闻节目，大多采用"说新闻"也就是"读报"的形式来播出，而不是传统的画面为主的播报形式，其原因便在于此。

### 四、电视的娱乐性

大众媒介已经进入了一个泛娱乐化的时代。电视作为一种影像媒介，本身就具有娱乐的诉求。一般来说，知识难度小、密度低、情感丰富的节目更容易被受众所接受和喜爱，所以电视剧、综艺娱乐节目等类型更容易取得较高的收视率。

当然，这里说的娱乐大家不能片面地理解为做娱乐节目，而是应该将它理解为电视叙事的情感化、故事化、奇观化及时尚化的表达。比如《百家讲坛》本来是一个曲高和寡的节目，收视率屡屡下滑，马上就面临被停播的危险。后来节目改版，采取导师明星化、题材文史化，讲述方式故事化的措施，不但使节目起死回生，还一跃成为中央广播电视总台的王牌栏目，充分体现了电视的娱乐性特点。

此外，即使是严肃的新闻节目，也不是完全和娱乐"绝缘"。比如《新闻调查》中，编导经常会将一个新闻事件用一种悬念式的结构方式重新排列组合起来，这种故事性的表达也是娱乐性的一种表现方式。

总体来说，电视的娱乐性可以由浅入深地分为三个层次：视觉冲击、情感共鸣、心灵冲击。

视觉上的感官娱乐表现为画面的美感、场面的热闹欢乐、叙述的幽默等，这是最浅层的。一个节目光做到视觉冲击是远远不够的，它还需要在心理上触动观众，使观众能够达到情感上的共鸣。做到这一点，就已经算是一个比较合格的节目了。如果接下来能再将主题升华，使观众不但在情感上接受，更能产生深层次的思考和心灵上的冲击，则不失为一个优秀的电视节目。

### 五、电视的服务性

电视是我们生活的一部分，许多生活信息服务节目就是直接为电视观众提供生活服务的，比如天气预报、股市行情、美食节目、购物指南等。这是电视的服务性体现得最为明显的地方。

同时，电视的服务性还体现在其为受众提供各种信息。比如新闻节目会将国内外的重大事件以及和老百姓息息相关的信息传递给观众，再如电视剧、综艺节目等娱乐化的节目为忙碌了一天的人们提供了精神愉悦，这些都是电视的服务性的一部分。

当然，作为消费社会中最有力的传播平台，广告的播出同样体现了电视的服务性。电视在商业广告、交流经济信息方面有着特殊的作用，西方国家的大部分电视台均依靠商业广告收入来维持，这也说明电视广告在产品宣传、促进商业信息交流方面具有重要作用。通过广告的传播，电视既服务于广大受众，又服务于商家，它是连接商家与受众的桥梁。

## 第二节　电视节目的类型与特点

对数量众多、题材风格各异的电视节目如何进行分类，一直是业界反复探讨的问题。根据出发点和侧重点不同，电视节目的分类方法也有很多种。按受众对象分，电视节目可分为一般节目、老年节目、少儿节目、军事节目以及农业节目等。按表现形态分，电视节目又可分为一般型节目、专题型节目、对象型节目以及综合型节目等。其他还有按节目起源和发展过程来分、按节目来源来分、按节目传播地域来分等。

一般来说，为了理解及操作的方便，按节目内容来划分电视节目更为普遍，而且同类型内容的节目在制作流程上也更具相似性，便于电视编导学习和研究。基于此，我们大致可以将电视节目分为新闻类节目、综艺娱乐类节目、社教类节目、服务类节目、电视纪录片五大类。

### 一、新闻类节目

作为大众传播的强势媒体，电视具有多种功能：传播信息、普及社会教育、提供文化娱乐与社会服务及舆论引导等，但是这其中最重要、最本质的功能还是传播信息。早在20世纪80年代，"新闻立台"的观念就已经被电视界所认同，但真正发挥电视巨大传播效力的还是20世纪90年代开始。"1992年以前我国电视观众看电视主要是为了娱乐消遣，而1992年以后'了解世界，获取信息'成了观众收看电视的首要动机，电视新闻节目成为最重要的新闻和信息来源。"所以，如今新闻节目的质量会直接影响到一个电视台的影响力和权威性。

电视新闻节目的范围很广，总体来说，凡是以现代电子技术为传播手段，以声音、画面为传播符号，对新近或正在发生的事实进行报道的节目都可以称之为电视新闻节目。

从节目制作角度来划分，电视新闻节目又大致可以分为四大类型：新闻资讯类节目、新闻专题类节目、新闻评论类节目、新闻杂志类节目。

### （一）新闻资讯类节目

新闻资讯类节目，指的是广泛、简要地报道国内外新近发生事态的节目形式。这类节目要求短小精悍，具有极强的时效性，因此直播是新闻资讯类节目的一大传播特点。

1. 综合性资讯类节目

综合性资讯类节目主要定位于传播国内外大事件、传达党和政府的声音，如央视的《新闻联播》《朝闻天下》，以及各地方台联播类新闻节目。此类节目以传播事实为主要目的，具有一定的程式，一般采取"演播室串联＋前期采访拍摄"的模式，节目风格严谨、庄重。主持人一般不发表或极少发表评论，通常以叙述新闻事实为主。但随着新闻传播理念的发展，此类节目也逐渐开始"亲民"，主要表现为主持人播报方式轻松化、播报内容多样化等倾向。

综合性资讯类节目的编排方式大多采用"倒金字塔"式，即以按事实的重要性程度或受众关心程度依次递减的次序，把最重要的放在前面，然后将各个事实按其重要性程度依次播出，陈述全部事实。

## ▶▶ 案 例

### 《朝闻天下》

**节目简介**：《朝闻天下》(原《早间新闻》)是由中央广播电视总台综合频道和新闻频道每天早晨 6 点开始并机直播的新闻资讯类节目。其原时长 150 分钟，2009 年进行改版，时长增加至 180 分钟。

改版以来的《朝闻天下》，体现了央视新闻频道在报道理念和手法上的突破，其以更为专业的电视方式向着新闻本质靠近。其将新闻报道直接从"TNT"(Today News Today，当日新闻当日报)改写为"NNN"(Now News Now，即时新闻即时报)，实现了新闻发生与新闻报道的同步，使"时效"成了电视新闻的核心竞争力之一。

此次改版之后，观众不难发现，《朝闻天下》中前一天滚动下来的新闻明显少了。观众不仅可以看到发生在昨夜今晨的国内国际重要新闻，还可以看到许多"最新消息""今日新看点"，甚至一些备受关注且正在发生的新闻或在网上被热议的新闻报道也在节目中及时更新，极大地满足了观众对新闻时效性的需要。

2. 社会(民生)资讯类节目

社会(民生)资讯类节目在制作流程上与综合性资讯类节目并没有太大不同,只是其主要定位于关注人民生计、关心市民生活、反映普通老百姓的生存状态与生存空间。这些具体表现在三个方面:视角平民化、内容民生化、传播故事化。

社会(民生)资讯类节目的传播对象以城市居民为主,报道范围以城市或区县为单位,以城市百姓"身边事、麻烦事、稀奇事、关心事"为主要报道题材,通过记者现场调查、跟踪报道、嵌入式体验等灵活多样的方法采编制作,非常注重新闻的实用价值、娱乐价值及情感价值。

## ▶▶ 案 例

### 《都市报道 60 分》

**节目简介:**《都市报道 60 分》是天津电视台一档直播类社会民生新闻节目,其始终坚持"关注都市发展,关心都市民生"的节目宗旨,收视率稳步攀升,在天津观众中的美誉度很高,是一档非常有影响力的电视新闻节目。

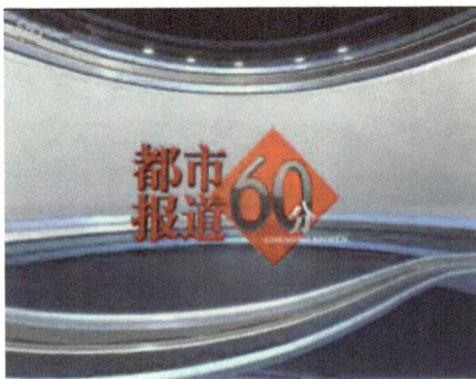

**图 2-1 《都市报道 60 分》**

节目包括以下几大板块:都市资讯、社会直击、都市热线、新闻直播、记者调查、百姓纪事、都市工业游、都市爱心行以及国际新闻等。都市资讯采访报道与百姓相关的、有价值的资讯;社会直击突出第一时间、第一现场;都市热线突出帮办特点,包括记者从现场发回的报道和通讯员用 DV 拍摄的突发事件;百姓纪事讲述人间真情,时长 5 分钟;记者调查时长 2～3 分钟,针对热点话题策划短、平、快的新闻评论;都市工业游让观众直接参与到新闻采访当中,亲身体验工业企业的成就与变化;都市爱心行则让社会明星与观众零距离奉献爱心,使媒体成为构建和谐社会的参与者和实践者。

### (二)新闻专题类节目

新闻专题类节目是指主题相对统一的电视新闻节目,它是电视新闻节目的一种主要类别。新闻专题类节目在内容上能够对某一新闻话题作更为全面、深入的报道。相比较新闻资讯类节目,新闻专题类节目要突出"专"的特点,即信息不是简单的陈述与罗列,而是要力求深度,属于深度报道。

新闻专题类节目可细分为连续报道与系列报道。连续报道是指对一个新闻事件的起因、变化、发展、结果进行跟踪报道，并陆续播出。而系列报道则是以一个主题为核心，从不同角度和方面进行深入的报道和分析。

二者的区别是：连续报道取材于不可预知的事件性新闻，而系列报道则取材于可预知的非事件性新闻。但二者都统一于某一个专属话题，所以均属于新闻专题类节目。

## ▶▶ 案 例

### 《新闻调查》

**节目简介：**《新闻调查》是中央广播电视总台一档深度调查类节目，时长45分钟，每周一期，有着广泛的影响。节目以记者调查采访的形式探寻事实真相，追求理性、平衡和深入。

2003年，《新闻调查》旗帜鲜明地打出调查性报道的口号。但是当时国内关于调查性报道的理论研究还不是特别深入，大多是在舆论监督的语境下进行的理论探讨。因此，在进行调查性报道实践的同时，《新闻调查》对于调查性报道的理论进行了较为全面和深入的梳理和研究，形成了自己的操作理念。

《新闻调查》认为，一个算得上调查性报道的选题必须具备三个条件：第一，调查的内容是损害公众利益的行为；第二，这种行为被掩盖；第三，调查是记者独立展开的。只要选题符合这三个条件，就是调查性报道。

## ▶▶ 延伸阅读

### 深度报道

深度报道是一种阐明事件因果、预测事件发展趋向的报道形式。它不仅要说明新闻发生的来龙去脉、前因后果，还要分析它的意义、预见事件的发展和影响。

深度报道概念诞生于20世纪40年代，是报纸为应对电子传媒竞争发展而来的。在西方，解释性、调查性的报道都属于深度报道的范畴。它突破了一人一地一事的报道模式，一面剖析事实内部，一面展示事件宏观背景，把握真实性，要着重揭示原因（WHY）和怎么样（HOW）两个新闻要素。

### （三）新闻评论类节目

新闻评论类节目是指电视新闻评论员、主持人或评论集体对当前具有较高新闻价值的社会问题、事件和现象进行观点性评述的节目形式，属于深度报道范畴。

新闻性是新闻评论类节目的最基本要求，但其与新闻资讯类节目有所不同。新闻资讯类节目的优势在于消息的迅捷，要求有很强的时新性；而新闻评论类节目更侧重于挖掘新思想、新观念，在"新"的前提下讲求时宜性。

从节目形式来分，新闻评论类节目有以下四种常见模式。

第一种是对话式，此类型采用一问一答的交流方式展开，通过对话的模式将话题引向深入，如《新闻1＋1》等。

第二种是家常式，此类型中主持人与嘉宾围坐在一起，像朋友聊天一样就一个话题进行较为深入的探讨，主持人在其中通常扮演话题发起者和观点协调员的角色，多采用"开放式"结尾。

第三种是沙龙式，此类型采取多方观点交锋的模式，一般由主持人发起话题、嘉宾进行观点评述、场下观众进行即时发问，最终使节目提供尽可能多元化的意见性信息。

第四种是述评式，此类型包括边述边评和述后点评两种。叙述部分通常采用采访的形式，通过新闻当事人之口以及主持人的串场来讲述事件发生过程；评论部分则主要由主持人来担当。因此，主持人在此类节目中既是叙述性信息的载体，也是评论性信息的载体，如《新闻会客厅》等。

# 案 例

## 《新闻1＋1》

节目简介：《新闻1＋1》是中央广播电视总台新闻频道唯一一档"时事新闻评论直播节目"，每期节目从时事政策、公共话题、突发事件等大型选题中选取当天最新、最热、最快的新闻话题展开评论。该节目打破了传统的新闻播报方式，采用"1＋1"即一位主持人和一位新闻观察员的双人谈话模式，第一时间跟进评论直播，深入解析新闻幕后错综复杂的背景脉络，还原新闻全貌、解读事件真相，力求以精度、纯度和锐度为新闻导向，呈现给观众最质朴的新闻。

### （四）新闻杂志类节目

新闻杂志类节目是指借鉴杂志的综合编排方法，将不同样式和内容的新闻通过节目板块的方式重新串联起来，形成一个完整的节目，是电视新闻深度报道的重要节目形态之一。

新闻杂志类节目的好处在于将消息类、专题类和评论类新闻有机地结合在一起，利用多种新闻资源，从不同层次、角度来诠释新闻事实，有很强的综合性，而且形式灵活多样。

## ▶▶ 案　例

《新闻周刊》

**节目简介：**《新闻周刊》（原名《中国周刊》）是中央广播电视总台 2003 年开播的一档新闻杂志类节目。在 45 分钟的时间里，它将一周内国内最重要的新闻、观众最关注的人物都整合在节目中，其传播方式就是对海量新闻的有效整合。节目主要由两部分内容组成：一是对本周新闻的回顾；二是对焦点新闻的评说。节目共分为"视点""人物""特写"三大板块。

作为盘点型的新闻杂志类节目，《新闻周刊》在选题上具有十分鲜明的价值取向，即选取并展现关系国家、社会及民生的有重大影响的事件，但不是简单地报道事实，而是把新闻事件呈现在一种可以表现其意义的脉络之中。而且节目的深度报道不拘泥于某一事件本身，往往与多个相关事件、相关线索纵横连接，使其选择的议题更具代表性。这也是优化周播、盘点型的新闻杂志类节目的一种方式。

## 二、综艺娱乐类节目

提供娱乐是电视节目除了信息传播外的第二大社会功能。娱乐是人们生活的基本需求，在一天紧张的工作之余，观众希望通过电视来愉悦身心、消除疲劳。但在综艺娱乐类节目发展的初期，很多人一提到娱乐，便认为是"追求低级趣味"的行为，这种观点和心态在很大程度上制约了此类节目的发展。相比于西方国家综艺娱乐类节目的大胆创新、蓬勃发展，我国的综艺娱乐类节目在整体形态上发展要缓慢许多，直到近几年才有"迎头赶上"的趋势。

我国的综艺娱乐类节目从"大杂烩"式的纯综艺节目到明星游戏类节目，再到益智博彩类节目，直到现在火爆的真人秀节目，大致经历了四个阶段。就真人秀这种样式来说，业界习惯性地将其与其他综艺娱乐类节目样式并列而谈，但事实上真人秀应作为一种节目的形式，而非内容。它可以和音乐类节目结合，可以和游戏类节目结合，也可以与竞技类节目结合。就目前的情况来看，越来越多的娱乐节目开始与真人秀这种形式相结合，呈现出一种后娱乐类节目的态势。因此本节将不再把真人秀节目单独列出，而是按照内容的不同，划分在不同类型的节目样式中。

总体来说，综艺娱乐类节目指运用各种电视表现手段，综合各种艺术门类或具有娱乐色彩的非艺术内容，形成一个具有主题性的整体，通过电视播出，满足大众艺术审美与娱乐消遣的收视诉求的一类节目。

从节目内容的角度来分，我国的综艺娱乐类节目可大致分成六大类：综艺类节目、娱乐访谈类节目、游戏竞技类节目、益智博彩类节目、专业表演类节目及婚恋情感类节目。除此之外，体育类节目、戏曲戏剧类节目等也属于综艺娱乐类节目的范畴，但由于其不属于主流，本节就不一一介绍了。

### （一）综艺类节目

所谓综艺类节目就是指综合艺术类的节目，它可以将声乐、舞蹈、相声、小品、戏曲、游戏甚至文学等多种艺术门类融合在一起，用各种表现形式将其相互串联并形成一个和谐的内容整体。由于对各种艺术样式的综合处理和电视化手段的介入，综艺类节目是最能体现电视媒介特性的节目形态之一。

综艺类节目是我国电视观众接触最早的一种综艺娱乐类节目形态，早期的代表节目有《综艺大观》《正大综艺》、20世纪90年代火爆一时的《欢乐总动员》。此类节目最主要的目的就是为大众提供娱乐，满足现代社会的大众口味，提供一种视听上的狂欢，使观众感到高兴和放松。

### （二）娱乐访谈类节目

娱乐访谈类节目指以电视媒介为传播平台，由主持人、嘉宾及现场观众共同参与，以面对面的方式在特定的环境中围绕某个具有娱乐性、情感性、故事性的话题进行交流的节目。

访谈节目是一个非常重要的电视节目形态。从内容取材来看，目前的访谈节目多集中在明星或民生等话题上，整体娱乐倾向性较强。访谈节目一般采用"主持人＋嘉宾＋演播室"的模式，因此相较于其他节目样式，其录制成本相对较低。而且娱乐访谈类节目不但可以满足人们对于明星私生活的窥探心理，还可以弥补现代社会人们交流不足的缺憾，是目前最受大众喜爱的一种节目样式之一。

需要注意的是，娱乐访谈类节目虽然制作难度不高，但是同质化现象较为严重，因此对于前期的选题策划及主持人的要求颇高。在节目形态相似的基础上，尽量在选材上打差异牌是其关键。同时，一个或多个优秀的、具有个性的主持人也是此类节目的"制胜法宝"。

### （三）游戏竞技类节目

游戏竞技类节目指的是以快乐为主要目的、强调主体参与互动、有情节和规则的具有竞赛性质的娱乐节目。此类节目将电视的娱乐功能推向极致，其不强调深度，也不强调文化性，只注重游戏过程中的刺激性和娱乐性。游戏竞技类节目大体可以分为活动性游戏和益智性游戏两大类；前者为跑步、游泳等体育竞技，后者则主要是打牌、猜谜等益智游戏。

游戏竞技类节目主要通过关卡的设置、情境性角色的展示及道具的使用带给观众一种感官上的愉悦。

早期的游戏竞技类节目主要强调主体参与的平民化，但随着节目的升级、大众审美要求的不断提高，目前的游戏竞技类节目更倾向于真人秀模式。

## （四）益智博彩类节目

益智博彩类节目指由主持人、竞猜选手及观众一起构建，以知识、游戏、奖励为主要元素的知识型娱乐节目。此类节目以竞猜内容、游戏规则的设定为卖点吸引观众，而且往往与金钱挂钩，用可观的奖金刺激观众的神经，带有一定的博彩性质，是观众参与性较强的娱乐节目。

此类节目最早兴起于美国，是从20世纪三四十年代电台的智力竞赛节目转化而来的。1998年的《幸运52》，便是一档在借鉴国外同类节目形态的基础上根据中国观众的欣赏口味加以本土化改造的新型节目，一经推出即取得了超高的收视率。其后的《开心辞典》也属于同类节目。经过十几年的演变，"猜题＋答题＋奖金"的传统模式日渐僵化，很难满足观众的口味，益智博彩类节目逐渐显露颓势。2014年，江苏卫视的《最强大脑》和河南卫视的《汉字英雄》却通过奇观化的表现手法、知识传播的正能量颠覆了以往益智博彩类节目的套路，为此类节目的发展提供了一个新的思考。

## （五）专业表演类节目

专业表演类节目指通过电视的声画结合手段，对小品、音乐、朗诵等各艺术门类进行二度创作，以提供视听享受为目的的节目。"竞赛、表演、主题"是此类节目的三个核心要素。

专业表演类节目是综艺娱乐类节目走入专业化、精品化的标志，其类型涵盖面较广。此类节目在专业表演的基础之上还突出了竞赛的刺激性，是各电视台目前最受欢迎、收视率最高的节目形态之一。

## （六）婚恋情感类节目

婚恋情感类节目是以情感、婚恋为主要话题，运用访谈、专家点评、情景再现、话题互动及真人秀等各种表现形式，以满足人们了解他人生活及自我情感倾诉的心理为目的的娱乐节目。此类节目最重要的就是选题，主要遵循"三化"的原则，即"故事冲突化、故事戏剧化、故事情感化"。

婚恋情感类节目一开始多定位于生活服务类节目，但随着节目的发展，其服务性质越来越弱，更多地通过一波三折的情感故事给观众带来一种娱乐性的体验。

## 三、社教类节目

社会教育类节目，简称社教类节目，指以传播知识为主要内容，以推动社会精神文明为目的的节目。其在国外又被称为"公共教育节目"。

社教类节目是一个相对较年轻的节目形态，但是其发展迅猛，不仅承担了电视媒介的社会教育功能，还弘扬了民族文化，是电视节目系统中十分重要的一员。但是相比于综艺娱乐类节目，社教类节目的受众面相对较窄，节目内容略显深奥，因此收视情况一直不乐观，不少制作精良的社教类节目因此被淘汰。但是作为电视节目不可或缺的组成部分，近年来，中央及各省市电视台的社教类节目逐年递增，涌现了大量的精品。"新生"的社教类节目一改往日的"严肃"，将知识性、通俗性融为一体，以一种更加适合在电视平台展现的姿态出现。

一般情况下，社教类节目可分为四种类型：人文专题类、法制类、科技类、教育类。

### （一）人文专题类节目

人文专题类节目是旨在提高受众人文素养，体表现人本主义和人文关怀，以专题记录的形式展现的系列电视节目。其选题不需要很强的时效性，但是强调时新性，多选取能够展现时代精神的主题或话题，叙事突出艺术手法。

人文专题类节目因其深厚的文化底蕴、专业的制作水准，拥有较多高学历的忠实受众。此类节目有较强的真实性，纪实手法是人文专题类节目最基本的创作手法，代表节目有《讲述》《大家》《探索·发现》等。

## ▶▶ 案 例

### 《讲述》

**节目简介**：《讲述》是 2001 年中央电视台社会专题部推出的一档口述体专题片栏目，以强烈的故事性、细腻丰富的情感讲述了普通人精彩的人生故事，给观者以人生启迪。其节目形态分日常版和周末版。日常版以演播室形式为主，时有部分外拍小片强化事件的现场感；周末版是以镜头讲述的全程外拍。

《讲述》是电视节目可能选择的最洗练的形态之一，其简约的画面形态使观众和主讲嘉宾做最直接的交流，而不至于被屏幕上种种繁复的障碍所阻挠，是一种返璞归真、化繁为简的节目形态。

### （二）法制类节目

法制类节目指利用各种节目形式制作的对法律或与法律相关的案件、现象和问题进行评析，旨在普及法律常识、推进法治建设的节目。法制类节目新闻性较强，故事引人入胜，教育功能和社会服务功能较明显。同时，悬念性与知识性并重也是法制类节目的重要特点。

法制类节目样式众多，总结起来大致有四种：案例分析式、庭审再现式、说法式以及新闻杂志式。

## 案 例

**《今日说法》**

**节目简介:**《今日说法》开办于 1999 年,是中央广播电视总台第一档全日播法制栏目,已经成为家喻户晓的品牌栏目。栏目秉持"点滴记录中国法治进程"的理念,采取以案说法、情景再现、大众参与、专家评说的节目样式,以"重在普法、监督执法、促进立法、服务百姓"为宗旨。

栏目收视排名长期稳居央视前列,影响力持续增强,《12·4 年度法治人物颁奖盛典》《小撒探会》等特别节目铸就高端品质,使栏目具有更大的社会动员和普法功能。

图 2-2 《今日说法》

### (三)科技类节目

科技类节目主要指各类普及科技知识的节目。由于题材的限制,此类节目制作难度较大。节目不仅要说明科学事实,要有严格的科学依据和逻辑,还要将一个深奥的问题以通俗易懂、观众喜闻乐见的方式呈现出来。因此对于此类节目来说,如何形象生动地解开科学之谜、用哪种形式更易于让观众接受是面临的难题。

科技类节目首先必须要保持科学事实的真实和准确;其次要具有教育性,能够教育和影响受众;最后还要具有艺术性,并将科学与艺术完美地结合起来。科技类节目对编导的要求较高,编导不但需要具备社会科学知识,还需要具备一定的自然科学知识。代表节目有《走近科学》《动物世界》《科技之光》等。

## ▶▶ 案 例

### 《我爱发明》

**节目简介:**《我爱发明》是中央广播电视总台推出的一档全新的科普栏目,通过展示发明人的新发明、新创意,将科学知识趣味化、形象化,让观众热爱发明、享受创新的乐趣。栏目形式为内景演播室结合外景短片,其中内景演播室设置主持人和嘉宾。在每期节目中,观众都将看到多个来自普通人的精彩发明及它们背后的动人故事。除此之外,还可通过演播室主持人的实际体验、道具演示和原理分析,充分明白每一个发明的奇思妙想之处和其中蕴含的科学道理。

该栏目的设置不仅开创了一种新形态、填补了中国科普栏目的一个空白,而且架起了一座科技成果转化的平台。在全面落实科学发展观、携手建设创新型国家的大背景下,该栏目的及时推出具有深远的意义。

### (四)教育类节目

教育类节目是指以课堂讲座的形式向大众传授知识和技能的节目,可大致分为两种:第一种是重点在于讲授知识、不讲究电视表现形式丰富与否的电视课堂。此类型严格来说并不能称为节目,而仅仅是将课堂搬到电视屏幕上的一种公开课而已,如《大学语文讲座》《高等数学讲座》等。

第二种是将知识传授与娱乐性相结合,动用各种电视化手段全方位展现的"大众电视讲坛",也是近年来非常受欢迎的一类节目。此类节目一改往日课堂式的呆板单调,充分动用丰富的电视表现手段,雅俗共赏,内容生动。更为关键的是,此类节目在专家的聘请上颇下功夫,既不请最权威的,也不请最资深的,而专门邀请那些口才较好、语言幽默、擅长用故事化的方式讲课的专家学者。

## ▶▶ 案 例

### 《开讲啦》

**节目简介:**《开讲啦》是由中央广播电视总台综合频道和唯众传媒联合制作的中国首档青年电视公开课。每期节目由一位名人倾情演讲,分享他们对于生活和生命的感悟,给予中国青年心灵的滋养,讨论青年们的人生问题,同时也在讨论青春中国的社会问题。

节目每期有8~10位来自全国各大高校的青年代表向演讲嘉宾提问，300位大学生作为观众现场参与这场有思考、有疑问、有价值观、有锋芒的思想碰撞。他们对人生有思考、对未来有疑问，思想新锐。每期演讲嘉宾选择的主题均为当下年轻人心中的问题，讲述青年最关心、最困惑的话题。

图2-3 《开讲啦》

## 四、服务类节目

媒介的社会服务功能是一种客观存在，如报纸、广播等都具有服务功能。电视作为一种本质上为大众服务的传播媒介，其能够提供社会服务的空间则更加广阔。

目前，我国很多电视台都提出了"服务至上"的口号，把做好服务类节目作为节目改革的突破口。不但众多服务类节目脱颖而出，而且电视购物这种电视直接作用于服务的功能也越来越被大众所接受。

总体来看，我国的服务类节目可分为生活服务类节目和金融理财类节目两大类。电视购物并不属于电视节目的范畴，在此不做讨论。

### （一）生活服务类节目

生活服务类节目，指的是以实用性资讯和信息为主体，服务于人们衣食住行，并使受众从中获得身心愉悦的节目。其具备两大功能：第一是实用性功能；第二则是娱乐性功能。

早期的生活服务类节目多突出服务功能，内容也尽可能地涉及方方面面，主要突出各类服务信息的传达。随着中国经济的蓬勃发展、人民生活水平的不断提高，以及电视传播理念的更新，生活服务类节目的传播内容也经历了从包罗万象到精耕细作的转变。目前生活服务类节目大致可以分为三种：第一种是以《生活》为代表的综合生活服务节目；第二种是像《天天饮食》《健康之路》这样的单一类专题型节目；第三种就是位于服务类节目与真人秀节目的交叉点的服务真人秀，如《交换空间》《职来职往》等。

## ▸▸ 案 例

### 《家政女皇》

**节目简介：**《家政女皇》是河北卫视自2009年起播出的一档生活服务类节目。用综艺形式来包装生活服务类栏目，这在国内尚属首创。

节目采用内外景结合的方式，把老百姓关心的衣食住行柴米油盐"那些事儿"全部网罗，充分调动娱乐元素，志在让观众在轻松的氛围中增长生活知识。节目划分成老方琼叨叨、省时省力系列之生活妙招、厨房美食系列之女皇上菜、观众来信、高招在民间等环节，其中高招在民间环节是节目的一大亮点。在这一环节中，节目运用外景拍摄的方法，深入民间，由普通人教大家生活小妙招，极大地促进了观众的参与热情。

《家政女皇》结合全新的电视理念，运用生活服务唱主角、综艺娱乐来配戏的方式，让观众在欢声笑语中吸取了知识。

### （二）金融理财类节目

金融理财类节目，指的是介绍金融知识、家庭理财、艺术品投资和收藏的节目，是服务类节目中非常重要的一类，大致可分为三种：第一种是股市证券类，如《股市直播》《证券时间》等；第二种是家庭理财类，如《天天理财》等；第三种是投资收藏类，也是最具娱乐价值的一种，代表节目有《鉴宝》《艺术品投资》《天下收藏》等。

## 案 例

### 《天天理财》

**节目简介：**《天天理财》是北京广播电视台 2007 年推出的一档日播栏目。节目立足于财经、理财，风格延续了其前身《周末理财》的特点，坚持快乐金融、快乐理财、快乐赚钱的节目方针，力求用轻松幽默的语言讲理财，把金融学的普遍原理用百姓喜闻乐见的形式表现出来，让观众在潜移默化中接受栏目的先进投资观念。

在栏目形式上，《天天理财》充分发挥了主持人的自身特点，轻松活泼的语言、深刻睿智的分析以及随意但却点睛的调侃，对整个节目进行了有机的串联。由演播室引出的理财短片，同样在形式方面进行了创新。

此外，《天天理财》还根据不同的话题，适当邀请一些特殊的嘉宾如演艺明星、频道其他主持人等到节目中进行讨论，从而最大限度地发挥电视手段，吸引观众的注意。这种节目形式也是同类节目当中从未出现过的。

### 五、电视纪录片

电视纪录片是比较特殊的一种节目形态，指的是以影视纪实等多种艺术手段对政治、经济、文化等新闻题材作比较系统、完整的纪实报道。它运用镜头、真实地记录社会生活，反映生活中的真人、真事、真情、真景，着重展现生活原生形态的完整过程，排斥虚构的新闻性电视节目形态。

电视纪录片的基本特征，一方面是真实。真实是电视纪录片的生命，要求创作者在真实的基础上以真诚、科学、严谨的态度对待作品。另一方面是纪实性。纪实性同样是电视纪录片本质属性的一方面，是一种与真实的联系，是一种风格、一种表现手法。

# 案　例

## 《舌尖上的中国》

**节目简介**：《舌尖上的中国》为中央广播电视总台播出的美食类纪录片，主要内容为中国各地的美食生态。这部纪录片的目标是以美食作为窗口，让海内外观众领略中华饮食之美，进而感知中国的文化传统和社会变迁。《舌尖上的中国》展示的是普通中国人的人生百味、是人和食物之间的故事，透过美食来看社会。该片的重要主题是中国之"变"，在向观众展示传统的农耕中国的同时也告诉观众很多中国传统正在改变，而片中出现的有些人很有可能是最后一代传承手艺的人，所以该片的一个拍摄标准就是"拍摄承载中国人精神的食物"。

本片制作精良，7 集内容耗时 13 个月，2012 年 5 月在央视首播后，在网络上引起了广泛的关注。

# 延伸阅读

其他电视节目分类方法有：

按生产方式来分，可分为直播节目、录像节目、现场节目、演播室节目等。

按结构方式来分，可分为一般性节目、对象性节目、综合性节目、专题性节目等。

按节目的形式来分，可分为报道式节目、参与式节目、表演式节目、竞赛式节目等。

按受众定位来分，可分为少儿节目、老年节目、女性节目等。

## 第三节　电视受众分析与节目策略

### 一、电视受众分析

从传播学的角度来看，受众是电视传播信息流的目的地，是传播过程中重要的信息反馈员，也是后续传播系统得以形成的必要条件。信息顺利地传播到受众，传播内容被受众所吸收及反馈，才能使整个传播过程形成一个双向的传播，传播系统才能得以维持。

从市场的角度来看，如果将信息当作一件商品的话，只有受众"购买"了这件商品，才能使媒介得以继续发展和壮大。因此电视编导在创作的时候绝对不能孤芳自赏，而是要想方设法地让自己的节目能够发挥其传播效力。深入地了解自己的传播对象，了解受众都有什么特点及受众的收视习惯和行为是做好节目的基础所在。

### （一）电视受众的基本特点

作为电视的服务主体，电视受众有以下五大特点。

**1. 数量众多**

电视是大众传播媒介，通过卫星电视、数字技术等现代传播手段和工具向数以亿计的观众进行大范围的覆盖式传播，其数量是相当可观的。除了网络以外，电视的受众覆盖面是广播、报刊、电影等大众媒介所不能比拟的。

**2. 巨大的差异性**

这个差异存在于电视受众的自然属性，也存在于其社会属性。不同性别、不同年龄、不同地区、不同文化程度、不同职业、都会造成其对信息选择和接受的不同。

**3. 分散与流动性**

无论在时间上还是空间上，电视受众都是极为分散的，而且流动性巨大，哪怕是某个节目的忠实观众，也可能会手拿遥控器随时转入转出。一个节目的收视图景其实就像一条河一样，总有大量分散的观众在不停地流动。

**4. 隐匿性**

因为受众是分散的、流动的，所以其隐匿的特点就成了必然。观众始终在暗处，传播者只能借由电视机来和观众进行间接沟通，而观众的心思，我们也只能通过受众调查和收视率的反馈来探知一二。

**5. 求新性**

观众永远是喜新厌旧的，没有哪个观众可以一辈子忠实于一个节目。一旦节目形式开始陈旧、内容开始墨守成规，观众会毫不留情地扭头就走。

### （二）电视受众的行为分析

对于电视传播者来说，分散的、匿名的、看不见摸不着的大众的行为是很难捉摸和把握的。目前，对受众的调查和收视率统计是传播者对受众了解的一个基本途径。

当然，受到财力、物力的影响，目前对受众的调查还不可能做到全面覆盖，一般只采取抽样调查的方式，根据所获得的样本数据来推断整体的情况。同时，调查的过程还会受到诸多方面因素的影响，包括样本选择的准确度、方法的科学性，以及处理数据时的人为误差等。而且，收视率的高低也不是直接判断一档节目内容好坏的标准。一般来说，收视率与节目内容之间存在一定的相互关系，后者对前者的变化通常具有很明显的影响作用。但是收视曲线上每一次波峰或波谷的出现都可能有很多种原因，节目内容虽然是其中一个很重要的因素，但也不能排除一些偶发的间接性因素的影响，比如时段因素、时间编排上的巧合、竞争频道的新推栏目等。

同时，有线数字电视、卫星电视、移动媒体等新兴媒体也带给受众调查很大挑战。一方面，新媒体导致了媒介的细分化，这让传统的受众调查法在把握精准度上的难度更大了；另一方面，非线性的、互动的传播方式改变了原来的大众传播模式。

因此，我们只能通过对受众的调查和收视率的反馈大致推断出其收视行为，并在此基础之上对节目进行适当的、相应的调整和安排。那么，我们透过这些大概可以判断出受众的哪些收视行为呢？一般来讲，收视时间、收视动机及收视兴趣是分析受众收视行为的三个基本方向。

### 1. 收视时间

搞清楚受众的收视时间，对传播者和广告商都有非常重要的意义。作为传播者，只有掌握了收视时间的规律，才能合理地编排节目，安排节目的播出时间；作为广告商，哪个时段受众收看电视的行为最为密集是其投放广告的重要依据。

研究受众的收视时间，有两层含义：一是受众在什么时段收看电视，二是受众一般花费多长时间来收看电视。

无论是城市还是农村，家庭均是绝大多数受众收看电视的地点。因此，受众在家中的作息规律对受众收看电视的时段划分有很大影响。

比如，根据多年收视率调查判断，每天19：00至22：00是收视的黄金时段。在这段时间，大部分家庭成员都已经下班或放学回到家。忙碌了一天，这段时间正是需要放松和休息的时间，而且距离晚上睡觉还有一段时间。因此这个时段看电视，既不影响工作、学习，也不影响吃饭、睡觉，正契合一家人需要放松、休息的心理，是电视节目的最佳收视时间。所以，黄金时段多播放"全家福"式的节目类型，如晚会、综艺娱乐节目或电视剧等，这样可以满足各个年龄层的收视需要。

再如，周一到周五9：00至12：00之间的时段一般多播放肥皂剧、女性节目、老年节目或动画片。这是因为这个时段，家中的上班族和学生都已经离开了家，留在家中收看电视的群体多为退休老人、家庭妇女和学龄前儿童，因此这个时段主要满足这类人群的收视需要。

在此基础上，我们还要大致了解受众收看电视的时间长度。根据近年来全国观众抽样调查结果显示，我国电视观众平均收视时间为每人每天2小时左右。其中60岁以上老年观众的收视时间最长，其次是中年观众。收视时间相对较短的是31～40岁的中青年观众，最短的是13～18岁的青少年观众。而且城市与农村的收视时间长度差异比较明显，城市受众群体收视时间整体长于农村。

了解受众的收视时间，对于编导来说有着重要的实践意义。虽然编导不能控制自己节目的播出时间，但是了解时段的划分、知道哪些时段大致对应哪些受众群体以及这些群体的作息规律，就可以有的放矢。

# ▸▸ 延伸阅读

电视收视时段划分以及主要受众群体和典型节目安排

1. 早间时段(6：00—9：00)

受众群体：上班族、老年观众

节目安排：新闻、资讯类为主，主要收视方式为"听"，因此"读报"类新闻节目较受欢迎，如《朝闻天下》《有报天天读》等。

2. 上午时段(9：00—12：00)

受众群体：家庭主妇、老年观众

节目安排：肥皂剧等情感类剧场、生活服务类节目、综艺娱乐类节目、老年节目等，如《天天饮食》《综艺喜乐汇》《夕阳红》等。

3. 午间时段(12：00—13：00)

受众群体：上班族、老年观众

节目安排：新闻、资讯类为主，如《今日说法》《全球资讯榜》等。

4. 下午时段(13：00—17：00)

受众群体：家庭主妇、老年观众、学龄前儿童

节目安排：肥皂剧等情感类剧场、生活服务类节目、综艺娱乐类节目等，尤其电视剧的播放多与上午时段相配合，连续播出同一电视剧，满足收视成瘾的受众的收视诉求。

5. 晚间边缘时段(17：00—18：00)

受众群体：中小学生

节目安排：青少年节目、动画片为主，如《动画大放映》《动物故事》《大风车》等。

6. 晚间早段(18：00—19：00)

受众群体：中小学生、上班族

节目安排：娱乐资讯类节目、动画片为主，如《娱乐无极限》《娱乐乐翻天》等。

7. 黄金时段(19：00—22：00)

受众群体：全体家庭成员

节目安排：电视剧、综艺娱乐节目、晚会、新闻节目为主，如《新闻联播》《星光大道》《艺术人生》等。

8. 晚间时段(22：00—23：30)

受众群体：男性观众、青壮年观众

节目安排：评论类新闻节目、海外电视剧以及访谈类节目为主，如《总编辑时间》《海外剧场》《国际时讯》等。

9. 午夜时段(23：30—2：00)

受众群体：男性观众、青壮年观众（晚睡群体）

节目安排：倾诉类情感节目、访谈节目、电影等为主。

10. 凌晨时段（2：00—6：00）

受众群体：夜班工作者、晚睡群体

节目安排：电视剧和重播节目为主。

### 2. 收视动机

传播者想知道哪些节目才是受众所需要的，就要先了解受众的收视动机有哪些。在20世纪80年代和90年代中前期的受众调查总体显示，娱乐消遣是观众收看电视的主要原因。但随着社会的发展、人们文化程度的不断提高，电视在受众心目中的定位发生了明显变化。

进入21世纪以来，几次全国电视观众抽样调查显示，获取信息、了解世界已经成为了观众收看电视的首要目的。时至今日，整点新闻的滚动播出已经实现了现场直播，新闻的时效性、报道的深度、信息的广度均有了明显改善和加强。而且，在国家时政新闻报道不占优势的情况下，各地方台也都积极做出了调整，在晚间时段加大了各自地方新闻的播出量。尤其是民生新闻节目，以其贴近性和实用性的地缘优势，已经成为了很多地方台的招牌栏目。

除了获取信息外，娱乐消遣依然是观众收看电视的重要原因。电视作为声画并茂的大众媒介，以其生动、形象、直观的表达为包括影视、音乐、舞蹈在内的多种艺术形式提供广阔的展示空间，丰富亿万电视观众的业余文化生活。以娱乐为主导依然是各地方电视台在制作节目时的宗旨。

此外，知识教育也是观众收看电视的重要目的。在青少年的收视动机调查中，"学习知识"仅次于"了解国内外时事"，位列第二。青少年在知识学习方面的诉求要高于其他年龄段受众，是不可忽视的一批受众群体。电视已经成为除了书本、课堂、网络之外，青少年获取知识的重要途径。尤其在社教类节目的制作中，要非常注意青少年的收视口味和兴趣点。比如《百家讲坛》在改版前，一直以严肃的面孔出现，不注意语言的通俗性，导致了"年老的观众不爱看，年轻的观众看不懂"的尴尬情况，收视率一直萎靡不振。但改版后，其对时尚语言的运用赢得了许多在校学生的心理认同，逐渐培养起一批年轻、有潜力的受众。

### 3. 收视兴趣

观众的收视目的决定了节目制作的大方向，而观众的收视兴趣则决定了人们对特定节目的选择情况及收看某节目的持续性状况。

新闻类节目、电视剧及综艺娱乐类节目无疑是观众收看最多的电视节目，但在具体的收视兴趣上，每个节目类型内部其实有细分。比如新闻类节目，资讯类的新闻节目受众流动性较强，随入随出的情况较为突出，而深度报道和评论性的新闻节目受众的关注持续度更高。

又如电视剧，不同时期，观众对电视剧的喜爱类型总会发生或多或少的变化。早年，戏说剧和现实题材的作品如《宰相刘罗锅》《苍天在上》《包青天》等剧颇受观众喜爱。而近几年，谍战剧、宫斗剧则更占优势。

再如综艺娱乐类节目，虽然都以提供娱乐为主，但是不同的节目类型也随着观众兴趣口味的变化呈现此消彼长的态势。例如，以前深受大家喜爱的综艺类节目如《综艺大观》《正大综艺》等已经逐渐被观众所冷淡，而真人秀节目因其紧张刺激的节目规则、全民娱乐的互动方式而更为观众所青睐。

由此可见，观众的收视兴趣总在不停地改变，这就需要电视编导不能墨守成规，要不断地了解和掌握观众的思想动向。只有这样，才能做出符合市场要求、契合时代精神、满足群众需要的电视节目。

## 二、电视的节目策略

了解受众之后，传播者到底应该怎么做才能满足他们、留住他们呢？这涉及两个层次：一是单一节目的制作策略；二是电视节目播出的编排策略。

### （一）制作策略

对于一个单一的电视节目，从内容制作的角度来说，传播者应该如何做才能牢牢地抓住观众呢？到底有哪些原则和技巧需要掌握呢？

#### 1. 内容和选题

对于任何一个电视节目来说，要想走得好、走得长远，肯定都是内容为王。选择一个好的选题，就成功了一半。那些符合受众心理期待、满足受众收视欲望的电视节目，往往能具有很高的人气与收视率。道理虽然显而易见，但是在节目同质化严重的今天，一个真正的好选题并不好挖掘。找到既受百姓关心又是别人没做过的选题，需要编导耗费很大的精力。不但要对自己节目及节目受众进行深入了解，还要对同类型节目的选题有相当的研究，这样才能打出观众爱看的"差异牌"。比如，2010年李少红导演的新版《红楼梦》做宣传期间，各个综艺娱乐节目均以此做文章，有的邀请节目主创谈感受，有的制作专题对比新老《红楼梦》的差别，一时间《红楼梦》又成了大家关注的焦点。此时，与其他娱乐节目为新版《红楼梦》造势不同，《艺术人生》打了一个很好的"差异牌"，其编导根据节目自身特点，以及其目标受众群体的特点，策划了一期"红楼再聚首"的专题节目。节目中，编导将87版的《红楼梦》很多原班人马邀请到演播厅，这些许久未见的演员对于观众来说就像好朋友一样，现场温馨感人，节目效果非常好。这期节目成了《艺术人生》的经典策划之一。

#### 2. 形式与结构

好的内容需要有好的形式来衬托，如果一个节目能够设计一个悬念性强的文本结构的话，就会让观众欲罢不能。同时，节目结构的设计还要对广告插播因素进行综合考虑。众所周知，广告是电视台重要的财政收入来源，因此在节目中插播广告是不可避免的，可是广告的插播势必会造成受众一定程度的流失，如何最大限度地减少损失？

这就要靠电视节目结构上的安排了。比如，一档 30 分钟的访谈节目，中间一般会插入三段广告，那么这个节目就被打成了四段。编导在制作节目时，既要把节目当成一个整体来综合把握，又要考虑到对悬念进行平均分配，在每段广告之前都抛出一个大的悬念，同时在结构设计上加入下一节的精彩节目导视，吊足观众的胃口，这样就会减少受众的流失。

### 3. 娱乐化的叙事模式

如今，不但综艺娱乐类节目将娱乐进行到底，很多经济类、生活类节目也开始向娱乐化靠拢。甚至严肃的新闻节目，抑或注重深度的电视纪录片，都离不开娱乐化的叙事模式。这里所说的娱乐化不是狭义的轻松搞笑，而是故事化、情感化和娱乐化的总称。

受众喜欢听故事、习惯听故事，有的媒体人甚至称"做电视就是讲故事"。把新闻讲成故事、将人物说成传奇，传播者们想方设法让电视节目故事化、故事传奇化、传奇曲折化，节目 3 分钟一个小高潮、5 分钟一个转折点，悬念迭出，让观众目不暇接。只有这样，才能将观众牢牢地锁在电视机前。

### 4. 与受众互动

随着大众传播越来越深入人们的生活，越来越多的受众已经不满足于单一的信息获取。他们有强烈的参与意识，而且这种参与不是传统意义上的让观众当现场嘉宾或者主持人朗诵观众来信那么简单，而是一种心理上的互动与参与。各类真人秀的大行其道、长盛不衰，其实就是迎合了受众的这种心理。

## ▸▸ 延伸阅读

### 文博探索节目《国家宝藏》创新特色[①]
#### 王艳玲　郄新卓

[摘　要]《国家宝藏》是中央电视台 2017 年年末推出的一档大型文博探索节目，邀请有影响力的公众人物作为"国宝守护人"，通过剧情演绎讲述文物的前世今生。节目播出后受到了广大观众的好评，成为又一个引爆热潮的文化类电视节目。本文主要从节目定位、模式创新、技术手段三个方面入手，意在探析《国家宝藏》的创新特色。

[关键词]《国家宝藏》；文化类电视节目；创新

2017 年 1 月 25 日，中共中央办公厅、国务院办公厅印发了《关于实施中华优秀传统文化传承发展工程的意见》。意见中强调把优秀传统文化贯穿国民教育始终、滋养文

---

① 载《电视研究》，2018(9)。

艺创作、融入生产生活，这是第一次以中央文件的形式专题阐述中华优秀传统文化传承发展工作。在此政策召唤与支持下，2017年从央视到地方电视台纷纷推出自己的文化类电视节目，《见字如面》《阅读·阅美》等相关节目相继出现，并逐渐由小众的精英文化演变为大众喜闻乐见的文化形式。一股"文化热"席卷全国，以清流之态抚慰了受众在快节奏时代下"焦躁"的内心，使优秀传统文化得到了更广泛的传承与关注。

**一、全新定位，大众化的文化盛宴**

从2016年底开始，我国的电视节目似乎从"RUN FOR TIME"转化到了"生活中还有诗和远方"的状态，《中国诗词大会》《见字如面》接连引发热潮，文化类电视节目进入了"百花齐放"的全新时代。随之而来的问题之一就是同类型节目的竞相争艳，例如央视的《中国诗词大会》热播之后，地方电视台迅速出现了《中华好诗词》《向上吧诗词》《诗书中华》等节目，形式大同小异，同质化现象严重。文化类电视节目陷入了"诗词""朗读"的瓶颈之中，观众也开始出现审美疲劳，这就迫切需要挖掘新的文化类电视节目。

2017年末《国家宝藏》应运而生，开辟了文物这个全新的文化切口，不再以诗歌、阅读为主题，而是从文物角度来解读文化，通过对文物的展览、对文物背后故事的解读来展示中国传统文化，分享中华文化的精神内核，这种可见、可触碰的展现方式引发了一种别具特色的新类型。相比于之前的文化类节目，它弱化了节目的竞技元素，创造了一种能让观众静下心来多维度欣赏传统文化的节目模式。[1]

以往在人们约定俗成的印象当中，文博领域一直被认为是厚重、严肃、小众的，具有很强的专业性与知识性，似乎文化程度较高的精英群体或"中老年"群体比较偏爱。随着社会经济的迅速发展以及我国人民文化程度的普遍提高，年轻观众对具有知识性和观赏性的文化节目的需求也在逐渐升温。《国家宝藏》就在一定程度上满足了受众的这种需求，节目用鲜活的表达方式把博物馆拉近大众，使这些直抵人心的文化内容在大众化的综艺节目包装下获得更广泛的受众面和更强的受众黏性。[2] 即在表现形式和语言上都彰显了"年轻化""接地气"，如在官方宣布九大博物馆时就写道"千里逢迎九大博，高朋满座'周二见'"，这种诗句加网络语言的形式与网络八卦的发酵作势相似且诙谐幽默，引发了网友们的广泛关注。《国家宝藏》让文物"活"起来，为文化类电视节目开启了一个新的阶段，让文化类电视节目在诗词、阅读之外有了新的发展方向。

**二、模式创新，"记录式综艺"的全新表达**

现有的文化类节目大多为诗词、汉字、成语题材，表现形式局限在竞技与朗诵范围内，趋于同质化使文化类节目渐渐失色。《国家宝藏》就试图突破禁锢，以文物为主题，以故宫600周年特展为背景，进行了一场以故宫博物院为首的九大博物馆的"选秀

---

[1] 张明芳、路丽莎：《中国意象 文化传承——〈传承者之中国意象〉的文本分析》，载《当代电视》，2017(7)。

[2] 熊艳：《〈朗读者〉的创新路径："大众"与"小众"》，载《新闻与写作》，2017(7)。

活动"。通过对文物前世故事的演绎，以及今生故事的讲述，在梳理文物历史渊源的同时，利用戏剧化的舞台、讲解员、国宝守护人、专家等的烘托提升了节目的观赏性和趣味性，开创了一种文化类节目的新模式。

（一）小剧场形式，故事化演绎文物的"前世传奇"

《国家宝藏》采取了一种小剧场的讲述模式，节目设置了讲解员、国宝守护人、专家评论团以及现场观众，嘉宾在台上展示文物，讲述并演绎文物背后的故事，观众则在台下观看。

此外，节目组还邀请了27位自带流量的明星分别守护一件文物，在节目中演绎文物的"前世传奇"。他们所能发挥的明星效应非常强，吸引了大量的粉丝。他们在镜头前轻松自然又不失对文物的敬畏，如曾侯乙编钟的守护人王刚在湖北省博物馆近距离观看曾侯乙编钟时，用手捂住口鼻以避免呼出的气影响编钟的保存，甚至放轻了脚步。这种郑重的态度，体现了对传统文化的敬畏之心。而他们演绎的"前世传奇"则是在史料基础上进行的艺术性创造，多为大众喜欢的"奇闻逸事"。史料、趣味兼具，以戏说的形式展示了文物的发展历史，文物内在的人文气息、传统文化的精神财富也就此传递给了观众。

而节目组对"前世传奇"的呈现又结合了许多现代的元素，比如节目第一期王凯饰演的乾隆在梦中与先皇雍正对话，雍正大骂乾隆做各种釉彩大瓶是"任性妄为，弄些大俗之风"。这原本是网上的段子，网友将乾隆和雍正时期的瓷碗放在一起做对比，与雍正时期庄重淡雅的瓷碗相比，乾隆时期的瓷碗好似"农家乐审美"。《国家宝藏》直接在节目里演了出来，让人忍俊不禁，显得有趣、吸引人且不沉闷。节目播出后，王凯饰演的乾隆就上了微博热搜，引发网友热议。

（二）选择有独特经历、饱满情感的嘉宾，讲述文物的"今生故事"

《国家宝藏》在嘉宾的选择上并没有采用全明星阵容，而是选择了最能与观众沟通、共情，与文物不会有割裂感的嘉宾来讲述文物的"今生故事"。担任外拍总导演、策划的刘军卫在为文物"今生故事"寻找讲述人时，曾给团队规定了三个价值方向：历史价值、艺术价值和科技价值。根据这三条线，外拍团队挖掘出了当代的文物发掘者、研究者、守护者，也有继承者、弘扬者。[①]

例如，在展示浙江省博物馆的"彩凤鸣岐"琴时，节目邀请了国家级非物质文化遗产古琴项目代表性传承人丁承运先生作为"今生故事"的讲述人。"彩凤鸣岐"琴原来是由民国古琴宗师杨宗稷先生收藏，丁承运先生少年时就熟读杨宗稷先生的《琴学丛书》，了解他所收藏的古琴，曾多次受邀为浙江省博物馆藏琴鉴定并上弦演奏，2008年也曾弹奏过"彩凤鸣岐"琴。丁承运先生面对"彩凤鸣岐"琴时的震撼、敬畏真实而令人感动，由这样一位与浙江省博物馆藏琴有深厚缘分的懂琴、爱琴的大家来讲述"彩凤鸣岐"琴，

---

① 陈梦珂、王国平：《文化类电视节目的创新特征与价值彰显》，载《青年记者》，2017(11)。

的故事，更加具有感染力。

（三）博物馆馆长专业解读，实现节目价值引领

《国家宝藏》邀请九家博物馆的馆长组成"国宝守护联盟"，节目中每一件文物都是他们亲自挑选出来的。在演绎文物的"前世传奇"后，九位馆长会从专业的角度为观众讲解文物。从文物的外观形态到它的社会文化背景、研究价值，寥寥数语却蕴含丰富的知识，带领观众更加深入地了解与认识文物，也给节目赋予了内蕴丰厚的文化色彩。[①] 在节目的最后，由当期展示博物馆的馆长揭秘他们选择文物的初心。例如第七期上海博物馆馆长杨志刚谈到，他选择展示的文物是因为它们分别讲述了三段历史：商鞅方升作为商鞅变法、秦始皇统一六国以及统一度量衡的见证者，带领观众回到了六合一统、结束古代度量衡混乱制度的时期；膳夫克为祭祀祖父而铸造的大克鼎带我们回溯了西周时期的青铜文明和礼乐文化；《莲塘乳鸭图》则向观众展示了宋代艺术文化发展的新境界。每件文物都是中华五千年博大文明的记录者，它们所传递的信息和能量有助于对中国传统文化进行创造性的发展，创造出现代文明的新高度，也寄托了九位馆长传播中华文化、弘扬民族精神、彰显文化自信的愿望。

### 三、"多媒体影像＋文物"的完美结合

科学技术的发展为电视节目带来了更多的可能性。《国家宝藏》就运用了AR、VR、3D打印、多媒体影像等传播手段，打造了唯美华丽的舞台，更实现了对文物更全面的展示，让我们在感叹中华文化的博大精深、欣赏中华文化瑰宝的同时，感受到科技的进步所带来的震撼。

（一）唯美华丽的舞台效果

《国家宝藏》的舞美设计中使用了LED开合车台、天轨吊装及移动设备、全息影像、巨型环幕以及冰屏柱矩阵等技术，打造出了极具未来感、科技感的舞台效果。节目一开始，舞台在灯光与黑暗中交叠，直至灯光全部亮起，主持人在一片灯影交辉中走出，仿佛穿过了历史的长河来到舞台中央。这种历史与现代的对比重合，酷炫却不杂乱，给人带来了一场穿越古今、美轮美奂的视觉盛宴。

由于《国家宝藏》采取的是小剧场形式，在舞台打造上也很有戏剧舞台的质感。舞台上采用了九根冰屏柱，通过前后、上下的位次移动打造出多维、立体的舞台空间，使舞台更加华丽唯美，且实现了场景环境的构建与更替。这九根冰屏柱还与背后长43米、高7米的巨型LED环幕组成了一个视觉系统，在"前世传奇"的呈现中更好地辅助剧情。如在第一期节目中，演绎《千里江山图》的"前世传奇"时，九根冰屏柱先是分立在地上成为九根黄金立柱，与后面的LED环幕共同打造出宋徽宗的书房。随着《千里江山图》画卷的逐渐展开，LED环幕呈现出《千里江山图》，九根冰屏柱缓缓上升；在讲到靖康之乱时，LED环幕上变成了千军万马的战争场面，九根冰

---

[①] 郑向荣、张艺凡：《综艺类文化节目创作的五个意识》，载《中国电视》，2017(9)。

屏柱则组成书简，用文字来展示当时的历史。九根冰屏柱时而拼成壁画，时而变成立柱，与 LED 环幕相辅相成，突出国宝守护人所演绎故事的背景，使剧情一气呵成，让舞台展现兼具真实感与艺术性，带给观众沉浸式的体验与冲击性的视觉震撼。

（二）利用科技手段对文物创作过程进行全面展示

《国家宝藏》中对科技的运用，不只打造出令观众震撼、惊喜的舞台效果，更实现了对文物及创作过程的全面展示。在节目中常常可以看到嘉宾在讲解文物，而他们的后面或画面的中间会漂浮着文物的图样，并会根据嘉宾的讲解随时变换展示图案、角度，这正是利用了 360 度全息幻影成像系统，让三维画面悬浮在半空中成像；在讲述葡萄花鸟纹银香囊的前世今生时，屏幕上常常出现葡萄花鸟纹银香囊转动的画面，让其每一个花纹、每一个角度都得以立体展示，这正是利用了现代科技才实现的；在湖北博物馆副馆长介绍辛追墓 T 形帛画的细节内容时，节目则运用科技手段将画分为上中下三部分放大展示，并将画的底色变成了白色，将画上的图案放大，并让图案像有了生命一样缓缓摇动，完整、鲜活地展现了这幅充满瑰丽想象的帛画。

通过科技手段，我们还可以看到对文物创作过程的全面还原。比如在《千里江山图》"前世故事"中，宋徽宗时期提炼技术非常发达，《千里江山图》并不是一遍就画成的，我们所看到的这幅画相当于是画了五遍才完成的作品。画中看到的颜料敷得非常厚，是一层一层地敷染上去的。如果仅仅用语言向观众解释这种敷染效果，无法让观众真正理解这是怎样的一种操作，这种一层一层的敷染又会带来怎样的变化。《国家宝藏》利用 LED 环幕，展现了一层一层敷染过后会呈现的效果，看着用水墨勾勒的《千里江山图》一点点变成青绿色的完成作品，带给观众的震撼更加直接、深刻。

（三）突破时空距离，还原文物本体

当文物遇到现代科技，时间、空间都不再是距离，科技可以让经过千年传承的文物恢复千年前的模样，也能让遥远分离的文物合二为一，还原成它最完整也是最初的模样。在第八期节目中展示的皿方罍器盖就是运用 3D 打印技术，通过逐层打印的方式完成的。它的"今生故事"讲述人湖南省博物馆文物保管部主任廖丹讲道，当初为了证明湖南省博物馆收藏的皿方罍器盖和漂泊在外近一个世纪的皿方罍器身是同一件器物，湖南省博物馆借由 3D 打印技术将皿方罍器盖模拟出来，并带到纽约模拟器盖器身的合一，不但避免了将文物送到海外或送回中国所要办理的繁杂手续和对时间、精力的耗费，也避免了在运输过程中可能给文物带来的损害。

湖北省博物馆文保中心副主任江旭东博士则运用技术在《国家宝藏》中带领观众走进越王勾践剑的微观世界，为观众展示了 500 倍显微镜下的越王勾践剑，用科技手段解读文物密码，在放大的微观照片中可以看到剑身金属组织树枝晶星罗棋布。现在看到的黄黑色越王勾践剑是经过了 2500 年腐蚀的，《国家宝藏》中展示了还原了的越王勾践剑 2500 年前的真容，银白色的锡加上金黄色的青铜做出来的剑是令人惊艳的黄白色。正如主持人在节目中所说："如果不是通过科技的手段，估计后人对于国宝本身的样子可能永远都蒙着一层纱。"通过科技的展示还原，我们看到如"剑灵"般存在的金属组织树枝晶、褪去黑色表面后显露银色光芒的菱形纹。科技进步赋予我们的机遇，让我们能从另外一个维度解读国宝、窥见历史，突破时空的距离，看到最原始的文物外观和人文价值。

综上所述，《国家宝藏》的出现令人耳目一新，甚至可以说《国家宝藏》已经成了又一个现象级综艺节目。当然，《国家宝藏》的"野心"并不止于此，它从一开始就做了英文版的宣传片。作为中国原创的文博类综艺节目，《国家宝藏》在传播中华文化、消解受众与文物之间隔阂的同时，已经做好了"走出去"的准备。2018年3月20日下午，《国家宝藏》专场节目推介会在香港举行，这是《国家宝藏》面向全球宣传推广的第一站，也是中国原创的文博类综艺节目的第一次海外输出。《国家宝藏》不只让文物在节目中得以更好地呈现，更是让文物的保护、修复得到有效的助力，且用科技探索了文物历史，让中华文化永不褪色。

## （二）编排策略

节目的成功与否不仅与内容的制作直接相关，而且和节目播出的合理编排是分不开的。没有任何一家电视台的节目可以个个是精品，就算一档精品栏目被安排在不同的时段播出，其收视效果也可能会差别很大。所以如果没有合理的节目编排策略，即使再好的节目也很难获得较高的收视率。

要对电视节目资源进行优化组合，让精品节目发挥最大的影响力，同时也要兼顾各类电视节目，尤其是那些受众面相对较窄但是又十分重要的节目类型，这就要求节目在编排上要注意合理化、科学化和艺术化。节目编排得巧妙合理，不仅能发挥品牌节目的威力，保证节目的收视率，而且可以让非品牌节目从中受益。

电视节目编排是频道对自身节目资源进行优化配置的过程。在什么时段播放什么样的节目能达到最佳传播效果？在同一频道中如何安排节目的播出顺序才能最大限度地保证受众入流？与竞争频道相比，应该如何编排节目才能避免"撞车"，同时还能保证吸引受众？这都需要有一套科学合理、符合实际的编排方法。

下面就给大家介绍五种最常见的节目编排法。

1. 目标编排法

所谓目标编排，就是以播出时段的划分为依据，根据不同目标收视人群的收视特点，安排有针对性的节目。我们都知道，受众的构成受到年龄、职业、文化程度等多种因素的影响，非常复杂多样，因此目标编排法就需要根据具体时段、具体目标受众的特点来安排节目，这是电视台最常用也是最基本的节目编排方法。比如22：00—23：30的晚间时段，这个时间老人、儿童一般都已经入睡了，此时观看节目的多为晚睡群体，而且他们的文化程度也相对较高。针对此类人群的特点，传播者往往会安排比较软性的新闻评论类节目、海外剧场节目或者文化访谈节目等，这些节目不但整体文化感偏高，适合此类型目标受众群，而且考虑到晚间时段的特点，一般节奏较慢，话题具有深度，但又比较柔性，符合人们即将入睡时的心理和生理规律。

2. 纵向编排法

所谓纵向编排，也叫"顺流性编排"，指的是前一档节目结束之后，紧跟着播放另一档类型相似或相关的或者具有相同目标受众群的节目。这样做，为的就是想方设法将正在收看自己频道的这部分受众留住，从而维持收视率的平稳。纵向编排的目标就是培养受众的收视习惯，加强目标受众群的忠诚度。

这种编排法一般非常注意上下节目之间的关系，比如卫视在播放完一部电视剧之后，紧接着排一个对主创人员进行访谈的娱乐节目。这样做可以有效地将受众群引入下一个节目中，产生连续牵引效应。如果上一个节目50%的观众顺流下来，表明节目的编排基本成功。

为了承接上一个节目的高收视率，电视台还经常会采取"1＋1"捆绑式的编排方式，在两档节目中间取消之前常规的广告时段，采取"无缝连接"，然后把这部分广告安排在节目中间再播出。这样可以最大限度地避免因广告插入而流失一部分观众。

3. 吊床编排法

"吊床"是一个形象的比喻，两头高、中间低，吊床编排法指的是将非品牌节目或新节目安排在两档品牌节目中间，利用前后节目的强势作用拉抬弱势节目。

如前所述，一个频道不可能都是强势节目。尤其对那些新节目，需要通过优化节目编排来培育品牌。这样做的目的是希望前一档品牌节目的受众能顺流到紧随其后的新节目或弱势节目中，同时后一档品牌节目的受众在提前进入频道时恰好看到该节目。不过这种方法的使用也需要注意，就是中间那档节目的目标受众群和前后两档节目应该相同或相似，否则不但起不到拉抬作用，还有可能造成大量受众溢流，从而影响后面强势节目的受众流规模。

4. 横向编排法

所谓横向编排法，指一个频道在每天同一时间（一般不包括周末、节假日等）安排具有连续性的节目。这种编排法可以培养受众收视习惯的形成。受众观看了前一天的节目，就会期待着下一次节目的播出，于是形成一定的收视瘾。电视剧的编排就是个典型。一部电视剧每晚准时在某一频道播出，利用电视剧集与集之间的悬念设置，一旦中断，受众就会非常期待接下来的剧情，第二天节目和频道在同时段的收视率就有了保障。

5. 引桥策略

所谓引桥策略，指在对手频道播放其精品节目之前抢先安排自身的优势节目，就仿佛架起一座桥，将对方受众引到自己的频道中来。这样做，让节目开始与结束的时间与竞争对手不同，观众即使想转往其他频道，也可能因错过了开始时间而重返原节目。

比如同一部电视剧，对手频道的播出时间是晚间8点档，如果自身频道将其播出时间提前到晚7点30分，必然会对竞争对手的收视率造成一定程度的影响。这种策略如果只有少数频道用的话，效果比较明显，但是当大家都这么做的时候，就要重新选择"引桥"的方法了。

# 实训项目

**实训内容：**电视节目比较分析

**实训要求：**选择某电视台近期播出的一档综艺娱乐类节目，任选2～3期进行比较分析，并提交任务报告。

**实训步骤：**

1. 分析此节目题材的特点。

2. 具体分析节目的结构设计和表现形式。

3. 分析节目对细节的处理。

4. 简单分析节目的目标受众群。

5. 分析节目的编排策略。

**成果评价：**学生互评、教师点评。

## 小　结

1. 电视的媒介特性包括电视的直观性、传真性、家庭性、娱乐性、服务性。

2. 电视节目按照题材内容来分类，可分为新闻类节目、综艺娱乐类节目、社教类节目、服务类节目、电视纪录片。

3. 电视受众的特点包括数量众多、巨大的差异性、分散与流动性、隐匿性、求新性。

4. 电视节目的制作需要考虑内容和选题、形式与结构、娱乐化的叙事模式、与受众互动等。

5. 电视节目常用的编排策略有目标编排法、纵向编排法、吊床编排法、横向编排法、引桥策略等。

# 第三章　电视节目的策划与选题

>>> **理论单元**

**一、知识点**

（一）栏目总体策划与设计的基本环节

（二）节目选题的挖掘与写作方法

（三）电视纪录片的策划与选题

**二、教学目标**

（一）熟练掌握电视栏目策划的九个环节

（二）学会电视节目选题的挖掘方法

（三）熟练掌握电视节目选题写作方法

（四）了解电视纪录片的策划案写作原则与方法

在电视媒体竞争日益激烈、各级电视媒体寻找新的生存与发展空间的传媒大环境下，电视策划显得尤为重要。其通过对大量媒介信息的掌握，分析电视媒体的生存处境，推测传媒行业的大趋势，从而科学地、有针对性地对某个电视频道或电视栏目在节目宗旨、受众、定位、策略、营销渠道以及开发潜力等方面进行周密的设计与安排。因此，电视策划是电视节目创作的第一个环节，是一档栏目从无到有、一期节目从孕育到开花结果的过程。

电视策划有宏观、中观、微观三个层面，分别是频道策划、栏目策划和节目策划。考虑到电视编导具体工作的属性，本章主要从中观的栏目策划和微观的节目策划入手，宏观的频道策划则不作具体探讨。

在了解电视策划之前，有必要先厘清电视栏目和电视节目的区别。

我们习惯于称题材内容、性质、功能目的或形态相近的小节目组成的一个相对稳定、时长固定的电视节目传播平台为电视栏目，并将这个平台冠以名称。电视栏目是电视台每天播出的相对独立的信息单元，主要是单个节目的组合，是按照一定内容编排布局的完整表现形式。它有固定的名称、固定的播出时间、一贯的栏目宗旨，每期播出不同的内容来吸引人们的视线，给人们带来信息、知识、享受和欢乐。

与电视栏目相区别又相联系的一个术语是电视节目。它既包括电视栏目中具体的一期节目，也包括为特定任务而制作的非栏目形式的单一节目。需要注意的是，在某些非正式语境当中，电视节目一词一般也可以代表电视栏目。

# 第一节　栏目总体策划与设计

进入 21 世纪以来，各类电视栏目层出不穷，栏目之间的竞争日趋激烈，各个栏目都希望自己与众不同，栏目个性化的问题开始引起人们的注意乃至重视。所谓栏目个性化，指栏目需要具备自己独特的内容定位、独特的表现形式，进而拥有独特的栏目风格。

要想做出有个性的栏目，就必须经过科学的、精心的策划与设计。一档电视栏目的创意与策划，一般包括以下九个环节。

## 一、栏目的宗旨与名称

栏目的宗旨是一个栏目的核心价值和核心竞争力的体现，直接影响着一个栏目的生命力，关系到一个栏目能否可持续发展。宗旨就是旗帜、方向和形象，通俗一点说，就是一个栏目的目的。比如《今日说法》栏目的宗旨是秉持点滴记录中国法治进程的理念，重在普法、监督执法、促进立法、服务百姓，全力打造"中国人的法律午餐"。因此，要想成功运作一个栏目，必须要有明确、清晰和恰当的栏目宗旨。只有有了正确的宗旨，栏目才能进行良性的运作。

一档栏目有了宗旨，就要取一个响亮的名称与其配合。名称是一个栏目的招牌，是观众认识栏目的第一印象，对于栏目来说非常重要。栏目名称的确定要遵循几个原则。

### （一）与传播内容要有贴近性

栏目名称其实是栏目宗旨的浓缩化的体现，必须与栏目宗旨相对应，不能只为了好听或者博人眼球取一个模棱两可、与栏目完全不搭边的名字。这样做会让观众有所误解，甚至有可能带偏栏目的定位。

### （二）要与同类节目相区分

栏目名称在符合栏目定位的基础上，还要与同类节目相区分。比如天津卫视的《爱情保卫战》和重庆卫视的《大声说出来》，同为情感倾诉类的栏目。两档栏目的定位极其相似，如果重庆卫视也给栏目起名叫《爱情××》或者《××保卫战》的话，势必无法让观众印象深刻。于是重庆卫视就从两档栏目定位的细微差别中抽出来一个点，《爱情保卫战》主要是保卫爱情，而自己的栏目宗旨中有情感解压的诉求，既然是解压就不一定都与爱情相关。因此，栏目最后定名为《大声说出来》，喻示着把压力释放出来的意思，取得了不错的收视效果。

### （三）要与众不同

电视观众每天接触数十个电视频道，每个电视频道至少有十几档栏目，而且每一种栏目类型的火爆都会引发若干同质栏目的涌现。如何从这些栏目中脱颖而出？第一步就要起一个响亮又好听的名字，最关键的是要让人过目不忘。

## 二、栏目的定位

在栏目宗旨确定的基础之上，再对栏目进行具体的定位。栏目定位包括三个方面：一是受众群的定位；二是内容定位；三是主持人风格定位。

栏目定位首要的就是要进行受众群的定位，也就是栏目做给谁看的问题。受众群定位可以分为性别、年龄层次、教育水平、经济状况、职业类型、欣赏品位、基本需要、集体倾向等社会学特征的界别。

此外，主持人风格定位也是栏目定位非常重要的一个方面。好的主持人可以决定一个栏目的风格走向，可以决定一个栏目的受欢迎程度，对于某些访谈栏目来说，主持人更是其核心竞争力所在，决定了栏目的成功与否。

## 三、栏目的市场分析

任何一档栏目要想成功，都必须要进行详尽的市场分析。有没有市场、市场有多大、市场的前景如何，都需要经过一定的调研与预测。

### （一）分析大的社会环境

我们要考虑栏目所传播的内容是否符合时代的需要、是否适应社会发展的潮流，有没有足够的社会心理动力来推动受众观看栏目。一个栏目的火爆和当下社会的热点是息息相关的，比如 20 世纪 90 年代初期，出国热潮带动了一批相关题材的影视作品和综艺娱乐节目的发展。《正大综艺》正是顺应了当时的受众心理才应运而生的，不但捧红了杨澜，收视率在当时更是无人能及。然而，如果当下再策划一档《正大综艺》式的栏目，显然不会收到太好的效果，原因有两个：一是出国热潮已经消退；二是网络的发达让栏目中曾经带给人们无限新鲜感的异域风情不复存在。

### （二）分析整个栏目市场

分析栏目市场有两个层次，一是要分析传媒市场上各类栏目的分配比，哪种类别的栏目比较受观众喜爱，哪种是不符合社会潮流的，又有哪些是可待挖掘的。二是要分析同类或相似栏目。一般来说，如果市场上同类或相似栏目过多的话，势必会给自身栏目的创意生存空间带来制约，竞争越多，"差异牌"越难打。如果坚持做下去的话，就一定要思考好自身栏目的生存策略。

此外，创意与策划一档电视栏目还需要对广告市场进行分析和评估，需要考察栏目可以吸引哪些类型、性质的广告及广告量的大小。选择与栏目性质、受众相匹配的广告商，不但可以让广告效果事半功倍，还有助于栏目的招商工作顺利进行，取得较好的经济收益。

## 四、栏目的类型与时长

栏目策划需要明确所策划的栏目属于哪种栏目形态，是新闻专题类还是综艺娱乐类，抑或访谈类。有时候每种大类还需要再细分，同为综艺娱乐栏目，是一档娱乐资讯栏目还是一档真人秀栏目等。

在栏目策划的初期，还要确定栏目的播出频次，说明栏目是属于日播、周播还是季播。而且栏目还需要确定播出时长。播出时长不是随意设定的，而是有一定规律可循的，需要考虑到栏目的性质、受众的收视习惯和栏目档期的安排。例如，访谈栏目一般时长在40分钟左右为宜；综艺娱乐栏目则时间更长，因为时长太短不利于营造栏目氛围；而新闻栏目由于题材较为严肃、故事逻辑性较强，时长太久的话，观众容易产生心理疲劳，因此多为30分钟以内。

## 五、栏目的结构设计

栏目的结构设计也叫版式设计，一般来说有三种基本类型：单一型、板块型、晚会型。

### （一）单一型结构

它指每期栏目为一个相对完整的整体，从头到尾叙述一个主题或一个内容，栏目形式变化不大，如《新闻调查》等。

### （二）板块型结构

它指栏目按照内容和性质被分割为两个或两个以上的小板块，板块之间有较大的形式差异。

### （三）晚会型结构

它也叫作链式结构，即用主持人的串联形成一个栏目的整体，春节联欢晚会就是一个典型代表。

当然，有时一个栏目有可能是晚会型加板块型的结构，例如《非常6＋1》就属于此类，栏目分成几个板块，每个板块又包括三名选手的表演，最后组合成一个栏目的整体。一般在具体的策划方案中，每个板块的名称、内容、形态都要进行具体说明。

## 六、栏目的运作方式

目前，国内栏目最常采用的运作方式大致有三种：一是制片人中心制，二是导演中心制，三是主持人中心制。

## (一)制片人中心制

它是指整个生产过程中，制片人拥有最重要的话语权。制片人掌握着人力、物力和财力，掌控整个栏目的形态、版式和内容，编导仅作为工作人员去体现制片人的意图。栏目的套路、模式都相对统一，编导只需要按照制片人定的框架走就可以了。

## (二)导演中心制

它是最为普遍的一种栏目运作方式。很多制片人只从大局上把控一下栏目，每期的具体内容都是由导演或编导去操办。这种运作模式有利有弊，好处是能充分发挥导演或编导的主观能动性，每期都可以有新鲜感；不足之处是如果制片人把控不好，从栏目整体来看，容易造成散乱的状态。

## (三)主持人中心制

这种运作方式在国外比较流行，一个主持人就是一个栏目的形象，容易打开知名度。当然，一个主持人的背后有庞大的编导队伍、庞大的策划团队，但核心还是主持人本身。只有主持人有了形象知名度、抢夺了市场，才能使栏目向前发展。栏目从风格到形式、从编排到内容都要根据主持人的特点进行设置和调整。以凤凰卫视为例，其众多知名栏目均是根据主持人的不同风格、特点打造而成的，从而为主持人提供了充分施展才华的平台，都形成了鲜明的个人风格。一旦某个主持人影响力扩大，凤凰卫视还会为其新开专门的栏目来吸引观众，扩大并巩固主持人的影响力。

## 七、栏目的风格与样式

一个栏目究竟如何体现出自己的风格？一般会涉及四个方面。

## (一)内容

在内容上要形成风格样式，重点不在于特殊对象的选择，而是要考虑在相同或相似题材中如何选择特殊的内容。

## (二)包装

栏目的包装是从视觉形象上最直接体现栏目风格的一个方面，包括栏目的片头、片花、片尾、角标、字幕样式、音乐、转场方式及演播室装饰等。作为一个栏目，其整体要在包装上形成一个统一的范式，尤其是板块型栏目，每个板块之间的衔接既要体现出内容的不同，又要在包装风格上统一于栏目的定位。

## (三)拍摄制作

这个方面包括视觉和听觉两方面。视觉方面，有的栏目可以很写实，有的则倾向于写意。有的专题类栏目节奏较慢，那么在前期拍摄的时候运镜的方式也要相对舒缓；有的时尚类栏目节奏感比较强、那么拍摄的时候就要加快运动速度，剪辑的时候也要加大镜头量来提升栏目的视觉节奏。听觉方面，主要是语言问题。语言是栏目的重要组成部分，解说词的写作风格、主持人的声音特点都会影响一个栏目的听觉气质，从而或多或少地影响整个栏目的风格。

**（四）主持人**

主持人是栏目的"脸面"，是联系大众传播和人际传播的中介，甚至可以说有的栏目主持人的风格就代表了整个栏目的风格。主持人就是栏目的符号，没有一个主持人可以适合任何栏目类型。找到自身的定位、找到一个与栏目定位相当的主持人，对于主持人和栏目来说都非常重要。

# ▶▶ 延伸阅读

## 主持人"明星化"

中国电视业的激烈竞争，使得走品牌化之路成为频道求生与发展的一个必然选择。打造名牌主持、创立品牌栏目成为获得高市场回报率、塑造高品质媒体形象的有效途径。主持人作为栏目的形象代言人，是栏目品牌的重要组成部分，所以，主持人"明星化"理所当然地成为品牌打造策略的有机组成部分。其在栏目品牌建设中的价值主要体现在以下几个方面。

1. 有利于形成个性化的节目风格

一个栏目没有明星主持人当然可以进行，但有了他们就能更好地进行。明星主持人对于栏目的贡献不仅在于增加栏目的吸引力，而且由于栏目中融入了其独特的个性、风格和气质，使栏目与主持人合而为一、交相辉映，形成别具一格的个性化魅力，增强了节目的生命力。

2. 有利于增加节目的可识别性

产品的同质化是弱化其竞争力的主要因素，所以，制作差异化的栏目是赢得受众的关键。当然，真正的差异化取决于栏目定位及个性化的栏目内容。但在视觉文化盛行的时代，外在形象的差别可以让观众第一时间感知差异，并快速吸引受众的注意。观众通过识别更具视觉冲击力的明星脸谱记住栏目，会比单纯在众多同类栏目中记住其中一个来得容易。具有较高知名度的明星主持人如同抢眼的名牌商品的标签，使栏目在观众的选择性注意中更容易凸显出来并率先进入其视野。

3. 有利于提高收视率及品牌忠诚度

主持人"明星化"所产生的明星效应能够使栏目获得高注意率及高关注度，由此提高栏目的收视率。而且，光环包围下的明星所产生的晕轮效应使受众爱屋及乌，容易对栏目形成偏好及忠诚。尤其是娱乐明星担当主持人的情况下，其自身拥有的粉丝群会自然转化为栏目的忠实观众。多个成功的案例表明，优秀的明星主持人或者主持团队已经成为栏目赢得受众的"撒手锏"。

4. 有利于凸显栏目的品牌形象定位

作为栏目的外在形象标志，如果明星主持人的气质、形象、格调与栏目自身的品牌形象定位相符，就会使栏目的概念化的品牌形象借由明星主持人这一载体鲜活地呈现于受众面前。可见，明星主持人是栏目品牌形象的具体展现，是观众了解品牌定位的最直观途径。

### 八、栏目的赢利模式

除了新闻、公益类栏目外，几乎所有栏目都需要考虑如何赢利的问题，这也是电视节目策划非常重要的内容之一。我们说收视率决定一个栏目的生死，其实更直白一点就是经济收入决定了栏目的未来。当今栏目最主体的赢利模式就是广告投入。在策划栏目时，传播者必须考虑广告投入的问题。例如一档少儿栏目，其广告赢利模式就可以吸引儿童食品、玩具或学习用品等商家。

节目版权和播映权的出售也是栏目的重要赢利模式。在我国市场化的背景下，电视产业的发展关键在于竞争机制，于是制播分离模式应运而生。因此，许多影视制作公司都是以向电视台出售其栏目版权为主要赢利模式的。目前互联网的普及化和家庭化，使得电视栏目的赢利模式也开始进军互联网行业。例如有些电视栏目与互联网企业合作，卖出网络播映权，或者通过统计点击率的方式进行收入的分成。这种赢利模式不但可以取得一定的经济收益，还可以通过网络、手机等新媒体的传播得到推广。随着新媒体的发展，传统媒体与其合作空间将会越来越大。

除了上述主要赢利模式外，衍生产品的销售也是栏目赢利的一种补充方式，例如推出光盘、书籍、玩具、短信、营销活动等方式。

## ▶▶ 延伸阅读

### 制播分离

制播分离的概念最早起源于英国，来自于英文"Commission"，原意是指电视播出机构将部分栏目委托给独立制片人或独立制片公司来制作。

随着电视传媒行业的大发展，受众对广播电视栏目的需求越来越高。目前体制下，广播电视精品栏目少，整体栏目水平长时间在较低水平上重复运转，所以迫切需要广开渠道，拓宽栏目生产平台，聚集全社会的力量实施制播分离，来生产丰富多彩的栏目。

制播分离是广播电视核心业务的重大变革，也是我国广播电视事业、产业发展的必然选择，还是广播电视跨区域发展的前提条件。将栏目制作与广告经营剥离出来成立公司，就可以按照市场规律进行公司化运作，并使之逐步成熟壮大，形成产业链。

同时，制播分离又是广播电视产业化的标志，必然给资本市场带来众多回报较高的投资机会，促进资本和产权的整合，也必将促进栏目交易市场的繁荣和兴旺。制播分离意味着电台和电视台的全台运作转移到以市场为中心，广播电视媒体将会通过体制创新和市场的力量整合资源，不断发展壮大。

### 九、栏目的营销与推广

竞争激烈的形势下，电视传媒市场早就从卖方市场转变为买方市场。为了吸引受众，对于栏目的营销和推广自然是必不可少的，这同时也是一个栏目自觉建设自身品牌的过程。

栏目的营销推广策略有很多种，包括话题营销、活动营销、新媒体营销、衍生品营销等。其中活动营销是栏目走近受众群最直接的一种手段。比如河南卫视与爱奇艺联合制作的《汉字英雄》便策划了一系列的"走进校园"活动，不但选拔了节目选手，也在各大高校中提升了栏目的知名度和受众参与度。

## 实训项目一

**实训内容：** 营销策划方案写作与课堂互动

**实训要求：** 观看一期综艺节目，并阅读以下案例，试选取任意一档栏目，为其写一份营销策划方案，并进行课堂互评。

## 实训项目二

**实训内容：** 策划案写作训练

**实训要求：** 根据案例的模式策划一档栏目，须有栏目名称、定位、类型、收视群体、创意阐述及包装风格等要素，并用PPT的形式写出策划案。

**实训步骤：**

1. 先预设栏目的类型与定位，并进行市场调查，预测栏目的发展前景。

2. 收集相关材料，并进行文字整理。

3. 下载PPT模板并进行制作。

**成果评价：** 学生互评、教师点评。

# ▸▸ 案 例

## 教育类栏目《快乐语法》策划案

**问卷调查结果分析：**

此问卷调查针对高中以上学历的青年人关于英语学习的重点、难点问题进行问卷调查，并将基于此调查结果策划一档在数字电视及网络电视播出的英语学习栏目。问卷共二十份，收回的有效问卷十六份。其中56.25％的学习者认为语法是英语学习中最困难的部分，37.5％的学习者认为单词是最困难的，余下的6.25％的学习者则认为是其他原因造成英语学习的困难。

由此可见，语法是大部分学习者最为头疼的事情，93.7％的学习者认为惯常的语法学习过于单调和枯燥，造成学习兴趣匮乏。所以此栏目将以语法学习为主要内容，形式上采取寓教于乐的方法，希望得到好的成效。

1. 栏目名称：《快乐语法》。

2. 栏目定位：用娱乐、轻松、调侃、互动的方式以点带面地讲述语法知识；语法知识难度以中阶为基础，主要针对高阶语法知识进行讲解。

3. 栏目类型：娱乐教学类栏目。

4. 栏目收视群体：16～26岁、具有高中及以上英语水平的学生人群为主。

(1)这个年龄层次的受众人群是各种不同类别英语考试主要针对的目标人群，是英语学习栏目的主要消费市场。

(2)由于栏目涉及的深度、广度(中阶、高阶为主)，需要收视人群具有一定的英语水平。

5. 栏目包装：

(1)整体色调：以暖色系为主，配以亮色。

(2)演播室风格与设置：美式家庭装修风格，营造居家、随意的氛围。现场设置小黑板，供主持人讲解使用。

(3)后期包装风格：时尚化、网络化风格的题板和字体，并配有各种动画小贴士。

6. 主持人设置：设置两个男主持人。

(1)一号主持人：精通英语，口语出色，幽默风趣(最好是在美国出生的华裔)，主要负责语法知识点的讲解和栏目的串联工作。

(2)二号主持人：对英语一知半解或是一窍不通，憨厚幽默，主要充当对难点问题进行提问和"开心果"的角色。

7. 主持人风格定位：将"调侃互动式"的讲解风格运用到栏目中，不同于以往的正襟危坐的课堂讲座，以聊天的主持方式为栏目营造一种轻松随意的氛围，主持人服装风格轻松随意。

8. 栏目特色：

(1)娱乐趣味性："调侃互动式"的讲解风格是本栏目最大的特点，让枯燥的语法知识融入幽默、诙谐、搞笑的氛围中，能够最大程度地吸引观众，让观众在玩中学、在学中玩，更加符合年轻人的口味。它将成为英语学习栏目中的"娱乐现场"。

(2)独特的版块设置：以点带面，网状延伸。《今日看"法"》提出知识点，并对其进行讲解；《语法连连看》对当期所讲的知识点进行网状延伸，扩大观众的知识面，使观众对语法知识有更加全面和系统的了解；《大语法，小贴士》在栏目的"大餐"部分之后为观众奉献上一份精致、放松的"小甜品"，使观众在学习英语俚语或成语的同时对美国文化有进一步的了解。

(3)双主持人设置：两个男主持人的设置增加了栏目的互动性。尤其是二号主持人，除了作为一号主持人的搭档进行串场工作外，他更是学生的发言人，代表学生对语法知识的难点问题进行提问。

(4)知识性：语法对于英语学习的重要性不必多言，不管是托福、雅思还是四六级考试都离不开语法知识的学习，所以语法栏目受众群广泛。本栏目将系统、全面地介绍和讲解语法知识，但它并不是单纯的应试栏目，而是从培养学生的英语能力入手，寓教于乐。

**脚本构架：**

## 《快乐语法》

| 镜号 | 结构内容 | 主持人同期/解说词 | 20分 |
|------|----------|-------------------|------|
| 1 | 片头 | 片头包装(欢愉，动感，有冲击力，具有 HIP-HOP 风格) | |
| 2 | 栏目导视 | (1)《今日看"法"》<br>(2)《语法连连看》<br>(3)《大语法，小贴士》<br>(注：导视片头，背景乐与画面同期的剪辑) | |
| 3 | 片花 | | |
| 4 | 主持人开场白 | 暖场<br>主持人介绍今天要讲解的语法知识点 | |

| 镜号 | 结构内容 | 主持人同期/解说词 | 20分 |
|---|---|---|---|
| 5 | 演播室 | (1)《今日看"法"》<br>用电影、美剧或MTV等片段引出本期所讲解的知识点；<br>知识点由主持人写在小题板上或是出字幕板均可，<br>并由一号主持人进行主讲，<br>二号主持人根据情况对于有难度的地方进行提问。 | 5~8分 |
| 6 | 片花 | | |
| 7 | 演播室 | (2)《语法连连看》<br>由本期所讲解的知识点引申出相关语法知识或单词，并对其进行讲解；<br>主持人作用同上。<br>(注：此板块形式可多变，不必拘泥。<br>例如：可用电影片段、动画片或卡通字幕题板等不同形式) | 4~5分 |
| 8 | 片花 | | |
| 9 | 演播室 | (3)《大语法，小贴士》<br>本环节教给观众一个与本期所讲解的知识点相关的俚语或成语。<br>(注：一号主持人与二号主持人可根据俚语或成语内容进行"播报表演"，力求生动、活泼、易懂) | 2~3分 |
| 10 | 演播室 | 由一号主持人对本期所讲解的知识点进行总结归纳，<br>对二号主持人进行提问，<br>并引出下期将要讲解的知识点。 | 3~4分 |
| 11 | 片尾片花 | | |

# ▸▸ 案　例

## 《中国好孩子》

1. 栏目名称：《中国好孩子》。

2. 栏目定位：以故事性、趣味性、知识性及教育性对公认的"中国好孩子"的评价标准——"德、智、体、美、劳"的全面发展进行各种影像方式的解读。即学习成绩好、乖巧听话不一定是好孩子；调皮捣蛋、有些散漫则不一定不是好孩子！好孩子一定是心态阳光、勤于思考、有想法、做事能够坚持、懂礼貌、具有团队协作能力、顾全大局又有个性的孩子！

3. 栏目类型：游戏闯关类的儿童真人秀节目(6~8岁的小学生)。

4. 栏目收视群体：6岁以上小学生与父母、祖父母及其亲戚，孩子所在学校的老师与同学，还包括一些高中生、大学生。虽然当下关于孩子的真人秀节目不少，但弘扬中华传统美德、进行正能量宣传并在节目中"寓教于乐"，起到榜样与模范作用的并不多。

5. 栏目包装：

(1)整体色调：以暖色系为主，配以亮色。

(2)片头、片尾：影像风格要一致。

(3)后期制作：可以时尚化一些，但不能太炫，必须考虑特定的收视人群。

6. 栏目形式：全程跟踪拍摄的纪录片形式，兼与演播室的内景相结合。

7. 栏目时长：每期60~80分钟。

8. 栏目播出时段：周五或周六晚上6点到7点。

9. 栏目流程基本设置：

(1)海选阶段

针对人群：一年级到三年级的小学生

选择标准：有才艺、性格外向、善于表达以及具有鲜明特点的学生(注意选择选手的多样性，用以增强节目的包容性和可看性，比如既可以有少数民族学生，也可以有在中国读书的外国孩子，还可以包括打工族的子女或农村的留守儿童等)

海选内容：

1)才艺展示环节(唱歌、跳舞、表演、主持、朗诵等适宜电视展示的才艺为佳)

2)情商问题问答环节

3)评委提问环节

最终结果：选取14名优秀代表(需要各具特色，形象佳、辨识度高的选手优先)

(2)比赛阶段

比赛赛制：

A. 初赛(淘汰制)——团队 PK 战

14名选手分为两队，每队4男3女，进行 PK 作战，胜队全部晋级到下一轮，负队则根据选手比赛过程中的个人表现由专家评委选出1人淘汰。经过6轮比赛，最终留下的8人进入到个人作战。

B. 复赛(积分制)——个人作战

个人作战以积分的形式进行排名，经过五轮比赛，综合排名前三的选手进入决赛。

C. 决赛——胜者为王

三名选手积分全部清零，进行最后的决赛，选出一名"中国好孩子"。

比赛内容：

以"德、智、体、美、劳"为依据，设置五个相应比赛环节[可根据节目时长，每期抽签选择三项进行比赛(或"德""智"为一个单元，如"德智大比拼"；"体、美、劳"为一个单元，更多展现身体语言，娱乐为主，比赛为辅)，但是决赛必须五项比全]。

①德——主要考查队员的思想品德。考查形式主要为真人实拍，比如在队员完全不知情的情况下设计情境(如老奶奶摔倒等，以偷拍的方式观察队员的整体表现)，由专家评委评判出表现最佳的个人或团队。

②智——主要考查队员的社会智慧(情商，并非智商)。考查以完成任务的方式进行，给出任务书，看谁先利用各种社会常识完成任务。

③体——主要考查队员的身体素质。考查主要以竞技游戏(运动会)的方式进行，看孩子们的身体素质及协调能力。

④美——才艺大比拼。考查以完成任务的方式进行，队员结合自身才艺完成相应任务。

⑤劳——主要考查队员的意志力。考查依然以完成任务的方式进行，任务的内容主要集中在对队员对待一件事情的毅力进行考验，包括耐心、耐力等。

10. 建议：

衍生节目：聊聊好孩子。

由于比赛过程中会带出中国孩子的很多心理及教育问题，为了正向的舆论引导及节目的可看性，每期节目后面可配有一个专家点评的衍生小节目。

节目形式：演播室座谈。

嘉宾选择：明星＋心理学家＋教育专家。

节目内容：根据当期的《中国好孩子》的内容，明星与专家进行畅谈式的讨论，从中发现孩子的优点，也发现孩子的缺点，并针对发现的问题提出建设性意见。

# 第二节　电视节目的选题

一档栏目的策划案决定了栏目的"大方向"，但具体到每期节目的制作依然涉及策划的问题。一期节目从无到有、从想法落实到执行拍摄再到播出，是一个系统工程。这个工程的第一步就是选题的策划，没有选题就没有节目。好选题是一期节目质量与收视率的前提保证，也是一期节目的"小方向"。如果选题不好，那么一期节目不是"胎死腹中"，就是收视惨败。因此，选题是一期节目前期策划最为重要的一步。

## 一、节目选题的挖掘与确定

所谓选题，就是为制作一档栏目中的某期节目确定具体的题材。电视编导根据选题的内容及其可行性来进行文字性的报告和说明，并提交栏目组主编或制片人进行审核。一般选题在挖掘之初，要遵循三个基本原则：

第一，政治原则。不论编导所选择的选题与栏目的定位有多么契合，也必须首先判断选题是否符合法律、法规及宣传政策等。

第二，社会原则。在满足"合法"的基础之上，编导还要考虑选题是否具有正确的舆论导向。电视是一个大众传播平台，每一个画面都会对社会产生或多或少的影响，符合社会主义核心价值观、弘扬正能量的选题就显得尤为重要。那些有可能造成社会负面影响的选题，即使再有吸引力，也必须放弃。

第三，经济原则。每个节目都有相应的经费限制，如果一个选题超过预算过多，投入产出低，那么通过的可能性就很小。

满足上述原则后，我们就要基于栏目本身来考虑了。选题的选择要对栏目本身进行深入的了解，包括受众定位、内容及风格定位等。例如《中国梦 365 个故事》是由中共北京市委宣传部策划布置、北京电视台新闻中心评论部负责具体制作的大型系列微纪录片，此栏目计划每集 3 分钟，共拍摄 365 集，在电视台、网络及平面媒体实现全媒体覆盖转播。栏目定位为以下几个方面。

### （一）以普通百姓为表现对象

"人文生态的真实记录，普通百姓的心灵之光"是本片的核心理念。本片将选取各民族、各行业、各年龄段的普通人作为主人公，全景式、多角度、多层面地展现中国普通百姓的梦想故事。

### （二）"四个一"原则

本片遵循"一个人物、一个故事、一个主题、一句感言"的"四个一"原则，将中国梦的宏大叙事转化为易于理解的私人叙事，对中国梦的价值进行来自民间的新鲜阐释和提炼。每集定位清晰，功能承担明确。

### （三）"原生态"的形式

本片不对人物进行过多雕饰与包装，以最简单直接的方式直击心灵，以"原生态、现场性、动作性"的"微纪录"形式展示普通人的平凡梦想。本片不做解说、不加渲染、不做拔高，以开放的态度、求真的精神，描绘当代中国人的梦想乃至精神世界，力求在传播效果上做到具有收视吸引力、社会影响力、情绪感染力、视觉冲击力和心灵震撼力。

栏目的定位非常清晰和准确，我们来看看此栏目往期的部分选题目录。

我的手：残疾少女杨晓霞长大后用自身经历帮助其他残疾者。

老照片：一位 80 岁的老人 14 年来义务为街坊邻里修复破损的老照片、全家福等千余张。

在水边：坚守水库 15 年，未曾错报过一个水文数据的守库人。

农民工：一个农民的儿子通过自身努力，从零日语基础成为一位日企管理者，为家里争一口气是他最坚定的信念。

鲜果切："80 后"高薪白领辞职后，从小事着眼，从身边入手，开辟鲜切水果速递行业新领域。

快递员：时时处处将服务意识落实在工作中的快递员。

高原行：支教老师在西藏实现自己的摄影梦想。

制琴师：一位小学三年级文化程度的东北伐木工人被小提琴吸引，成了一名在国际上获奖的知名小提琴制作师。

马背上：在贵州大山深处坚守的医者心。

动物园：北京动物园饲养员"解放动物园"的梦想。

我们来看这十期节目的选题，有残疾人、老人、农民、"80后"白领、医生、动物园的饲养员等，选题人物遍及社会的各个阶层。乍看上去，这个栏目的选题应该不难报，实则不然。我们再来仔细观察一下选题。

"进城务工人员：一个农民的儿子通过自身努力，从零日语基础成为一位日企管理者，为家里争一口气是他最坚定的信念"，这个选题讲述了一个"知识改变命运"的进城务工人员的典型形象，既具有典型性，也具有价值的提升。

再如"动物园：北京动物园饲养员'解放动物园'的梦想"这个选题，从选题的名称中我们就看到了矛盾与冲突，动物园是"关"动物的地方，谁能猜到一个饲养员"解放动物园"的想法是怎么回事呢？这个选题体现的是每一个平凡的工作岗位都可以有不平凡的想法。

我们再来看"80后"白领创业这个选题。年轻人创业的很多，尤其在互联网时代，一个微信号就可以开一个网店，卖各种商品。我们为什么不选择一个在朋友圈卖化妆品的"80后"，而选择一个送水果的"80后"作为选题的题材呢？这里衡量的标准不在于谁赚了更多的钱，而在于"开辟鲜切水果速递行业新领域"的"新"字上。创业创出了"新"意，不正是国家所倡导的吗？

## 二、节目选题方案的写作方法

确定了选题的题材之后，选题的写作也很重要。编导不能只提供一个模糊的想法去让领导判断，而是要将方方面面都设想全面。一个标准的选题方案需要具备六个要素：基本人物介绍、故事阐述、主题阐述、拍摄形态阐述、可行性论证及操作流程。

一个节目的选题，必然要讲故事。只要有故事就要有人，所以了解人物的基本情况是编导要做的第一步，并且要预先进行采访，将准备功课做在前面。在对人物的采访中，编导根据情况整理出大致的故事线索，清清楚楚地呈现给制片人或主编。

如果说故事阐述是"肉"，那么主题阐述就是"魂"，也就是通过故事要表现一个什么样的主题或中心思想。"魂"与"肉"都具备了，接下来就是呈现方式的问题，涉及视听语言的运用和整体风格的定位。

除此之外，选题方案中还有一个至关重要的环节，就是可行性论证。例如选题可能很好，制片人很满意，可是人物因为各种原因不同意出镜，那么之前的方案只能被推翻。

## ▸▸ 实训项目三

**实训内容：** 选题方案写作训练

**实训要求：** 观看一期节目并为此节目拟写一份选题方案，格式参考上文。须有具体的人物介绍及事件概况并进行预先采访，字数不少于1500。

**实训步骤：**

1. 观看一档项目至少三集，并查阅背景资料，找准节目的定位。

2. 为便于预先采访，需首选本地题材并收集相关材料。

3. 联系采访对象、设计采访问题并进行文字整理。

4. 填写选题申报表。

**成果评价：**学生互评、教师点评。

# 第三节　电视纪录片的策划与选题

策划一部纪录片与策划一档电视栏目不同，纪录片首先要考虑的不是定位，而是"拍什么"。所谓"拍什么"就是纪录片的选题，从题材的角度来看，纪录片的选题范围是非常广泛的。一般来说，纪录片的选题范围可以大致分为三大类：新鲜的自然世界和人类社会，大众关心的社会热点，普通人平凡而有意义的工作和生活。

一个好的、有意义的选题就是纪录片成功的一半，那么纪录片的选题到底需要具备哪些要素呢？从成功的纪录片来看，有一些公认的标准。

首先是时效性。最好的选题一定是新鲜的、别人没有拍过的题材或选取过的角度。这需要创作者有非常独到的眼光，在别人还没有看到这个题材的价值时就能发现题材的闪光之处。

其次是情感性。纪录片不论拍什么，都需要以情动人，哪怕拍的是动物，也要拍出人情味。因为情感是人类心灵沟通和交流的基础，没有人喜欢一部只有冷冰冰的数据和官话套话的纪录片。一部纪录片如果能抓住题材中感人至深、引起共鸣的点，切入角度就对了。题材要"陌生"，但情感要"接近"，这是纪录片选题要把握好的关键。

再次是典型性。在纪录片拍摄中，不可避免地会反映某些问题，特别是一些以社会事件为拍摄对象的纪录片。哪些社会问题比较具有价值，也就是具有典型性，这是一个不能不判断的问题。从重要性上说，普遍性的问题比较有价值。例如环境污染问题，这是与每个人都息息相关的问题。普通、典型、群众关心，这样的选题自然不会失败。

最后是可操作性。拍纪录片不是拍电影，不可虚假，不可表演。这就给拍摄带来了相当大的难度，因为生活总是稍纵即逝的，要把想要拍的东西拍出来，就需要编导具有相当的判断能力。影像艺术一定是可见的、具体的、形象的画面，能用画面展现的就不能用文字来展现，那么选题的可操作性就至关重要了。例如要拍摄的这个建筑还在不在？如果被拆了，一点形象化的东西都看不到了，该用什么画面来代替？是一座废墟还是图片，或是资料馆的视频资料？再如，要拍摄的人物能否接受我的采访？如果不接受，这个选题还能不能进行下去？用何种方式进行？这些具体的问题，都需要编导在选题策划的时候就要考虑周全。

选题确定之后，就需要进行策划案的写作了。纪录片是与故事片相对的一种电视节目题材，如果说故事片相当于小说，那么纪录片就相当于报告文学。纪录片和报告文学一样来自于现实生活，它不需要虚构故事情节，不需要提前撰写台词脚本，只需要给出片子的结构与采访问题即可。一般来说，纪录片题材类型不同，策划案的格式也不完全统一。接下来，就让我们参照一个纪录片的策划案。

## 《假如给我三天光明》纪录片选题策划案

### 一、选题

社会上出现了一种新的职业——"劝捐员"，围绕这个职业的矛盾点展开探讨。首先解释"劝捐员"，指劝别人捐献器官的人。现在大多数"劝捐员"劝别人身后把眼角膜捐献出来，给需要的人带去光明。（在大多数人都不了解眼角膜捐献的程序和意义时，引导别人身后捐献）

针对这个职业有不同的观点：

1. 这个职业是好事，利用可以利用的人体资源解决了盲人的光明问题，同时也为社会在无形中减轻负担。

2. 这个职业是不仁慈的，要在别人（病人和家属）最痛苦、最悲伤的时候谈论别人的身后事，劝别人捐献器官。病人和家属需要的是关怀和安慰，还有希望，而不是劝捐员带来的死亡的召唤。

选题理由：这种新兴职业有矛盾、有争议，并且涉及法律、道德、伦理和情感方面的问题。

### 二、分析（勾画思路）

由盲人作家海伦·凯勒的一篇著名文章《假如给我三天光明》引题，说明盲人对光明的渴望。目前中国盲人的总数很多，其中可以通过眼角膜移植手术恢复光明的有200万，而且这部分人中大多数是青年和少年儿童。全国每年可以完成移植手术2000～2500例，与需要手术的人相比，这不过是杯水车薪。我国目前的状况是：供体缺口大，缺少眼角膜来源。

社会上出现职业劝捐员，中国第一个职业劝捐员陈淑莹（原为深圳眼科医院护士）从2003年至今成功劝捐96例，帮助212人获得了光明。（画面可以在此加入一些劝捐的记录画面）

采访一：陈淑莹

问题设置：1. 怎么了解到这份工作的？

　　　　　2. 是什么使你放弃收入高、待遇好的护士工作，而选择劝捐员的工作？

　　　　　3. 工作开始的时候是怎么样的？顺利吗？

　　　　　4. 工作开始的时候家里人的反应怎么样？

　　　　　5. 劝捐过程中有没有遇到要钱的？

采访二：陈淑莹的同事，听听他们的看法

采访三：患者及不同群体

学生、网民代表新生力量，有新的生命力；30～45岁的人成熟稳重，对事情都有一定的自我认识；50岁以上的人是守旧的代表，听听他们的看法及他们的接受程度。

例如：有人说，捐献是一种高尚之举而不是义务。有人说，凭什么无偿捐献？捐者的权利和义务是不对称的。

问题摆放：职业劝捐员是不是意味着死亡的召唤？情感道德方面，器官捐献需要劝吗？

折射出中国器官捐献的不完善——有偿和无偿的问题（问题1、2）

1. 有偿的情况下，会不会出现不良的买卖器官现象？

2. 无偿的情况下，如果真的遇到了经济上很困难的人应该怎么办？

**三、解决(给出答案并呼吁，深化主题)**

从客观的角度让更多的人了解到眼角膜捐献的现状，使他们理解并支持劝捐员，从而支持捐献眼角膜并成为捐献者，让更多的人得到光明，从而为社会作更多的贡献，体现博爱之精神。

这个纪录片的策划案从三个方面进行了阐述，即"提出问题""分析问题""解决问题"三段式，简明扼要地将纪录片的整体结构展现了出来。

选题阐述遵循了新鲜性、情感性、典型性等特点，将劝捐员这一陌生又重要的职业带到了观众的视野中，并罗列了社会上对于这个职业的几种不同声音，全面客观地对这个职业进行了一定程度的剖析。我们会发现这个职业不但涉及法律、道德，还牵涉伦理和情感等方方面面，一定会引起观众的兴趣。由此来看，此选题不失为一个好的选题。

分析段落详细地阐明了纪录片所要展现的几个方面，并列举了采访问题。采访不是单一地只针对劝捐员陈淑莹本人，而是辐射了她的同事，以及患者、家属等各个不同群体。问题多采用开放式的，如"怎么样""是什么""为什么"等，来引导采访对象畅谈自己的看法。而且问题层层深入，并在最后折射出中国器官捐献的不完善问题，将这个看似个人的问题提升到社会层面。

最后一个段落是解决问题，也就是最终这个纪录片的落脚点是什么。从客观的角度让更多的人了解到眼角膜捐献的现状，使他们理解并支持劝捐员，从而支持捐献眼角膜并成为捐献者。

# 实训项目四

**实训内容**：纪录片拍摄方案写作训练

**实训要求**：参考案例以"身边的人或事"为主题策划一部纪录片。选题策划中要对拍摄的人物或事件有详尽的描述，根据内容需要设定出具体的拍摄场景；采访方式要符合节目整体风格，设计的问题不能偏离主题。

**实训步骤**：

1. 小组讨论确定选题。

2. 根据选题要求，策划整体的结构与思路。

3. 确定采访人物和采访方式，设计采访问题。

4. 进行预采访，将故事要点体现在策划案中。

**成果评价**：学生互评、教师点评。

# 小　结

1. 栏目的策划案需要包括栏目的宗旨与名称、栏目的定位、栏目的市场分析、栏目的类型与时长、栏目的结构设计、栏目的运作方式、栏目的风格与样式、栏目的赢利模式及栏目的营销与推广等方面。

2. 电视节目选题的挖掘与确定需要遵循三个原则：政治原则、社会原则、经济原则。

3. 标准的选题方案需要具备六个要素：基本人物介绍、故事阐述、主题阐述、拍摄形态阐述、可行性论证及操作流程。

4. 纪录片的选题需要具备四个要素：时效性、情感性、典型性、可操作性。

# 第四章　电视节目的前期工作

>>> **理论单元**

**一、知识点**

（一）拍摄方案所包含的主要内容

（二）文学剧本与分镜头脚本的写作格式

（三）摄像机的分类与基础操作

（四）电视照明的基本概念与布光方法

（五）现场同期声录制的方法

（六）轴线与场面调度的特点和作用

（七）现场采访的特点与要求

（八）电视节目导播技术

**二、教学目标**

（一）学会制定节目的拍摄方案

（二）熟悉了解不同类型节目的拍摄方案写作

（三）熟练掌握文学剧本与分镜头脚本的写作格式

（四）了解摄像机的分类及持机方式

（五）了解拍摄时的常见问题

（六）熟练掌握光的基本知识

（七）学会静态人物布光的方法

（八）了解动态人物布光的方法

（九）熟练掌握同期声录音技巧

（十）熟练掌握轴线原理及场面调度的基本方法

（十一）熟练掌握现场采访中提问的基本方法和技巧

（十二）了解谈话节目机位设置的基本依据

（十三）了解谈话节目现场切换的切换依据

（十四）了解综艺节目的导演技巧

电视节目的前期工作的第一步就是制定拍摄方案，它是拍摄的指导，是保证拍摄得以顺利进行的前提。拍摄方案制定完成后，就要依据方案的内容及现场拍摄的需要开始着手准备拍摄的具体实施了，比如摄像机、照明设备、录音设备怎样选用，场面调度如何安排，现场采访应该注意哪些方面等。对于现场型节目来说，编导还要掌握基础的导播技术。

# 第一节　文案写作

在电视节目的具体制作过程中，文案写作是第一步，也是最重要的一步。文案是拍摄的前期指导，是与嘉宾沟通的桥梁，是整个摄制组工作的依据。不同类型的节目，需要写作的文案也各不相同，有时甚至同一档栏目每期节目依据内容的不同，文案也有所区别。作为编导要熟练掌握文案写作的模式，了解各种常见类型节目拍摄方案的写作。

## 一、资料的收集与整理

在正式拍摄前，编导除了要不断地完善选题及策划方案之外，还要为拍摄做好万全的准备。首先要搜集与选题相关的资料，联系并落实拍摄对象、拍摄场地，预约拍摄时间，并且办理相关手续等。对于拍摄而言，每一个小环节都可能会产生至关重要的影响。由于选题的不同，编导可能经常要涉及不同的知识领域，所以拍摄前搜集一切相关的知识是弥补编导知识不足的一种方式。

比如新闻节目中，你要做一期与雾霾有关的选题，那你就要先了解什么是雾霾以及去分析跟雾霾相关的尽可能多的数据，整理归纳出节目的切入点。再如你要邀请一位专家，可能你对他完全不熟悉，那你就要提前了解他的背景资料，观看他的代表性作品，了解他的性格、爱好、情感及家庭背景等，这些在拍摄中都有可能会用到。

对于电视节目来说，所需要的资料通常包括影像视频资料、图片资料及文字资料。不同类型的资料搜集方法和作用都是不同的。

### （一）影像视频资料

电视是视听艺术，因此影像视频资料对于电视节目来说是最为重要的。一般来说，电视节目所需要的影像视频资料主要集中在两大类：第一类是与人物或事件直接相关或间接相关的背景资料，第二类是具有典型性与艺术性的空镜头。

与人物或事件直接相关或间接相关的背景资料可以向拍摄对象本人及家人、单位、学校、朋友索取，这些资料都是与节目内容密切相关的特定资料，具有不可替代的作用，有些资料甚至可以直接当作节目素材使用。所以编导每次外拍时都要有搜集视频素材的意识。如果是报道一个人物，在采访过后，还应该顺便搜集一些这个人物过往的影像视频资料。如果是报道一个事件，就更要考虑有没有相关的影像视频资料可以用来补充事件背景。

编导要把搜集资料工作当作节目制作流程中不可缺少的一部分来安排，养成好习惯。有经验的编导会特别在意平时将有价值的素材保存住，一旦需要就随时调出来用。一些有"万能"作用的空镜头，如日出日落、云雾缭绕、大海、街景等，都是很好的视频素材。久而久之，编导就会形成自己的"素材库"，这样就不至于到后期编辑的时候"巧妇难为无米之炊"了。

### （二）图片资料

图片资料是影像视频资料的有效补充，也是电视节目中经常使用的一种资料形式。图片在画面中起到的作用相当于定格，定格画面凝固的瞬间可以从动态的、连续的电视画面中跳出来，使观众有更多冷静思考的空间和时间。但需要注意的是，在节目中图片的使用频率不能过高，每个图片画面的持续时间也不能过长。毕竟电视节目的节奏是比较快的，长时间使用图片会使观众感觉乏味。一般情况下，一张图片的出现时间应控制在 3～4 秒，连续使用图片的时间不应该超过 15 秒或 20 秒。

图片资料的搜集途径和影像视频资料类似，现在利用网络来搜寻相关资料更为有效和方便。但即使如此，网络也只是补充手段，编导应尽量从拍摄对象手中取得一手资料。

### （三）文字资料

虽然电视节目的素材主要依赖于影像视频资料及图片资料，但这不代表文字资料就不重要。相反，文字资料是编导写作拍摄方案、编剧创作文学剧本的重要依据，其作用是其他资料不可替代的。而且对于文字资料的搜集和整理过程本身也是一种良好的学习过程。编导在拍摄和编辑之前应该查阅一些相关的文字资料，对拍摄节目所涉及的领域、知识做一些了解。

## 二、拍摄方案的制定与写作

编导通过调研掌握了相关信息，为正式拍摄提供方便以及确保工作效率后，就应该制定拍摄方案了。制定拍摄方案时，有的栏目可详，有的栏目可略，但无论如何，基本要包括以下几个方面。

### （一）确定拍摄时间或周期

制定拍摄方案，首先就要有时间观念，尤其是电视节目的制作涉及方方面面多个部门，如果时间不计划好，会直接影响节目的完成。如果是现场型节目，那么就要先确定录制的时间，然后才能联系嘉宾、沟通拍摄等。如果是专题型节目，那么就要确定大致的拍摄周期是多长，即使是跟拍记录，也不能无限制延长时间，一定要有一个时间区间去统筹安排。

## （二）选择拍摄场地

一期节目是室内拍摄还是室外拍摄，或是室内结合室外，都需要提前确定。室内拍摄，我们要去联系相关部门确认场地是否可用，是否适合拍摄，需不需要重新布景、打光等。室外拍摄，我们也要去现场踩点，了解拍摄场所，熟悉周围环境。

## （三）选择拍摄方式

拍摄需要单机位还是多机位，是同期录音还是后期配音，需要哪些辅助设备如摇臂、轨道、斯坦尼康等，这些都需要在选择拍摄方式时考虑全面。

## （四）制定拍摄流程

拍摄流程就是拍摄进度安排表，它是被拍摄对象提前准备的依据，也是确保拍摄任务顺利完成的保障，避免出现错拍、漏拍等现象。而且拍摄流程中要有补救方案，以防拍摄过程中出现任何突发情况，如嘉宾不能及时赶到、天气恶劣导致拍摄无法进行等。为了不耽误拍摄进程，我们还应该安排其他替补方案。

## （五）明确工作职责

一般摄制组包括编导、摄像师、录音师、灯光师、制片、场记及导播等。这些人员在正式拍摄之前都要提前沟通交流，进行合理严密的分工，确保各部门能够充分发挥作用。

## （六）选择采访方式

一般性的节目都需要有人的参与，有人就会涉及采访问题，那么采访方式的选择就显得很关键。采访方式有很多种，有交流式的采访，也有跟随式的采访。选择哪种采访方式，要视现场环境、采访对象及节目制作需要的实际情况而定。例如采访对象是领导，我们一般就会采用静态交流式采访。如果要采访一名警察，我们就会选用跟随式采访来增加现场感。

## （七）拟定采访提纲

采访提纲是拍摄方案中最重要的一个环节，是编导逻辑思维与思考问题深度的体现，一个好的采访提纲可以让节目事半功倍。那么我们面对一个拍摄对象，应该从何问起呢？首先，问对方要做一件什么样的事，或者要实现的目标是什么。其次，问对方有没有遇到什么困难或阻碍。有了困难或阻碍才会激发矛盾，有了矛盾才会有戏剧冲突，这样才能使采访进行得有意义。再次，问对方是如何克服这些困难或阻碍的。最后，再回到采访的最初，问对方如何达成目标，对未来的期望是什么。

当然，采访提纲可以依据编导本人的采访风格随意调整，只要能确保问题的开放性、独特性、准确性就好。

根据栏目类型的不同，拍摄方案的具体内容及格式也有所不同，比如综艺晚会栏目在进行拍摄方案构思时，要注意节目之间的串联。节目如果串联得好，可以增强整台晚会的整体感、节奏感和趣味性等。

# 实训项目一

**实训内容：** 电视节目拍摄方案制定训练

**实训要求：** 根据案例的模式设计一台迎新晚会，并写出录制方案，需要有主题设计，包括主持人的串词、嘉宾的选择、节目的安排、大体的时长设计及环节安排。

**实训步骤：**

1. 小组讨论，确定晚会的主题与思路。

2. 进行节目的组织和安排。

3. 设计主持人的串词以及嘉宾的台词。

**成果评价：** 学生互评、教师点评。

# 案　例

## 2014 中国大学生电视节闭幕式颁奖晚会流程单(含工作进度)

| 序号 | 环节 | | 人员 | 视频 | 音频 |
|---|---|---|---|---|---|
| 1 | 开场片头视频 | | | 开场片头视频 | 待定 |
| 2 | 开场舞：《电视伴我成长》 | | 舞蹈演员 15～20 人 | 动态素材 | 《电视伴我成长》(新编 Rap 版) |
| 3 | 第一轮颁奖 | "2014 最受大学生瞩目社会人文类题材电视节目"颁奖 | 开奖学生 2 人、领奖嘉宾、颁奖嘉宾 | 提名短片 | 颁奖音乐 |
| 4 | | "2014 最受大学生瞩目真人娱乐类题材电视节目"颁奖 | 开奖学生 2 人、领奖嘉宾、颁奖嘉宾 | 提名短片 | 颁奖音乐 |
| 5 | 歌曲串烧 | | 暂定校园歌手 2 男 3 女 | 动态素材 | 歌曲串烧还音 |
| 6 | 第二轮颁奖 | "2014 最受大学生瞩目电视记录类题材电视节目"颁奖 | 开奖学生 2 人、领奖嘉宾、颁奖嘉宾 | 提名短片 | 颁奖音乐 |
| 7 | | 西安学生原创主题单元展示 | 10 所高校代表 10 人 | 展示短片 | 待定 |

| 序号 | 环节 | | | 人员 | 视频 | 音频 |
|---|---|---|---|---|---|---|
| 8 | 歌曲：《完美生活》 | | | 暂定校园歌手4人 | 动态素材 | 《完美生活》 |
| 9 | 第三轮颁奖 | | "2014最受大学生喜爱电视新闻男主播"颁奖 | 开奖学生2人、领奖嘉宾、颁奖嘉宾 | 提名短片 | 颁奖音乐 |
| 10 | | | "2014最受大学生喜爱电视新闻女主播"颁奖 | 开奖学生2人、领奖嘉宾、颁奖嘉宾 | 提名短片 | 颁奖音乐 |
| 11 | | | "2014最受大学生喜爱电视节目男主持人"颁奖 | 开奖学生2人、领奖嘉宾、颁奖嘉宾 | 提名短片 | 颁奖音乐 |
| 12 | | | "2014最受大学生喜爱电视节目女主持人"颁奖 | 开奖学生2人、领奖嘉宾、颁奖嘉宾 | 提名短片 | 颁奖音乐 |
| 13 | 现代舞：《？》 | | | 舞蹈演员12~16人 | 动态素材 | 待定 |
| 14 | 第四轮颁奖 | | "2014最受大学生瞩目网络剧"颁奖 | 开奖学生2人、领奖嘉宾、颁奖嘉宾 | 提名短片 | 颁奖音乐 |
| 15 | 第四轮颁奖 | 学生奖项 | 大学生原创纪实类短片 | 领奖学生、颁奖嘉宾 | 获奖作品混剪短片 | 颁奖音乐 |
| 16 | | | 大学生原创剧情类短片 | 领奖学生、颁奖嘉宾 | 获奖作品混剪短片 | 颁奖音乐 |
| 17 | 歌曲：《沉默的羊皮卷》 | | | 付聪、母焕成、赵彬；舞蹈演员（16~18人） | 动态素材 | 《沉默的羊皮卷》还音 |
| 18 | 第五轮颁奖 | | "2014最受大学生瞩目古装传奇题材电视剧"颁奖 | 开奖学生2人、领奖嘉宾、颁奖嘉宾 | 提名短片 | 颁奖音乐 |
| 19 | | | "2014最受大学生瞩目历史革命题材电视剧"颁奖 | 开奖学生2人、领奖嘉宾、颁奖嘉宾 | 提名短片 | 颁奖音乐 |
| 20 | | | "2014最受大学生瞩目现实生活题材电视剧"颁奖 | 开奖学生2人、领奖嘉宾、颁奖嘉宾 | 提名短片 | 颁奖音乐 |
| 21 | | | "2014最受大学生喜爱电视剧男演员"颁奖 | 开奖学生2人、领奖嘉宾、颁奖嘉宾 | 提名短片 | 颁奖音乐 |
| 22 | | | "2014最受大学生喜爱电视剧女演员"颁奖 | 开奖学生2人、领奖嘉宾、颁奖嘉宾 | 提名短片 | 颁奖音乐 |
| 23 | 歌曲：主题曲《青春》 | | | 郑俊树 | 待定 | 《青春》还音 |

### 三、文学剧本与分镜头脚本的写作

很多类型的栏目都会涉及文学剧本和分镜头脚本的写作问题，例如情景再现、VCR 的拍摄及现场小品等。

### （一）文学剧本

文学剧本指编剧或编导在创作电影、电视剧、电视栏目剧、电视广告及各类纪实作品中的情景再现等内容时所做的文学性文案，一般包括场景、人物、情节、台词对白及表演提示等内容。不同类型的影视作品，其文学剧本格式大体相同。

文学剧本不但是可供拍摄的，而且很注意文字语言的修辞和文采。文学剧本往往以场景的时空变化来划分文字段落，但不在每次时空转换的时候标明时间、地点之类，而是通过对情节的描述自然而然地体现出来。文学剧本不对拍摄技术作明确的规定，比如注明"特写""推""淡出"之类，而是通过对艺术形象的直接描写把内容暗示出来。

文学剧本的具体写作包括以下内容：

场景地点：指人物活动范围或拍摄场地，用来区分场景，导演要按景来拍戏，例如客厅、操场、街道等。

时间：时间标示主要为了区分是日戏还是夜戏。有时为了内容表达的需要，其还会细分为清晨、上午、午后、黄昏、夜、午夜等。

室内或室外：标示"内"指的是内场戏，如教室里、卧室里等。标示"外"指的是建筑物外的戏，如街道、海边、山野等。

场景内容：一般包括场景描述、人物外形、人物穿着及表情、人物的行动、情节的发展、对白、旁白、独白，甚至音乐、音响、字幕提示的描写。

在具体写作的时候，要注意内容戏剧性和镜头感，毕竟写文学剧本不是在写小说，心理性、抽象性的，不易用画面来展现的语言尽量少用或不用。必须涉及人物内心描写的地方，可将内心感受外化成行为动作来展现。例如"她此时心里非常紧张，心想外面来的这个人到底是谁"，此句可以转化为"她攥紧了衣角，时不时地向外张望"。

用动作实在展现不出来的时候，可以借助独白、旁白来展现。但是独白、旁白都属于文学性的艺术手法，在影视作品这种视听艺术中还是尽量少用，能用画面展现的，都要用画面来展现。

# 案 例

## 电视广告《老金姨的故事》剧本

1. 街道　日　外

老金姨提着一篮子菜，往家走。

街道上各种汽车占道，老金姨困难地穿行，并时不时热情地与邻居们打招呼。

2. 楼梯　日　内

老金姨艰难地爬楼梯，爬几个台阶歇一下。

终于到了家门口，老金姨一屁股坐在地上，气喘吁吁。

休息片刻，转身拿钥匙开门。

3. 客厅　日　内

老金姨进屋关门换鞋。

老金姨：我回来啦，今天外头可真冷，这天儿说变就变。

4. 厨房　日　内

老金姨一边忙碌地洗菜、择菜、切菜，一边自言自语。

老金姨：今天我在菜市场，你猜你遇上谁了？原来住咱们一楼的单婶，就她家那小儿子都结婚了。嘿嘿……哎，这日子过得多快啊，当初他们搬走的时候，那小子脸上还挂着两条鼻涕呢，没事就喜欢跟你瞎逗。这一转眼，都成大人了。单婶说，她老头子前年半身不遂了，才多大岁数啊，刚七十吧。就是平时喝酒喝的，好不容易熬到儿子娶媳妇了，还要伺候老头子，单婶这一辈子也够苦的。这瘫在床上，对儿女们也是个负担。哎！

5. 客厅　夜　内

老金姨把做好的饭菜端上桌。

一盘青菜、一碗粥。

老金姨：看看，我今天吃啥？嘿嘿，清炒油麦菜，今天在菜市场捡了个便宜，一块钱这一大把。你呀，就是不爱吃菜，所以就血脂高、血压高的。怎么说你也不听，现在好了，看你还怎么跟我犟嘴。

老金姨擦了擦老伴的遗像，坐下吃饭。

6. 卧室　夜　内

老金姨看电视，抬眼看了看表，指针指到八点半。

老金姨起身铺床，铺了两个被窝，躺下关灯睡觉。

7. 卧室　夜　内

老金姨起身上卫生间。

画外音，卫生间传来老金姨摔倒的声音。

8. 卧室　日　内

老金姨的大儿子扶老金姨坐下。

二闺女、二女婿、小儿子、小儿媳妇跟着进屋。

小儿子：妈，你怎么这么不小心，幸亏我大哥到得及时，要不……

二闺女：会说话说，不会说话闭嘴，血压高怎么小心！那是妈自己想的吗？

小儿子：嗨，我就说……

小儿媳妇示意老公闭嘴。

大儿子：妈，大夫说你这血压很不稳定，昨天最高都飙到 200 了，这太危险了，这次是您命大。今天，趁着我们大家伙儿都来了，咱商量商量，您自己住是不行了，都七十多的人了。

老金姨：嗨，我这不没事了吗？你们甭管。

二闺女：现在是没事了，这血压高多危险啊。我们邻居夜里血压高，前一分钟还没事呢，下一分钟脑出血人就没了……

二女婿拦住二闺女，瞪了她一眼：还说别人，你会说话！

大儿子：不管怎么说，咱得想个办法了，您自己住，我们也不放心啊。要不您搬我那儿住去。

老金姨：快打住吧，你那小偏单，你们自己住还挤着呢，我不跟你们凑那热闹。

二闺女：哎，要不是我婆婆在我们家，妈住我那儿，问题就都解决了。

二女婿：大哥，不行咱找个保姆吧。

小儿媳妇终于开口了：哎哟，现在保姆可不好找，再说那得多少钱呢？现在稍微好一点的保姆，都要两三千的。就这，你还不一定能找得到呢。

大家七嘴八舌讨论着，老金姨闭眼听着。

小儿子：哎，大哥，要不让妈去养老院吧，毕竟人家那儿有专门的人照顾。

二闺女：我不同意，怎么能让妈住养老院！你怎么心这么狠呢？

小儿子：哎，二姐，这怎么是心狠呢？不去养老院，又请不起保姆，那你说怎么办？大家都上班，你管得了吗？

二闺女不说话了。

大儿子：妈，您看？

老金姨：我哪也不去！

小儿媳妇：妈，您看我们工作都挺忙的，实在没时间，您这身体自己住太危险了，您也为我们考虑一下。

老金姨：我说了，你们别管，我自己能行。再说了，我走了，你爸怎么办？

大家沉默。

大儿子：要不咱们轮班吧，一人一周，咱晚上轮番陪妈住。

穿插采访一

选取两三个五十岁左右的中年人，问题围绕他们怎么看父母养老。

9. 客厅　夜　内

大儿子风尘仆仆地回到家。

老金姨：回来啦，吃饭了吗？

大儿子：没呢，不饿，我先睡会儿。

大儿子手机响了：喂，你说我在哪？我在妈这儿呢。

大儿子边接着电话，边看了看老金姨，然后躲到厨房去接。

大儿子低语：我回不去，我这值班呢，你自己修修不行啊？什么都指着我……

老金姨沉默。

大儿子打完电话，观察了一下老金姨的表情：妈，我先睡觉去了啊，有事您叫我。

老金姨：哎。睡吧。

老金姨望了望老伴的照片，叹了口气，转身进了卧室。

10. 卧室　日　内

老金姨开门。

二闺女急匆匆地进门，放下了一盒饭。

二闺女：妈，这是您晚上的饭，我刚在家做好的，您先吃着。我现在去接乐乐，把他送回家，弄他写完作业，我就过来。您自己先吃啊！别等我！

老金姨：那你呢？

二闺女：我路上将就一口就行了，您甭管我了啊……我走了！

老金姨：别冲风吃！回来胃都坏了！

老金姨望着门外，心疼地看着女儿的背影。

11. 马路　日　外

老金姨在马路上寻找着各种养老院的牌子。

画外音：

(1)老人家，不好意思，我们已经住满了。不过您可以先留下您的电话，我们一有空床位，立刻通知您。

(2)单人间没了，双人间没了，现在只有四人间、五人间。

(3)不行，我们这里所有的被褥、生活用品，都不能带自己的，都必须在我们这里统一购买。一共八百块钱，除了住宿费之外，取暖费、洗澡费、活动费、电费都要另计的。

12. 楼门口　日　外

邻居：老金姨，您又买菜去啦。

老金姨：哎哎。

邻居：您这血压高，这大冬天的，血管都脆，您快别瞎跑了，这可不能大意。

老金姨：是，是。

邻居：那现在谁跟您住呢？

老金姨：这不几个孩子轮班呢么。

邻居：哎，您这几个孩子不错。像我们，独生子女，以后老了还不知道怎么办呢！

老金姨尴尬地笑笑。

穿插采访二

选取一两个"80后"独生子女和一两个五十多岁的中年人，问问他们关于独生子女、父母和自己养老的问题。

13. 客厅　日　内

老金姨看了看老伴的照片。

老金姨：你说怎么办吧，老头子。

穿插采访三

选取一两个"70后"或"80后"，问题需要引出目前国际上流行的家庭式养老及老年社区。

14. 楼道　日　内

邻居老王头正在找收破烂的卖掉家里大部分废旧用品。

老金姨：呦，您这是干什么呢？全不要啦。

老王头：是啊，要搬家了。

老金姨：搬哪里去啊？

老王头：儿子不放心我自己住，我又不乐意去养老院，正好儿子一朋友推荐了一个老年社区的房子，说是不错，我呀把这房子一卖，买了套那个。都不用添钱，还能有点富余，正好够我养老了。这不下个月入住，我这几天先在儿子那凑合一下。

老金姨：啥是老年公寓？跟养老院一样吗？

老王头：两回事。具体的我也说不清楚，反正就是买他们家的房子，然后他们有针对老年人的各种配套。有病了，有人管你，还有地方晨练，空气也好。平时没事的时候，还是自己住。在这窝了一辈子了，我也改善一下。呵呵。

老金姨眼睛一亮：那这是什么地方啊？我也看看。

15. 售楼处　日　内

老金姨与大儿子、二闺女听售楼员各种讲解。

穿插视频

解释说明家庭式养老的国际趋势以及现状。

16. 新家　日　内

老金姨布置好了新家，站在阳台上，深吸一口气，外面阳光明媚、景色宜人。

老金姨：老头子，以后咱俩就住这了。

# 实训项目二

**实训内容**：文学剧本写作训练

**实训要求**：选择任意公益主题，进行创意构思，需要具有一定的故事情节及人物设置，按剧本要求写作。

**实训步骤**：

1. 首先了解公益的范畴，确定一个主题。

2. 根据选定的公益主题，设计一个具有戏剧性的故事雏形。

3. 根据剧本格式要求进行分场景写作。

**成果评价**：学生互评、教师点评。

## （二）分镜头脚本

分镜头脚本是编导或导演根据主题、理念、风格、投资情况及摄制需要，对编剧的剧本进行拍摄细化的文案形式，用于编导或导演现场拍摄调度、整个摄制组的统筹安排。分镜头脚本同时也是制定预算、摄制日程的依据之一。

文学剧本与分镜头脚本是相关联的，前者是后者的依据，后者是前者的改编。分镜头脚本的写作包含两个层次的创作过程。

一是分镜头思维。

我们讲述故事的时候，传统上会习惯性地用文学思维，也就是通过文字来进行表述。而文字是抽象的符号，需要经过大脑的"二度创作"才能构建形象，再表情达意。而分镜头思维是视听语言的思维，是一种形象的、直观的思维方式，它主要通过视觉和听觉语言，也就是图像和声音的综合形态来思考问题，这是完全有别于文学思维的一种思考方式。下面我们拿一段文字内容和这段文字转化的分镜头脚本来进行一下对比：

> 一语未了，只听后院中有人笑声，说："我来迟了，不曾迎接远客！"黛玉纳罕……心下想时，只见一群媳妇丫鬟围拥着一个人从后房门进来。这个人打扮与众姑娘不同：彩绣辉煌，恍若神妃仙子。头上戴着金丝八宝攒珠髻，绾着朝阳五凤挂珠钗；项上戴着赤金盘螭璎珞圈；裙边系着豆绿宫绦，双衡比目玫瑰珮；身上穿着缕金百蝶穿花大红洋缎窄裉袄，外罩五彩刻丝石青银鼠褂；下着翡翠撒花洋绉裙。一双丹凤三角眼，两弯柳叶吊梢眉，身量苗条，体格风骚。粉面含春威不露，丹唇未启笑先闻。黛玉连忙起身接见。

这是《红楼梦》中王熙凤出场的一段文字。如果将它改编成一场戏的分镜头，会是什么样子呢？

| 镜号 | 景别 | 水平角度 | 垂直角度 | 画面内容 |
|------|------|----------|----------|----------|
| 1 | 全 | 斜侧 | 俯 | 黛玉及贾母等众人闻声望去<br>（画外音：我来迟了，不曾迎接远客） |
| 2 | 近 | 正面 | 平 | 黛玉好奇状 |
| 3 | 全 | 背面 | 仰 | 众丫鬟簇拥着王熙凤 |
| 4 | 特 | 正面 | 平 | 王熙凤的丹凤眼，眼中含笑 |
| 5 | 中 | 反侧 | 平 | 王熙凤在前，众丫鬟私语一起前行 |
| 6 | 特 | 正面 | 俯 | 王熙凤头饰 |
| 7 | 特 | 正面 | 平 | 王熙凤大红缎袄 |
| 8 | 特 | 正面 | 平 | 王熙凤微笑的嘴唇 |
| 9 | 全 | 背面 | 俯 | 王熙凤朝黛玉走去，黛玉起身相迎 |
| 10 | 中 | 前侧 | 平 | 王熙凤与黛玉寒暄 |

我们再参考更抽象一点的例子，看看将一首诗转化为镜头语言会是什么样子的。


望庐山瀑布

（唐）李白

日照香炉生紫烟，遥看瀑布挂前川。

飞流直下三千尺，疑是银河落九天。

镜头一：近景，大诗人李白头戴学士巾，身穿白色宽袖袍，手持折扇，缓缓走到香炉峰下。

镜头二：远景，仰角，香炉峰顶，艳阳高照，白雾缭绕，紫气升腾。

镜头三：远景，镜头缓缓下降，庐山瀑布似一条白练挂在前川，瀑布声隐隐响起。

镜头四：中景，逐渐推近，满景，瀑布溅起的洁白水花，震撼的瀑布轰鸣声。

| 镜号 | 画面内容 | 景别 | 角度 | 镜头运动 | 音乐音响 | 字幕/解说 |
|------|----------|------|------|----------|----------|-----------|
| 1 | 从瀑布上部向下拍摄全貌，停在瀑布下波光粼粼的水潭，激流飞下激起翻腾的水花 | 全景 | 平拍 | 向下移镜头 | 瀑布巨大的轰鸣声，随着镜头的下移渐强 | |
| 2 | 诗人李白长袍羽扇，从山间小林快步走出，用袖子拭汗，仰头望向瀑布，慢慢走近 | 全景<br>中景<br>近景 | 平拍 | 推 | 人物匆匆穿过林中的音响，脚步声及瀑布的水声 | |
| 3 | 主观视角，香炉峰顶水雾弥漫，紫气缭绕，瀑布从中泻下，似乎发源于云端 | 全景 | 仰拍 | 静止 | 瀑布轰鸣声及音乐响起 | |
| 4 | 诗人伫立在香炉峰前，久久仰视瀑布 | 远景 | 平拍<br>略微俯视 | 拉 | 音乐 | 画面右上角竖排列出诗句 |

我们进行一下对比，就可以看出分镜头是通过多个镜头连接形成表现一个事物的镜头段落，镜头段落再组合成叙事段落。这种连接遵循某一种剪辑方式，最终实现对一个人物或一个事件的完整表现。在镜头组接中，同时引入人物对话、声音元素来交代剧情、烘托气氛，使整个影像更逼真、更富有情感。

二是将分镜头思维转化成文字稿的创作过程。即把分镜头思维从脑力创造形成的理念转化为文字描述的形式，这是一项有一定模式的系统工程。

分镜头要考虑选题、策划、文字脚本、拍摄、后期制作、节目包装等多重制作环节，是一个综合考虑的结果，要把握好镜头的组合、运动的方式、镜头的时长等。

一般来说，分镜头脚本的写作包括以下内容：

镜号：每个镜头按顺序的编号。

景别：一般分为远景、全景、中景、近景、特写等。

镜头形式（摄法）：包括镜头的运用——推、拉、摇、移、跟、升、降等以及镜头的组合——淡出淡入、切换、叠化等。

画面内容：详细写出画面里场景的内容和变化、简单的构图等。

旁白（解说词）：按照分镜头画面的内容，以文字稿本的解说为依据，把它写得更加具体、形象。

脱画音（OS）：OS 是"Off-screen Ovice"的简写，指人物在场景内，但画面里看不到，只能听到其声音。

音乐：使用什么音乐，应标明起始位置。

音响：也称为效果，用来创造画面身临其境的真实感，如现场的环境声、雷声、雨声、动物叫声等。

长度：每个镜头的拍摄时间，以秒或帧为单位（电视电影拍摄的常规情况是 1 秒等于 25 帧画面）。

备注：此镜头在拍摄时，编导需要特别注意的任何内容。

分镜头脚本的表格形式：

| 场景 | 镜号 | 机位 | 景别 | 摄法 | 画面内容 | 解说 | 台词 | 音乐音响 | 脱画音（OS） | 时长 | 备注 |
|------|------|------|------|------|----------|------|------|----------|--------------|------|------|
|      |      |      |      |      |          |      |      |          |              |      |      |

根据不同作品类型、不同拍摄要求，以上表格中涉及的内容并不需要完全体现，要根据实际情况而定。

不但电影、电视剧需要分镜头脚本，而且电视节目也需要分镜头脚本来辅助拍摄。

# 案 例

## 天津卫视《爱情保卫战》人物介绍 VCR 分镜头脚本

| 镜号 | 景别 | 角度 | 镜头形式 | 画面内容 | 人物对白 | 时长（秒） |
|---|---|---|---|---|---|---|
| 1 | 特写 | 斜侧角度俯视 | 移镜头 | 一双手放在课桌上，课桌前有讲台黑板，拿起手机，旁边放着学士帽 | 男孩：毕业了，马上要给自己的青春画上一个句号，在大学四年里，我收获了很多 | 8 |
| 2 | 中景 | 背面拍摄平视 | 跟镜头 | 男孩穿着学士服走在走廊中 | 男孩：未来对我来说充满了迷惑和未知 | 3 |
| 3 | 近景 | 背侧角度斜侧角度平视 | 移镜头 | 男孩仰头看天 | 男孩：但我相信我的未来不是梦，我对我的未来做出了规划 | 3.5 |
| 4 | 全景 | 背侧角度仰视 | 固定镜头 | 男孩面对教学楼而立，回忆从前与女友的快乐时光 | 男孩：虽然有详细的规划和计划，但是我的感情让我有些始料未及 | 6 |
| 5 | 近景 | 斜侧角度仰视 | 移镜头 | 女孩仰望天空 | 女孩：他毕业了，其实我心里挺替他感到开心的 | 3 |
| 6 | 特写 | 斜侧角度平视 | 固定镜头 | 女孩看向右前方 | 女孩：可是我心里更多的是对未来的担忧 | 2.5 |
| 7 | 近景 | 背侧角度平视 | 固定镜头 | 女孩站在操场上，回忆从前两人快乐时光，转身落寞离开 | 女孩：因为以前两个人一起走过的操场、一起上过的自习，一起有过美好回忆的地方、都会变成我一个人 | 8 |
| 8 | 中景近景 | 斜侧角度俯视 | 推镜头 | 女孩走在绿荫里 | 女孩：我经得起这份等待 | 7 |

# 实训项目三

**实训内容：**情景剧分镜头写作训练

**实训要求：**任选一主题，设计一个情景短剧，时长在 10 分钟以内。先写出故事梗概，再分解成分镜头脚本。

**实训步骤：**

1. 首先选择一主题，进行故事创意。
2. 了解情景剧的场景要求及机位设置。
3. 结合拍摄场地和故事内容，写出分镜头脚本。

**成果评价：**学生互评、教师点评。

# 第二节　现场拍摄

一切准备工作完成后，就要进入拍摄阶段了，这个阶段是具体的实施阶段，关系到最后作品的完成效果，是最关键的一个环节。虽然电视是一个系统工程，各个部门都有专业的人员在操作，但在具体拍摄中，编导仍然要掌握摄像、照明、录音（同期声）、场面调度的基础知识，同时，在采访时还要掌握基本的现场采访技巧，对于拍摄中常见的突发情况也要提前了解、学会应对。

## 一、摄像的基本操作

### （一）摄像机的分类

一般数码摄像机有两大制式，分别是 NTSC 和 PAL，属于全球两大主要的电视广播制式，由于系统投射颜色影像的频率而有所不同。NTSC 制式是 National Television System Committee 的缩写，主要应用于日本、美国、加拿大、墨西哥等国家；而 PAL 制式则是 Phase Alternating Line 的缩写，主要应用于中国、中东地区和欧洲的一些国家。

中国的电视广播制式是 PAL 制式，标准画面分辨率是 768×576（像素），目前经过数字采集处理的画面分辨率一般为 720×576（像素）。目前的视频采集软件都支持 PAL 和 NTSC 制式，但是在编辑过程中不能同时使用两个制式的素材，必须通过转换才能在同一时间轴上使用两个素材，这是需要编导特别注意的地方。

在行业内，我们按质量等级，大致可以把摄像机分成三大类。

1. 广播级摄像机

主要应用于广播电视领域，图像质量较高，性能也较全面，但价格高，体积也相对较大。根据使用目的的不同，它们又可以分为以下三种。

一是演播室用摄像机。这类摄像机通常采用尺寸较大的摄像器件，因此它的清晰度最高，信噪比最大，图像质量最好，当然体积也最大，是大型晚会、访谈类等演播室节目通常使用的机器类型。

二是新闻采访摄像机。这类机器体积小，重量轻，便于携带，对非标准照明情况具有良好的适应性，在恶劣环境中具有比较高的安全稳定性，有调试方便、自动化程

**图 4-1 广播级摄像机 索尼 PDW-850**

度高、操控灵活等特点，最适合新闻类、专题类节目的使用。

三是现场节目制作摄像机。这种摄像机介于上述两种摄像机之间，性能指标也兼顾到这两个方面。它的图像质量与演播室用摄像机相近，但体积小一些，能满足轻便型现场节目制作的需要。

2. 业务级摄像机

这类摄像机，也叫专业摄像机，主要应用于广播电视以外的专业电视领域，如工业、医疗、电化教育等。这类摄像机图像质量略低于广播级摄像机，但价格比较便宜，体积较小，重量较轻。专业摄像机紧跟广播级摄像机的发展，更新很快，其清晰度、信噪比、灵敏度等重要指标已和广播级摄像机没有多大差别，只是彩色还原性、自动化方面还略逊于广播级摄像机。

**图 4-2 业务级摄像机 索尼 NEX-FS700**

3. 家用级摄像机

这类摄像机主要应用在对图像质量要求不高的非业务场合，它体积小，重量轻，便于携带，有一定的隐蔽性。除了用于个人、家庭娱乐外，许多特殊条件下的拍摄也经常采用这种机型，例如隐性采访或体育特技摄像等。家用级摄像机的最大特点是操作简单、价格便宜，在发达国家已普遍进入家庭消费，因而称之为家用级摄像机。在要求不高的场合，人们可以用它制作一般节目，也基本可以满足网络播放的要求。

编导在进行拍摄的时候，并不是哪个摄像机最好就选择哪个，而是根据节目的需求，考虑到节目的制作成本，选择最适合的摄像机类型。

**图 4-3　家用级摄像机　索尼 FDR-AX700**

### （二）常见的持机方式

根据摄像机的形体、重量和拍摄质量要求的不同，摄像机的持机方式分为支架式拍摄和手持拍摄。

1. 支架式拍摄

拍摄固定镜头及推、拉、摇镜头时多采用支架式拍摄。三脚架的作用就是使拍摄的画面稳定、无抖动，是电影、电视剧、专题片、演播室、人物访谈、会议记录等常用的摄像辅助器材。

使用三脚架时需要注意以下几点。

一是保持三脚架的刚性稳固连接。

要使用刚性结构连接良好的三脚架，应把其云台、三维锁定钮以及各伸缩支腿和副支架锁死固定好，否则晃动的三脚架会导致图像晃动模糊，影响拍摄质量。

二是固定脚钉或减震垫等的使用。

在坚硬的岩石或水泥地上使用三脚架时，应给三个支腿加装硬橡胶减震垫，这样可以有效减少一些意外导致的震动。在家庭的地板上拍摄时，加装软橡胶减震垫则可避免金属三脚架划伤地板。在土地或泥地上拍摄时，最好给三脚架加装固定脚钉，使其可以扎在其中，保持稳定。在沙地或蓬松的雪地上拍摄时，为了防止三脚架陷入其中，则应加装平板状的防陷脚架板，以保持三脚架的稳定。

三是在大风天气拍摄时，应使用石头袋。

在大风天气拍摄时，风有可能将三脚架吹翻或导致摄像机摇晃。要在这种环境下获得清晰稳定的图像，可以用一个布袋装上一些石头、砖块等重物，然后将其挂在三脚架下，以增大配重而保持稳定。

四是使用长焦镜头时应使用脚架环。

如果使用长焦镜头配合三脚架拍摄，应为长焦镜头配上一个脚架环，然后将三脚架的云台快装板安装在脚架环的螺丝孔上，再固定于云台上，这样做就不会出现三脚架因头重脚轻而倾翻的情况了。这样使用三脚架，摄像机和镜头的重心处于脚架环上，整体的稳定性会好很多。

五是调试阻尼和水平。

阻尼有两个，一个用来控制左右摇晃，一个则用来控制上下摇晃。一般来说，应该根据摄像机的轻重来调整阻尼。

由于拍摄的环境多种多样，地点不固定，所以云台上设计了水平仪。三脚架支好后，应该先调整水平仪，看一下大致的水平，再进行拍摄。

2. 手持拍摄

手持拍摄是新闻摄影的主要持机方法，也是家庭摄像的主要持机方法。当然，为了表现纪实风格，拍摄电影和电视剧也经常使用手持拍摄。手持拍摄有很多优势，例如设备轻便，可以不受空间限制；摄像机对被拍摄者造成的压迫感小；强烈的晃动可以创造紧张眩晕的观影效果；摄像机可以尽可能贴近被拍摄者以观察细节。手持拍摄还可以创造出逼真的主观视角，等等。

编导在具体操作时，应该注意手持拍摄与摄像机拿不稳的区别。手持拍摄是用来表现一些情绪的，观众可以从中得到信息；而拍摄画面时摄像机拿不稳、手抖，或者是正常的画面突然上下颠簸、人物出画等，观众既得不到画面中的信息，又感受不到氛围。

（三）拍摄的注意事项

1. 不同景别的拍摄技巧

一是远景。

远景注重对场面、规模、气势的表现，画面中信息最丰富，因此画面要留有足够的时间（一般情况下，远景镜头的素材至少要拍到 5～6 秒）。如果拍摄远景时摇镜头，要注意运动的速度，一般节奏要慢，要平稳、均匀。远景拍摄多采用逆光、侧逆光来增加影调的层次，突出透视关系，尽量不用顺光拍摄。拍摄时，还要注意前景的选择，这样可以加强画面的层次感。

**图 4-4　远景**

二是全景。

全景是一场戏中必拍的定位性镜头，主要用来表现和交代关系，包括人与人的关系。人与景的关系及人与环境的关系。因此，全景是集纳造型元素最多的景别，拍摄时要特别注意各元素之间的关系。在拍摄大全景时，多使用广角镜头，其景深范围大、视域宽，要注意画面不可"缺边少沿"，即全景不全。尤其是摄像机寻像器显示的画面范围一般比监视器显示的画面范围要大，初学者往往容易忽略这个"视差"，结果导致主体人物头或脚的一部分出画。因此，在实际拍摄时，要注意以寻像器中的安全框作为构图的标准。

图 4-5　全景

三是中景。

中景是叙述型的景别，既能表现人物的表情和一部分形体动作，又可以展现人与环境的关系，是提供信息量最为丰富的一个景别，也是电视最常用的景别。拍摄中景的时候，编导要注意抓取被拍摄主体最有特点、最能凸显其本质特征的表情和动作，同时也要注意画面构图的丰富性。

四是近景。

近景中环境退居次位，主要用来表现人物的表情，是展现人物心理、塑造人物形象最有力的一个景别。拍摄时，应该将焦点放在人的眼睛上，而且要注意画面的留白。

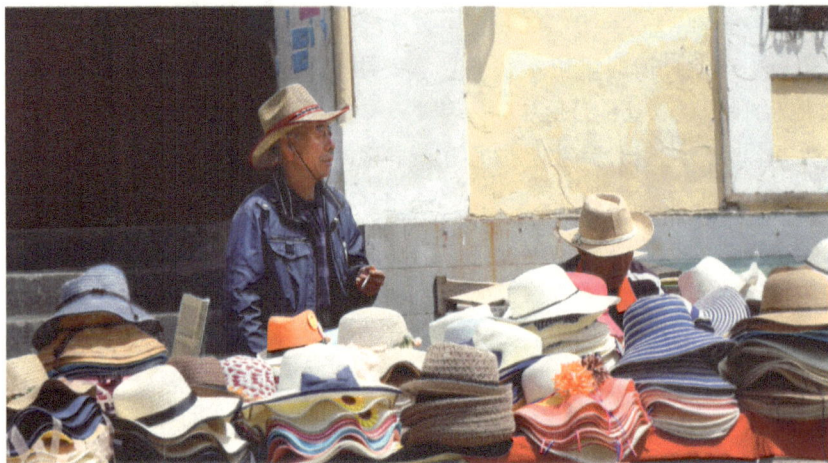

图 4-6　中景

留白处应该放在人物目光面向的一侧，这样在视觉上比较舒服，不会将人物的视线"堵死"。拍摄近景，还要注意取景时切忌"横切脖子"，即画框正好卡在脖子中间的位置，视觉上非常不舒服。应该要么卡在下巴的位置，取得一个面部特写，要么卡在脖子的最下方。

五是特写。

特写主要用来进行强调和制造悬念，是主观性最强的一个景别。在拍摄时，要注意构图一定要饱满，尽可能剔除多余的形象。在一场戏中，应该拍摄一定量的特写，因为特写可以弱化剪辑上的失误，被称为"万能镜头"。例如在单机位拍摄采访时，因为后期剪辑的需要，画面被切断，如果直接同景别相接的话，会造成视觉上的跳动感。若在此处插入一个人物细节或者话筒角标的特写，就会转移观众注意力，同时弱化跳动感。但是特写使用也不能过多，其不利于表现完整空间和整体形象，要与其他镜头配合使用，否则就会造成空间混乱或者视觉不适。

图 4-7　特写

2. 拍摄运动镜头时注意起幅和落幅

运动镜头在拍摄时，必须有起幅和落幅。所谓起幅和落幅指的是运动镜头在开始和结束时，应有一段时间的静止画面。在拍摄素材的时候，起幅和落幅通常要有 5 秒以上的时间长度。

起幅和落幅的作用是便于后期剪辑，例如静接静的剪辑，叠化或其他转场特技的使用等。当然，更主要的作用是起幅给观众以视觉准备，落幅则给观众以视觉缓冲，准确定位在某景物或人物的身上。

3. 注意拍摄用于转场的空镜头

编导应该提醒摄像师多拍摄些空镜头，如蓝天白云、花草树木、建筑物等无实意的镜头，用于后期剪辑时转场使用。

4. 尽量采用顺光或侧顺光拍摄

除了拍摄远景或对光线和影调有特殊需求时，拍摄者应该尽量采用顺光或侧顺光拍摄。因为从色彩的亮度和饱和度的关系来看，只有亮度适中，色彩才能饱和。而且顺光和侧顺光的条件下，被拍摄对象才能将眼睛自然睁大，成像的效果才能最佳。

5. 做好场记

做好场记对于拍摄者来说非常重要，有利于后期剪辑，节省工作时间，提高工作效率，同时避免漏拍或错拍的发生。场记通常需要记录镜头的拍摄机位、拍摄场次、拍摄时间、拍摄地点、运镜方式等。

## 二、电视照明

在现场拍摄中，用光是极其重要的一个环节。电视照明的主要任务有技术和艺术两个层面。从技术层面来说，电视照明可以提供足够的亮度，形成相对稳定的色温平衡，还可以控制光比，这些因素都直接影响着画面的呈现效果。从艺术层面来说，电视照明还可以塑造形象、渲染气氛、刻画人物性格、增加画面艺术感，等等。

经常有同学在拍摄的时候，明明摄像机的用法都没有问题，就是拍出来的画面不够美、不够有质感，奥秘其实就在用光上。作为编导，虽然不要求掌握电视照明的专业技术，但是基本的照明知识如不同光线呈现的效果、常见的布光方法等还是要有所了解，这样才能更好地指导现场拍摄。

### （一）光的性质

光从性质上可分为直射光(硬光)、散射光(软光)和混合光照。

1. 直射光(硬光)

直射光又称为硬光，指的是明暗反差较大，能够明显看出光源方位的光线，往往用于塑造男性比较硬朗的形象。聚光灯照明、晴朗天气下的阳光直射都属于此类。

直射光的优势在于，由于有明确的光源方位，明暗对比强烈，可以拉开画面反差，

图 4-8　硬光

便于造型和布光控制，还能够强化被摄物体的立体状态、表面结构和质感。它的缺点是光源单一时造型会显得比较生硬，投影处理不好容易出现光影混乱的现场。

2. 散射光（软光）

散射光又称为软光，指的是没有明显的明暗反差，无法判断具体光源位置的光线，呈现一种柔和明亮的效果，适合用于塑造女性柔美的形象。柔化的灯光照明、透过云层散射的阳光都属于此类。

散射光下，物体的受光面大，照明均匀，光调柔和，有利于表现细腻的层次。缺点是难以控制被摄物体的光照部位。

3. 混合光照

混合光照指的是既有直射光又有散射光的混合照明光线，在实际拍摄中经常被使用，融合了以上两种光的照明效果。

## （二）光的方位

不同方向的光源照射在同一物体上，呈现的效果是大相径庭的。编导要有光线的意识，对拍摄中不同方位的光形成的效果要掌握。

1. 正面光

正面光又叫顺光、平面光。在顺光照明中，由于被摄物体的正面都受到均匀的照明，它的投影也在它的背后而被遮挡起来，所以画面阴影很少或几乎没有阴影，往往比较明亮。

顺光由于受光面大，受光均匀，因此用于表现人物时，可以有效地掩饰皮肤的松弛和皱纹，使人物显得年轻。而且顺光还能使杂乱的背景显得干净明亮。它的缺点是不利于展现被摄物体的立体感和空间感。

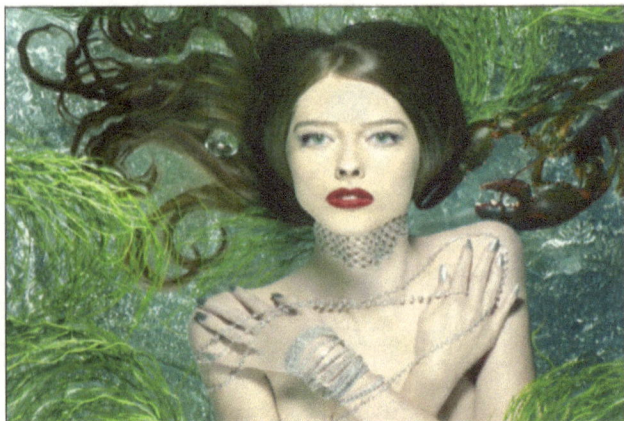

图 4-9　正面光

## 2. 侧顺光

侧顺光属于立体光，指的是光线投射方向与摄像机镜头光轴方向成水平 45°角左右的光线。受到侧顺光照明的被摄物体，可以形成较好的明暗关系，因为它构成了受光面和阴影面，受光面的面积大于阴影面的面积，所以使画面整体造型效果趋向明亮。

侧顺光呈现的效果不仅明亮，而且有很好的立体感以及空间的纵深感，对于各类人物或物体都能构成比较理想的造型效果，是现场拍摄时最为常用的一种光线。

图 4-10　侧顺光

## 3. 侧光

侧光也属于立体光，指的是光线投射方向与摄像机镜头光轴方向成水平 90°角左右的光线。受侧光照明的景物有明显的明暗亮度对比。

侧光表现人物的全身形体动作时，其形成的光影对比可以加强人物动作的力度。但需要注意的是，侧光表现人物的面部时，人物部分五官在阴影处，会使人感觉头部有一些变形。如果没有其他特殊用意，此时就要注意辅助光源的运用，如在对侧加一个反光板，用以一定程度提亮阴影处，使画面显得协调和平衡。

图 4-11　侧光

图 4-12　侧逆光

### 4. 侧逆光

侧逆光指的是光线投射方向与摄像机镜头光轴方向成水平135°角左右的光线。在侧逆光照明下的景物，受光面小于阴影面，所以画面中阴影的面积比较大，往往可以形成暗调效果。

侧逆光会使被拍摄对象尤其是垂直的物体留下长长的投影，令画面影调富有层次感。

### 5. 逆光

逆光又叫轮廓光，指的是光源的投射方向来自被摄物体正后方的光线。逆光照明下的景物边缘部分都被照亮，由于受光面积较小，所以只形成轮廓光的效果。

逆光能突出在暗背景中的被摄物体的轮廓线条，形成暗背景、亮轮廓、暗表面的强反差画面，是表现物体轮廓形态以及区别景物之间界线的有效手段。当人物处在逆光照明下时，头发会出现闪烁的光斑，可以增添画面的质感和色彩。

图 4-13　逆光

在具体拍摄中，若采访对象希望保护自己的隐私，使用逆光是个不错的选择，既不会让采访对象露脸，也可有效进行画面造型。除此之外，应谨慎使用逆光拍摄。

### 6. 顶光

顶光，指的是来自顶部的光线，与被摄物体、摄像机镜头成90°的垂直角度。由于突出了人的脸部骨骼结构，颧骨的位置最高，看上去像蝴蝶张开两翼的形状，因此也叫"蝴蝶光"。顶光可以用来塑造骨感美，但通常有丑化人物形象或暗示某种人物性格的作用，常规情况下拍摄人物不采用顶光。

### 7. 底光

底光又叫魔鬼光，指的是来自脚部的光线，与被摄物体、摄像机镜头成90°左右的垂直角度。人物在此光线下有

图 4-14　顶光

一种被丑化的效果，常用于塑造恐怖形象。

图 4-15　底光

### （三）造型光的分类

在进行室内拍摄时，利用人工光源进行光线造型是最常见的方法，因此编导应该对造型光的类别和作用进行全面的了解。根据光线在画面造型中的不同作用，我们通常把造型光分成以下五种。

1. 主光

布光中占支配地位的光，常被称为"基调光"。主光直接影响被摄物体的立体形态和轮廓特征，也直接影响画面的基调、光影结构和风格，是拍摄时首先考虑的光线。

2. 补光

起辅助作用的光线，目的在于使阴影部的细节能获得恰当的曝光。补光一般多采用无阴影的软光，用以减弱主光产生的阴影，降低受光面和阴影面的反差，提高暗部的层次。

3. 轮廓光

轮廓光是使被摄物体产生明亮边缘的光线，其主要任务是勾画和突出被摄物体的轮廓形式，具有装饰和美化效果。但是这种刻意的美化效果在拍摄中要谨慎使用，否则会给人以虚假的感觉。

4. 背景光

背景光又称环境光，指的是专门用于背景和环境照明的光线，主要的作用在于通过其所构成的光影层次映衬突出主体的目的。

5. 眼神光

眼神光是使主体人物眼球上产生光斑的光线，它能够使人物两眼炯炯有神。这种光线只在拍摄人物近景或头部特写时使用，有美化人物的作用。但在纪实拍摄中，这种光线要慎用，否则会让人感觉有人为的修饰感，从而降低真实性。

## （四）常见的布光方法

### 1. 静态人物布光

在拍摄中，布光根据人物的状态，可分为静态人物布光和动态人物布光。静态人物布光相对更可控一些，常用的有三点布光法、重点勾勒法和平调组合法。单人拍摄时，常采用三点布光法；双人及多人拍摄时，多在三点布光的基础上辅助采用后两种布光方法。

（1）三点布光法

三点布光法是最传统的一种布光方法，我们也称它为传统布光。在好莱坞经典电影中，主光、补光和轮廓光结合使用就是所谓的三点布光。

主光通常用来照亮场景中的主要对象与其周围区域，它规定了方向、角度、范围、照明光轴与照射角度，起主要造型和确定光影格调的作用。主光常用聚光灯来完成，也可以根据任务需要用几盏灯来共同完成。

补光又被称为辅光，用一个聚光灯照射扇形反射面，以形成一种均匀的、非直射性的柔和光源，用它来填充阴影区及被主光遗漏的场景区域，调和明暗区域之间的反差及对比，同时能形成景深与层次。由于要达到柔和照明的效果，通常补光的亮度只有主光的 50%～80%。

轮廓光的作用是将主体与背景分离，帮助凸显空间的形状和深度感，特别是当拍摄主体是深色头发、皮肤、衣服，背景也很暗时，没有轮廓光，它们容易混为一体，缺乏区分。轮廓光通常是硬光，以便强调主体轮廓。

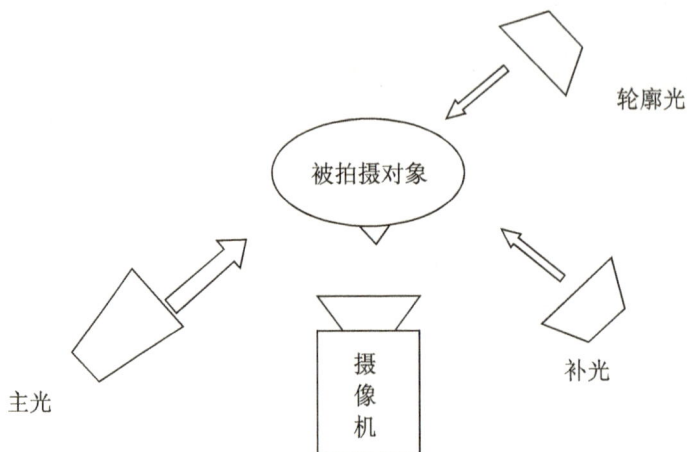

**图 4-16 "三点布光"图样**

在三点布光的共同合作下，完成了三维物体与空间在二维图像中的立体形状。

在拍摄新闻类、专题访谈类节目时，最常采用三点布光。以下是进行三点布光拍摄时需要注意的具体事项。

一是摄像机、补光、人物、逆光要成一条垂直线。

二是主光与被摄物体一般要成45°角,但如果人物过胖或过瘦,要进行微调。采访对象胖的时候角度要稍微大些,瘦的时候角度要稍微小些。注意调节主光的高低位置,以形成人物鼻影"等边三角形"为最佳。

三是补光可根据人物脸型的缺陷情况需要而定,在加灯的时候要严格控制亮度与遮挡,以不出现鼻影为最佳光照度。

四是补光不宜过高,逆光不宜过前。逆光以突出人物轮廓、勾勒两肩平行线条、修饰头发光为主,补光以调节光比、和谐脸部层次、凸显眼神光为主。

(2)重点勾勒法

这种方法是针对演播室内有一定的基准亮度,但没有强烈的明暗反差,画面空间感较弱进行补足的一种布光方法。根据拍摄需要加两盏主光灯,放在主持人和嘉宾的右侧或左侧前45°的位置上。由于主光的照射,画面中有了光线的投射方向和光比组合,光线效果会发生很大的变化。此时,为了突出主持人的轮廓,一般还可以在主持人和嘉宾的身后加轮廓光。

(3)平调组合法

这种方法适用于正常脸型和偏瘦的脸型。布光时主光位于摄像机附近,以尽量接近拍摄轴线为佳,其光线高度与人头顶齐平,然后再在人物身后布轮廓光,细致地勾勒被摄物体的外形线条。轮廓光的最佳位置在被摄物体的侧后方,不能过高、过亮、过偏。在演播室内,也可以考虑利用位于影棚上方、人物后方的光线作为轮廓光,但注意角度不能太高。

2. 动态人物布光与静态人物布光的区别

动态人物布光与静态人物布光的主要区别在于以下几点。

一是每组或每个灯光成分组合要具有可塑性,布光不仅要考虑点,而且要考虑面。

二是灯光由某个固定区域照明转变为大范围的照明。

三是照明要考虑灯光与灯光、区域与区域的衔接。

四是由于被摄物体或摄像机的运动,原来的光源作用可能随时发生调整和变化,比如原来的主光可能会变为逆光、原来的逆光可能会变为主光,因此对现场所有的光线都要了如指掌。

五是在运动画面中,比较注重运动之前和运动之后处于基本静态下的人物布光,起幅和落幅是整个运动镜头中布光的重点。

3. 动态人物布光

动态人物布光首先要求编导了解人物活动的路线和范围、摄像机使用的镜头与景别、摄像机本身运动的方向和目的及拍摄内容、人物感受等。

(1)全面底子光照明法

这种布光方法能提高整个环境的最低照明亮度,保持场景内每一个角度和区域均匀照明。在此基础之上,在摄像机主要角度所正对的背景处上方加几盏逆光灯,均匀地给予场景内较大面积的逆光照明，这样可避免由于底子光照明带来的影调缺乏变化、平淡等缺陷。

（2）平调照明加逆光组合法

这种布光方法比较接近静态人物布光，逆光灯从场景上方投射而来，每盏逆光灯负责场景的一个区域，在场景的前区域使用柔和、高亮度的散射光等。这种布光方法比较简单，没有过多的光线投影，但画面也难免比较平淡，缺乏层次的变化，对于初学者来说是比较保险的方式。

（3）斜侧光立体照明法

这种布光方法应用最多，但布光难度也最大，对光线的衔接、光比、光线的角度要求较高。主光来自场景左侧或右侧的前侧方向，根据需要可以是一个，也可以是几个，但要注意最好出现在场景的一个方向，给观众一个明确的主光印象。补光应放置在摄像机的视点或接近视点的位置上，给场景以均匀的辅助照明。轮廓光放置在被摄物体正逆光或侧逆光的位置上。这种布光方法要求摄像机的主角度和分切角度不能过斜，以保证最佳光线造型效果。

## 三、同期声的录制

所谓同期声，指的是在拍摄画面的同时，记录下与画面有关的现场人物的声响或自然环境中的声响。同期声能够带给观众身临其境的感觉，增加节目的现场感和真实感，是电视节目中最常用到的要素之一。因此，现场拍摄多采用同期录音的方式，它的好坏直接影响到节目最终的效果。话筒是电视节目同期录制中最常用的录音设备。

### （一）常见的话筒类型

1. 领夹式话筒

这种话筒体积小，声音还原准确度很高，通常夹在衣服上，是小型演播室中最普遍和常用的话筒类型。它的优点在于话筒与声源的位置固定，可以获得均匀的声音，佩戴者还可以边走边说，行动自由，是文艺晚会、谈话节目及新闻直播节目等必不可少的设备。

2. 手持话筒

手持话筒是便于对收音范围进行控制的一种话筒，说话者可根据情况调整话筒与声源的距离。由于手持话筒经常被拿在手中，所以人们必须选择比较结实的类型。它必须对呼吸的冲击不太敏感，同时又必须能够收取整个音区和微妙的音调变化。

3. 吊杆话筒

这种话筒具有强烈的指向性，通常可以将它固定在鱼竿式吊杆上，并通过吊杆进行操作。它占用空间小，便于拍摄，对任意方向收音无须附加任何其他设备。

4. 悬挂式话筒

这种话筒在演播室节目录制中经常使用，它既可以保持在画面之外，又不必使用吊杆，通常是从照明网格上悬挂下来，吊在稳定的声源上方。演员必须在话筒的收音范围内活动。

5. 台式话筒

台式话筒是最老式和常见的话筒类型之一，它将手持话筒挂在台式支架上，常用于领导讲话的场合。

6. 摄像机机上话筒

摄录一体机都配置了摄像机机上话筒，能固定在摄像机话筒支架上使用，也能取下来手持使用。它一般具有较好的指向性，在节目录制过程中，为了方便快捷，多采用它来录制同期声。

## （二）同期录音技巧

1. 运动中的主体收音的注意事项

给正在运动中的物体录音，要求必须准确地将话筒对准被摄物体，尽量使话筒与被摄物体之间的位置和方向关系保持相对不变。话筒的指向性越强，要求话筒对得越准。在每一个镜头拍摄之前，编导都应该跟着一起先试拍一次，对被摄物体的运动和音量大小及发音方式做到心中有数，这样在拍摄时才能跟得上，避免话筒忽前忽后，造成声音的失真。

2. 多声源的录制方法

在录制双人或多人对话的镜头中，为了将被摄对象的对白都清晰地记录下来，编导通常需要快速地调整话筒的位置和方向，而不是一直将话筒固定在一个较远但能够将两个声源全覆盖的位置。

3. 无线话筒的使用技巧

无线话筒由于没有电缆的限制，便于隐藏，是现场录音的常用工具。在使用无线话筒时，人们应该注意无线话筒的收音位置关系。无线话筒音色不如有线话筒那么清晰饱满，因此应尽量避免主持人与嘉宾对话时一个使用有线话筒，另一个使用无线话筒，出现两人的声音音色差异太大的情况。另外，还应该保证无线话筒的发射机与接收机在其有效距离范围内，并且尽量减少它们之间的障碍物，以避免出现跑频现象。在使用无线话筒时，还不能让话筒离嘴部过近，以免呼吸声过大影响声音质量，当然也不能放在衣服容易摩擦的地方。

4. 注意防风

同期录音时，无论是外景还是内景都要使用防风罩。当外景拍摄时，风声会直接"扑入"话筒，使收音产生噪声。即使是内景拍摄，也免不了运动气流的干扰。因此，防风罩是保证同期声的录制质量必不可少的工具。

## 四、轴线与场面调度

无论拍摄什么镜头，摄像机和被摄对象总是处在一定的场景中。认识和运用轴线，并在场景中合理地进行人物调度和摄像机调度，是编导应该具备的最基本素质。

## （一）轴线规律

所谓轴线，是被摄对象的视线方向、运动方向和不同对象之间的关系形成的一条虚拟的线。轴线应该是摄像机的调度关系。

在拍摄中，分镜头经常要把一个连续的动作分解开来，用不同的角度来展现运动中的人或物体，这就需要在空间的处理上注意方向的一致性。摄像机镜头的总方向一般限制在同一侧，如果轴线是直线，则各拍摄机位应在这条线的同一侧的180°以内，编导在设置机位、安排角度、调度景别时必须遵守轴线规则。如果出了这个范围，就是"跳轴"或者"越轴"，剪辑出来的镜头会造成观众的视觉混乱和误解。

图4-17 "轴线"图示

1. 轴线的分类

电视拍摄画面中的轴线一般分为三种。

（1）运动轴线

运动轴线也叫动作轴线，指的是被摄物体运动的方向、路线或轨迹。按动作轴线规律的要求，如果要保持运动主体在屏幕上运动方向总体一致，各个分切镜头拍摄的总方向必须保持在这条轴线的同一侧。

（2）关系轴线

关系轴线指的是两个以上静态主体每两者之间的假设的连接线。关系轴线涉及的是静态屏幕的方向，即在动作上没有明显的方向性，但是在上下画面的关系中还有逻辑上的方向性。这个方向性主要表现在人物视线上，所以关系轴线的核心是视线。

（3）方向轴线

方向轴线指的是处于相对静止状态的人物的视线与能看到的物体之间构成的轴线。方向轴线不同于动作轴线，它必须是一条直线，要求摄像机的机位处于轴线的同一侧，只有这样，人物的视线方向或运动方向看上去才是连贯的。

有时拍摄现场会存在两条不同性质的轴线，即双轴线，那么拍摄时应以关系轴线为主，因为一般情况下观众更关注人物关系。

2. 弱化"跳轴"的方法

虽然我们都知道拍摄时应该注意轴线的问题，但是在具体拍摄中，依然不可避免地会发生"跳轴"的问题。那么一旦发生"跳轴"，我们该怎么办呢？

一是利用动势改变轴线方向。在两个"跳轴"镜头中间插入一个人物转身或运动物体转弯的镜头，就可以将轴线的方向改变过来。

二是插入中性镜头过渡"越轴"。在两个运动方向相反的镜头中间插入一个无明显方向性的中性镜头，可减弱"跳轴"的影响。

三是借助人物视线。在"跳轴"镜头中间插入一个人物视线变化的镜头，借助人物视线的变动改变轴线方向，掩盖"跳轴"现象。

四是插入特写镜头。在"跳轴"镜头中间插入一个局部特写的镜头，可减弱"跳轴"现象。需要注意的是，插入的特写镜头要与前后镜头有一定的联系，否则会显得生硬。

五是插入全景镜头。由于全景镜头中主体在画面中所处的位置、运动的方向或动作不是很明显，插入后即使轴线"方向"有所变化，观众的视觉跳跃也不大，可减弱"跳轴"现象。

### （二）场面调度的手法

场面调度意为"摆在适当的位置"，或"放在场景中"。起初这个词只适用于舞台剧方面，指导演对演员在舞台上的表演活动的位置变化所做的处理，是舞台排练和演出的重要表现手段。在影视艺术中，场面调度是创造视听形象的一种特殊表现手段，指人物调度和摄像机调度的统一处理（或称镜头调度）。

1. 人物调度

（1）横向调度：人物从镜头画面的左方或右方做横向运动。

（2）纵向调度：人物由远及近或由近及远向镜头方向运动。

（3）斜向调度：人物向镜头的斜侧方向做正向或背向运动。

（4）垂直调度：人物从镜头画面上方或下方做反方向运动。

（5）环形调度：人物在镜头前面或围绕镜头位置做环形运动。

（6）无固定调度：人物在镜头前面做自由运动。

2. 摄像机调度

摄像机调度的运动形式有推、拉、摇、移、跟、升、降等。

（1）纵深调度

即在多层次的空间中，充分运用人物调度的多种形式，使人物的运动在透视关系上具有或近或远的动态感，或在多层次的空间中配合富于变化的人物调度，充分运用摄像机调度的多种运动形式，使镜头位置作纵深方向（推或拉）的运动。比如将摄像机摆在十字路口中心，拍一人物从北由远及近向镜头跑来，随后又拐向西由近及远背向镜头跑去的镜头，或跟拍一人物从一个房间走到另外几个房间深处的镜头。这种调度可以利用透视关系的多样变化，使人物和景物的形态获得强烈的造型感，加强画面的三维空间感。

（2）重复调度

虽然人物调度有些变动，但相同或相似的摄像机调度重复出现。这会引发观众的联想，使他们在比较之中领会其中内在的联系和含义，从而增强剧情的感染力。

（3）对比调度

在人物调度和摄像机调度的具体处理上，可以运用各种对比形式，如动与静、快与慢的强烈对比。如果再配以音响上强与弱的对比，或造型处理上明与暗、冷色与暖色、黑与白、前景与后景的对比，则艺术效果会更加丰富多彩。

## 五、现场采访的常用技巧

电视节目由于其记录的特性，不论什么样的节目类型，都会不可避免地遇到采访问题。作为编导，切不可认为采访都是主持人的工作，自己只需要提供策划方案、背景资料就可以了。因为随着电视节目的发展，编导的工作职责范围也在不断扩大，从前期策划到中期采访再到后期制作，都需要编导全程把控。甚至有的节目并没有固定的主持人，而经常由编导本人出镜充当主持人。即便有主持人，编导也需要提供详细采访提纲，做好充足的准备以应对现场采访发生的一切问题。

编导要了解与采访有关的情况，掌握必要的资料，大到大政方针，小到新闻背景、事件的来龙去脉等。在采访中，编导面对的采访对象是形形色色的，这些人中有的性格直爽，面对镜头也可以侃侃而谈，有的则不善言辞；有的虽然能说，但是经常说不到重点，有的则要根据谈话对象才能决定自己的临场反应。对于缺乏经验的编导来说，经常会遇到准备了一大堆问题，结果采访对象却什么都没回答的情况。这就需要我们把采访问题设置得"无懈可击"，无论遇到什么情况，都可以应付自如。

### （一）提问的技巧

1. 提问尽量开门见山

在采访中，编导面对熟悉的人和专家学者、名人明星、政界要人等，提问要尽量直截了当，不要拐弯抹角。前者因为熟悉，情感交流已经建立，过于客套、寒暄没有必要。后者则由于其社会经历和工作性质，经常接触媒体或进行其他公关外交，因此顺应性会比较强，容易领会编导意图，而且他们一般时间紧张，编导如果太啰唆，会招致他们的反感。因此，编导在采访此类型采访对象时要直切问题核心，铺垫可以相对减少。

我们来参考《杨澜访谈录》中杨澜在采访农业部（现改称为"农业农村部"）部长时是如何提问的。

本期主题：关于中国的粮食安全问题

问题1：韩部长，您好，感谢您接受我们的采访。（开场白）我们在新闻上看到我国的粮食产量实现了十连增，但是另一方面我们又听说我国又成了粮食的净进

口国。为什么粮食不断增产，我们的进口也在不断增长？这中间反映出一种什么样的矛盾？（开场白后，立刻开门见山直切主题）

问题2：在大豆的进口方面，我看到一个数字，说我们国内大豆的市场80%都是进口的，这个数字需要我们担心吗？（涉及具体领域的进口问题，问题进一步具体化）

问题3：有这样一个数字让人忧心忡忡，说中国有五千万亩以上的耕地已经受到中度或重度的污染，这是一个什么概念？这个数字是像之前所说的那么严重吗？（开始涉及主题的核心——安全问题）

问题4：您说的这些污染源并不在您的管辖范围内，您怎么为农民争取权利，保护他们的土地，也保护我们的食物安全呢？（抛出敏感问题）

问题5：有没有什么成功的例子？或者说在治理污染的过程当中，特别是这个污染源来自非农业部门，比如来自矿山、来自工厂、来自化工厂的时候，您遇到一些什么样的阻力要去解决这个问题？（在没有得到正面回答的时候，又设计了一个更具体的问题）

问题6：让大众关心的就是有关舌尖上的安全问题，公众对于餐桌上的安全普遍产生了比较大的忧虑，我们也知道在食品的供应链上有多头的管理，有工商的，有质量技术监督的，有卫生部的，也有农业部的，我很想知道农业部门负责哪一块？（有了以上两个问题做铺垫，这个问题更加直接具体了）

问题7：这不仅仅是一个政府决心的问题，还是一个方法的问题，怎样从方法上，包括一些激励和惩罚的机制，能够让那些不法商贩无利可图，或者面临很严重的惩罚，我们有什么制度上的安排吗？（谈到了问题该如何解决）

问题8：如果替观众问一个大白话的问题，他们很想知道部长在哪儿买菜的？他们可能会认为这些地方比较安全一些。（在问了很多颇为严肃的问题后，主持人用一个通俗的、大众都关心的问题进行气氛的调和。这看似是一个简单的问题，但是里面包含的信息却十分丰富）

## 2. 提问应注意启发引导

启发引导是采访中最常用的技巧之一，大多数的采访对象都是非专业的，对于很多问题，他们并不可能第一时间就有所反馈，往往是"慢热"型。尤其是编导采访非事件性新闻时，采访对象必须要通过回忆才能回答出编导的问题，因此适当引导和启发就变得尤为重要。

启发引导时，编导可以凭借经验，对在空间或时间上相接近的客观事物进行联系，而使采访对象通过一个事物回想起另一个事物，也可以假设、列举出在性质上相同的一些客观事物，还可以列举相反的事物，从而启发采访对象。切勿着急，更不能误判，觉得采访对象不想谈、不想配合，就对采访匆匆了事，而是要旁敲侧击、充分启发。

3. 提问要有意义

采访中，采访者是主动的，被采访者是被动的，一次采访是否成功取决于编导的提问是否到位。如果编导所提的问题毫无意义，被采访者的回答自然也会变得毫无意义。此类问题一方面对采访本身没有任何帮助，另一方面也显得编导水平低下，致使被采访者不愿意回答。

4. 提问要平等

不论编导去采访什么样的对象，政界要人也好，难民也罢，哪怕是罪犯，编导都应该用一种平等的心态去对待。如果面对地位比自己高的人，用一种谄媚的语气去提问，或者问题中充满了盲目崇拜或过分吹捧，不但让采访对象感到无所适从，也让观众非常难受。面对地位比自己低的人则更要注意，提问时切忌居高临下，甚至带有审判的口吻，这些都是极其错误的。

5. 封闭式问题慎用

封闭式问题指的是过于具体、被采访者的回答范围狭小、指向性强的问题。在采访中，一般多采用开放式和封闭式问题结合的方式进行提问。如果必须需要对方明确回答不能含糊，多采用封闭式问题，比如"你知道不知道这件事"，回答只有"知道"或"不知道"，那么这个问题指向性就很强了。被采访者不能像对待开放式问题那样想怎么回答就怎么回答，而是必须要正视问题。但是封闭式问题会使被采访者无其他话可谈，因此在一般情况下，设计问题的时候，除非必要，封闭式问题尽量少问。比如某档访谈类节目主持人问嘉宾："当你知道孩子为你准备了这个生日礼物的时候，是不是很高兴？"此时嘉宾只能回答"高兴"或"不高兴"。在这种语境下，其实就没必要设计这个封闭式的问题，完全可以换成："当你知道孩子为你准备了这个生日礼物的时候，感受是什么样的？"这样问题回答的余地就比较大了，嘉宾可以畅所欲言。

6. 提问开放性需适度

在采访中，问题太开放也不可取，尤其是遇到不太善于言谈的人，这种问题会让被采访者无所适从。例如有个学生在拍采风作业时，要采访一个白手起家的女企业家，让她谈谈她的创业历程。学生问道："您能跟我们谈谈您的创业经历吗？"面对这个问题，女企业家的回答非常官方，结果学生发现拿回来的素材没有多少可以利用的价值。这并不是说女企业家就没有故事可说，任何一个成功人士，其走过的路都不会一帆风顺，其中一定有能够打动人的故事，只是这个问题设计得太大了，让人无法回答。这个选题如果设计成一组问题，比如："您以前是干什么工作的？""是什么契机让您从事目前这个行业？""您的第一桶金是怎么'挖'到的？""创业的过程中，最困难的事情是什么？""遇到挫折，您是怎么撑过来的？"这样一组范围比较小的开放式问题就显得好回答多了。

### （二）现场采访应注意的其他事项

一是提前到达采访地点，先礼貌地自我介绍。介绍的时候注意身份的选用，不管用个人名义还是官方名义，前提是要容易获得采访对象的信任。

二是说明此次采访的目的，简明扼要，但要表达清楚。如果需要采用录音笔录音，要说明用途，确保不会泄露采访对象个人隐私和资料。

三是如果有采访附带的一些资料，应留时间给采访对象观看和思考，不要催促。

四是采访过程中采访对象若不愿意配合或者状态不佳，应结束采访，不可逼迫，充分给予对方考虑的空间和时间，留待下次重新采访。

五是采访过程中注意控制采访对象的话题，尽量避免自己词不达意，应用通俗易懂的表达方式提问题。

六是尽量注意自己的言语，例如当遇到一位使用方言的采访对象时，如果会的话，要尽量使用方言，这样才能更好地拉近与采访对象的距离。编导要注意自己的语速、语调，吐字清晰，礼貌提问，尽量避免使用采访对象感觉敏感或反感的语言或话题。

七是在时间较长的采访中注意把握时间，必要时可以设置短暂的休息时间，避免采访对象疲惫。当然也要尽量避免采访时间过于仓促而给采访对象压力。

八是注意采访结束语的运用，采用不同的结束方式，如总结式、反思式等，并且礼貌致谢。

九是注意采访记录的整理。根据当天收集的采访记录整理资料，有必要的话可以准备后续访谈资料。如果资料整理过程中遇到了模糊不清的言语记录，有必要的话，可以通过电话、面谈等形式咨询采访对象，确定记录是否无误，切勿主观臆断、胡乱猜测。

# 第三节　电视导播技巧

导播是电视节目制作中的一个工种，是现场型节目不可缺少的一个岗位。一般我们拍新闻片、专题片是不需要导播的，因为这种节目通常是前期拍摄完成后将一个机器或多个机器的素材导出，再经过后期编辑整理成片，这种制作方式并不需要导播这种岗位。而现场型节目大多是多讯道节目，多讯道指的是多个视频讯号来源的通道，这种制作方式的核心在于它必须有一个切换系统，通过视讯切换器对多个讯号来源随时切换并输出一路信号以供直播或录播。导播的岗位就承担了多讯道画面的切换和调度工作。

作为编导，在实际工作中，必须对导播的工作要相当了解，这样才能更好地掌控现场拍摄，以及更方便地与导播沟通。甚至有的节目中，导播就是编导本人。

## 一、设置机位的基本依据

节目进行的方式、节目的参与者以及节目的场景安排都是导播在设置机位时必须关注的重点。这些元素并没有通行的方案，但不同的节目类型所采用的机位设置方案都会遵循一些共同的原则。

### （一）被拍摄对象的划分

1. 节目参与者的数量

被拍摄对象的人数直接决定了导播工作的复杂程度，它主要体现在多信道拍摄的任务量上。

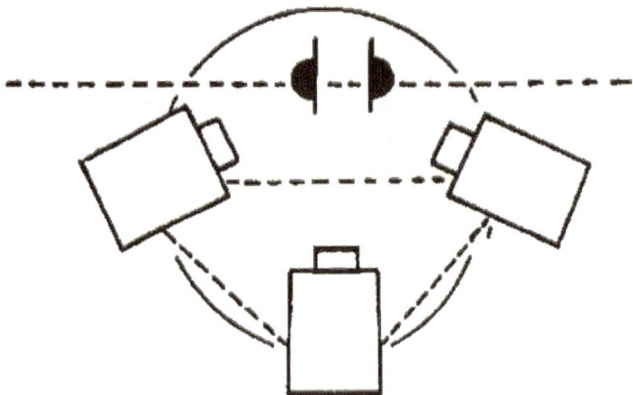

**图 4-18 "三讯道"拍摄示意图**

比如两个人的谈话现场，一般采用全景的双人关系镜头，以及采访者和被采访者的单人近景拍摄，三个机位的讯道设置肯定是充分的。

如果是四五个人参与的话，既要有大全景来展现所有人的关系，又要有中景来展现局部两三个人的关系，还要有近景来对每个人进行拍摄，因此三个机位的讯道设置会成为最低的限度，最好能够用四个机位来完成拍摄。当然，如果是辩论节目，那机位拍摄的任务量就会更多，但由于每个交流段落谈话参与者的数目是相对有限的，因此机位的数目也不会随人数的增多而相应地增加，导播可以通过调机来调整各机位拍摄任务的变化。

总之，导播要清晰地掌握节目参与者的人数，来对整体的拍摄任务量及调机的可能性作出判断，从而设计多讯道制作所需要的机位数目。当然，具体的讯道数目还要根据现场环境来最终作出判断。

2. 节目参与者身份的划分

现场型节目由于通常参与者众多，有主持人、嘉宾甚至选手，等等。因此为了方便工作，导播会将所有的节目参与者简化地看作一些不同的角色类型，这样就能对机位的任务分工进行有效的划分。

比如，在真人秀比赛的机位设置过程中，导播必须规划出主持人的机位、导师的机位、现场选手的机位、现场观众的机位等。在负责拍摄观众的机位中，又要划分出哪个是拍摄观众反应的机位、哪个是用来随机抓拍的机位。

划分角色类型是导播确定各机位主要任务的依据，也是导播进一步确认多讯道机位数目的方法。当然，对各机位主要任务的分工还不能确定它们在现场的具体工作方位，导播必须结合节目参与者的位置与交流关系来考虑各机位在现场设置的具体位置。

### （二）场景原则

除了要呈现好节目参与者之外，导播还要通过画面让电视观众了解节目的现场。因此，导播在进行机位布局的时候，既要考虑用怎样的机位来展现场景的全貌，又要考虑到这个场景所能提供的机位的可能性与制约因素。

1. 机位要展现节目场景的全貌

目前，电视节目场景的设计越来越趋向于呈现多重造型元素拼贴组合的"演播"空间。这种趋势的形成在某种程度上表明了观众对"演播"过程的熟悉，曾经的那种非常具象的烘托节目氛围的做法已逐渐被取代。节目制作者如今更追求一种既能给观众留下奇特的视觉印象，又能顺应其收视心理的场景设计策略。一档节目的场景特点会变成具有标识性的符号，深深地印在观众脑海中，从而起到强化识别的作用。

对于长期固定播出的节目来说，节目场景的特点就成了品牌形象的重要表征之一。用以表现场景特点的最有力的镜头就是全景，全景是介绍性的景别，它是电视观众辨识空间环境、确认人物位置和相互关系的必要途径。因此，导播需要设置负责拍摄场景全貌的机位，展现场景整体环境。

2. 场景要为机位提供便利的条件

通常情况下，场景设计与置景部门会优先考虑场景的适用性与装饰效果，使其看上去既符合节目内容的需要又具有视觉的美感。然而，由于多讯道节目制作的特殊性质，使得在录制现场会有三部或三部以上的摄像机同时工作，这就对场景的功能提出了额外的要求——能够提供多机位工作的条件。

导播要参与到场景设计的环节中来，一方面将自己对电视画面的设想从场景的视觉风格上加以把握，另一方面要充分考虑这个场景是否具有满足多讯道制作的条件。因此，在场景设计和实施置景的过程中，要考虑到留出可供机位拍摄的区域，并且将摄像机架设在与布景有一定距离的位置，就可以避免摄像机穿帮的问题。

## 二、切换镜头的基本依据

导播在进行画面切换过程中，除了掌握必要的技术之外，还需要掌握判断和预见语言发出者、迅速识别不同嘉宾的语言节奏、把握语言与反应的结合效果的能力。

（一）切换频率

镜头转换的频率是导播在实施切换时所掌握的切换节奏，它形成了画面的外在形式，直接影响了电视节目的节奏风格。

无论是主持人还是嘉宾都是娓娓道来、不紧不慢，这就形成了节目整体的语言节奏。于是，导播切换画面的频率就低，形成比较舒缓的镜头转换节奏。这样，在画面外部节奏与内部语言节奏上达成统一，电视观众看起来就会非常舒服。

而有的节目本身定位比较轻松幽默，主持人又都属于语速较快的类型，因此导播在切换画面的时候也要体现节目的这种特点。

如果导播对一个节奏本应很慢的节目频繁进行切换的话，会造成观众视觉上的不适感，从而影响节目整体的效果。

（二）反应镜头

在节目中，导播要处理好反应镜头的使用。这个问题常常被编导所忽视，很多人认为现场观众就是一些陪衬，什么时候切换观众并不重要。其实这样认识反应镜头是不全面的，反应镜头在节目中的功能是多种多样的，反应与语言的结合效果也是非常复杂的。

比如谈话节目，与谈话并行的反应镜头就是某嘉宾说话的过程中插入其他人（包括主持人、观众、其他嘉宾等）的镜头。导播切入这种镜头通常有以下几点考虑：一是最直接的作用，就是观照现场其他人对发言者说话的反应，这种反应也会影响电视观众的反应。二是发言者说话时间过长或者太啰唆的时候，插入一些反应镜头可以调节观众的视觉节奏。三是在表现某个或某几个主要交谈对象时，兼顾表现现场的其他人，以起到提示整体场面位置关系的作用。

反应镜头停留时间的长短没有规定，与其功能有密切的联系。既然是反应镜头，时间就不可能太长，否则就主次不分了。如果是有特殊效果的反应镜头，则可长可短，因为不同效果的形成所需要的时间积累是不同的。

反应镜头的长短与节目整体节奏也有关系，切换时间的长短要根据节目整体的切换频率来调整。

此外，反应镜头必须要让电视观众看清、看懂。反应镜头过短会造成观众视觉上的不适感，过长又会让观众认为是在暗示这个镜头还有其他用意。

## 实训项目五

**实训内容：**设计三讯道现场制作小品片段

**实训要求：**设计一个单一场景的小品，并参考案例写出分镜头脚本，根据脚本的安排画出导播工作示意图。

**实训步骤：**

1. 先进行故事创作，场景单一，字数150以内。
2. 写出分镜头脚本，并注明各镜头的机位。
3. 画出场景示意图、场面调度图及机位布置图。
4. 阐述导播方案。

**成果评价：** 学生互评、教师点评。

# 案 例

## 情景剧《爱情公寓》分镜头脚本

| 镜号 | 机位 | 景别 | 摄法 | 画面内容 | 说明 |
|---|---|---|---|---|---|
| 1 | 2 | 全景 | 固定 | （美嘉、关谷、子乔三人围着茶几坐在沙发上，美嘉手里拿着扑克牌）美嘉：今天我们不玩 Show Hand，关谷，得州扑克玩过吗？ | 全景交代出场人物、环境及人物关系 |
| 2 | 3 | 中近景 | 固定 | （关谷转头看向美嘉）关谷：玩过。 | 交代人物表情 |
| 3 | 2 | 近景 | 固定 | 美嘉：24点呢？ | 交代人物表情 |
| 4 | 3 | 中景 | 固定 | 关谷：玩过。 | 交代人物表情 |
| 5 | 2 | 近景 | 固定 | 美嘉：斗地主玩过吧？ | 交代人物表情 |
| 6 | 3 | 近景 | 固定 | 关谷：斗地主？从来没听说过。 | 交代人物表情 |
| 7 | 2 | 小全景 | 固定 | 美嘉：OK，我们就玩这个，斗地主呢，是我们中国非常风靡的一种玩法。（美嘉洗好牌，发牌） | 交代人物动作和神情 |
| 8 | 3 | 小全景 | 固定 | 关谷：蜂蜜？可以泡茶喝的吗？ | 交代人物表情及人物位置 |
| 9 | 1 | 近景 | 固定 | 子乔：风靡就是很流行的意思 | 交代人物表情 |
| 10 | 2 | 小全景 | 固定 | 美嘉：每一局玩家有一个人是地主，其他两家自动成为联盟对抗他，先逃完牌的就是赢家。（美嘉边发牌边说） | 交代人物表情及动作 |
| 11 | 3 | 中近景 | 固定 | 关谷：哦……完全不明白…… | 交代人物表情 |
| 12 | 2 | 中景 | 固定 | 美嘉：这样吧，第一把我们玩明牌，摊着打，这样你就明白游戏规则了。（美嘉面向关谷，笑着说） | 交代人物位置及人物表情 |
| 13 | 3 | 中景 | 固定 | 关谷：哦！（关谷拿到一堆散牌，不开心）关谷：我又要输了！ | 交代人物表情 |

| 镜号 | 机位 | 景别 | 摄法 | 画面内容 | 说明 |
|---|---|---|---|---|---|
| 14 | 1 | 中近景 | 固定 | 子乔(开心)：想输都难哪，全拆开打都打死他了！ | 交代人物表情 |
| 15 | 2 | 特写 | 固定 | 关谷：看吧！我早说！(关谷将手中的牌摊开在茶几上) | 强调人物表情及茶几上的牌 |
| 16 | 3 | 中景 | 固定 | 美嘉：等等等等！你看你的牌！啊！暗藏杀机！(美嘉拽住关谷，双手捂嘴，表情惊讶) | 交代人物表情及动作 |
| 17 | 3 | 小全景 | 固定 | 关谷：杀鸡？我以后都吃素了，不杀鸡了。(关谷摇手解释) | 交代人物动作 |
| 18 | 2 | 中近景 | 固定 | 美嘉：关谷君！这可是一副绝世好牌啊！ | 交代人物表情 |
| 19 | 2 | 小全景 | 跟拍 | 关谷：不会吧？我只有2张A，最大的牌是J，其他的牌都连不起来，这怎么打？ | 交代人物表情，强调茶几上的牌 |
| 20 | 2 | 全景 | 固定 | 美嘉：你看着吧，我们试试看！ | 交代人物位置及人物表情 |
| 21 | 1 | 中近景 | 固定 | 子乔：美嘉，你这牌让我怎么打？ | 交代两个人的表情 |
| 22 | 2 | 中近景 | 固定 | 美嘉：当然从最小的开始打咯！ | 交代人物表情 |
| 23 | 1 | 中近景 | 固定 | 子乔：3个K。 | 交代人物表情及动作 |
| 24 | 3 | 小全景 | 跟拍 | 美嘉：你！ | 强调人物表情 |
| 25 | 1 | 全景 | 跟拍 | 子乔：这是我最小的牌了。 | 交代人物表情 |
| 26 | 2 | 中景 | 固定 | 美嘉：呵！这么小的牌你也好意思出，这不分明放水吗？呵呵！ | 交代人物表情 |
| 27 | 3 | 中景 | 固定 | 关谷：K应该很大了吧？ | 交代人物表情 |
| 28 | 2 | 中景 | 固定 | 美嘉：中国人有中国人的规矩。这个俗话说得好——一个老头挑水喝，两个老头抬水喝，三个老头没水喝，所以说3个老K在斗地主里面是最小的牌！ | 交代人物位置及人物表情 |
| 29 | 1 | 特写 | 固定 | 子乔惊讶地看着美嘉。 | 交代人物表情 |

# 小　结

1. 电视节目文案写作前要先收集好影像视频、图片及文字资料以备用。

2. 电视节目文案的写作内容包括：确定拍摄时间或周期、选择拍摄场地、选择拍摄方式、制定拍摄流程、明确工作职责、选择采访方式及拟定采访提纲。

3. 文学剧本的写作具体包括场景地点、时间、室内或室外、场景内容等方面。

4. 分镜头脚本的内容包括镜号、景别、镜头形式、画面内容、旁白、脱画音、音乐、音响、长度等方面。

5. 拍摄中常见的摄像机分类有广播级摄像机、业务级摄像机及家用级摄像机。

6. 常见的持机方式有支架式拍摄和手持拍摄；拍摄的注意事项包括不同景别的拍摄技巧不同，拍摄运动镜头时注意起幅和落幅，注意拍摄用于转场的空镜头，尽量采用顺光或侧顺光拍摄，最后还要做好场记。

7. 电视照明中常见的布光方法分静态人物布光和动态人物布光两种。静态人物布光分为三点布光法、重点勾勒法、平调组合法。动态人物布光分为全面底子光照明法、平调照明加逆光组合法及斜侧光立体照明法等。

8. 同期声的录制中常见的话筒类型有领夹式话筒、手持话筒、吊杆话筒、悬挂式话筒、台式话筒及摄像机机上话筒等。

9. 电视拍摄画面中轴线的类型包括运动轴线、关系轴线和方向轴线。

10. 场面调度包括人物调度和摄像机调度。

11. 现场采访中提问的常用技巧包括尽量开门见山、注意启发引导、要有意义、要平等、封闭式问题慎用、开放性需适度等。

12. 现场型节目导播设置机位的基本依据有节目参与者的数量和身份的划分、机位要展现节目场景的全貌、场景要为机位提供便利的条件四方面内容，切换镜头时要注意切换的频率和反应镜头的使用等。

# 第五章　电视节目结构的设计与编排

电视节目完成前期拍摄后，编导会面对大量杂乱无章的素材。这些素材应该如何取舍、如何有机结合才能最好地展现节目的主题，是编导接下来要做的工作，也就是要捋清电视节目的结构。

## 第一节　电视节目结构的作用

电视节目的结构就是电视节目的骨架，是电视节目的内部组织或构造所体现的段落形式，是创作内容的组织和安排。编导按照电视节目的主题要求来组织人物和环境的关系，安排情节的发展、逻辑的推进，这就形成了结构。结构的好坏决定了节目的成败和优劣，完整、巧妙的结构能够使节目主题更为突出、人物更加饱满、情节更加生动。相反，如果结构不好，即使有再好的素材，节目也只是无意义一堆的素材而已。

总的来说，结构在电视节目中所起的作用可以归纳为：

## 一、内容条理化

编导收集完素材后，发现它们有可能是视频素材，有可能是图片素材，甚至还有大量的文字素材。这些素材之间只有性质的相似性，却没有逻辑的联系。如果像流水账一样把它们罗列出来，不但不能突出主题，甚至会不知所云。结构就要把这些看似有关又不知所云的素材变得有条理。

## 二、节目整体化

在结构的作用下，整个节目变成了一个严谨的整体，首尾有了呼应，内容有了层次，节目的各个环节成了不可分割的一部分。

## 三、主题明朗化

结构不仅仅是用来讲故事的，更是用来展现主题的，也就是通过故事到底要传达给观众一种什么样的思想、观点或情感。一个节目的结构如果不能彰显主题，那么它就是没有灵魂的。

接下来，我们就通过一个学生作业来了解结构组织的重要性。学生的选题是为奥城幼儿园拍一部教师节的宣传短片，我们先来看看她采访回来的素材都有哪些。

文字素材：关于幼儿园的简介

图片素材：幼儿园以往上课及活动的照片

视频素材：幼儿园老师上课的视频资料、对幼儿园老师的采访

以下是三位幼儿园老师的访谈记录。

于佳老师：记得一次舞蹈课上，最爱跳舞的妞妞一直心不在焉，情绪低落。每天晚上负责接送她的邻居阿姨红着眼圈悄声对我说："妞妞妈在重症室里被医生下了病危通知书。不敢告诉孩子，太可怜了，老师就多费心吧。"

原来孩子情绪低落是因为好多天没见到妈妈了。我的心好像被揪扯一般的疼，这么稚嫩、这么天真烂漫的孩子在这么小的年纪却没有妈妈陪伴。从那天起我每天都特别关注妞妞，陪她聊天、画画。妞妞很喜欢跳舞，我就教她许多小舞蹈，休息时把她抱在怀里逗逗她，希望弥补给她一些母爱。

不久妞妞妈去世的消息还是传来了，妞妞没有哭闹，但是她比平时更沉默了。阿姨说："妞妞最爱跳舞给妈妈看。"这时正巧临时有一个儿童舞蹈比赛的机会，虽然时间很紧，但是我想这是一个帮助妞妞振作起来的好机会，一定要抓住。于是我利用下班时间开始准备，从编舞、配乐、服装、道具到背景一律完成，又召集孩子们进行排练，特别是妞妞。看到妞妞眼神里再次闪着光芒，我的干劲儿就更

足了。比赛的日子到了，上场前，妞妞有些紧张地抓着我的手。我在她耳边轻轻地说："妞妞别害怕，这个舞蹈是表演给妈妈看的，大胆地跳吧！妈妈一定能看到！"我说完，妞妞惊讶地看着我，随后坚定地对我点点头。表演开始了，孩子们舒展的动作、优美的舞姿得到了评委和观众们的热烈掌声。特别是妞妞，她跳得那么自信、那么勇敢！下台后，她一下子扑到我的怀里放声大哭！我紧紧地抱着孩子颤抖的身体，只有一句话："妞妞真棒！妈妈一定很高兴。"从那以后，在我的陪伴下，妞妞渐渐地从低落的情绪里走出来，再次绽放这个年纪最美的笑容。

据了解，妞妞爸为了照顾妞妞妈已经辞职了，平时好心的邻居阿姨帮忙照顾妞妞。我就拜托朋友想办法帮助妞妞爸找了一份超市理货的工作。现在的妞妞已经是个小学生了，但还是一直和我保持着联系，和我分享她的每一次进步、每一点成绩……妞妞加油，老师希望你永远快乐幸福！

张晓老师：范嘉乐小朋友是我们班的插班生。他非常挑食，只吃馒头蘸菜汤或者米饭拌菜汤，一口菜、一口肉都不吃，甚至彩色的面点都不吃。孩子的身体非常瘦弱，个子也不高。根据这些情况和乐乐的姥姥沟通时，姥姥急得眼泪汪汪的，她非常疼爱这个孩子。

一个多月过去了，在我的细心引导和照顾下，乐乐能吃菜和肉了。这一个多月来，每天乐乐吃饭我都格外关注，想尽了一切办法和他斗智斗勇。我找了很多关于不挑食的儿歌，还专门在班里放了《弟子规》中"对饮食，勿拣择"的动画片，和他交换条件等。为了让他吃一口菜，我甚至把菜和肉藏在饭里。他也哭闹过，我也生气过，但是心里还是非常心疼他。我坚持每天吃饭都坐在他的旁边，和他说这道菜的营养，鼓励他吃一小口。慢慢地有些菜他能吃一点点了，有些肉他能吃一小口了，就这样一天比一天多。另外我每天都会和家长沟通，请家长在家也鼓励孩子吃菜和肉，共同配合。现在孩子基本能正常吃饭了，长胖了好多，也长高了，家长非常欣慰。

姚莉娟老师：我来到奥城幼儿园已经三年了，自参加工作以来，我认真工作、严谨细致地对待工作中每一项任务，从不懈怠。

升入大班后，我班来了一名叫淘淘的孩子，刚开始总有小朋友告状，说他欺负别人。家长们也纷纷向我反映说淘淘欺负他们的孩子，许多家长联名要求淘淘退园。我极力安抚家长，并对淘淘进行家访，了解到淘淘生活在单亲家庭，和爸爸生活。爸爸对淘淘的教育比较暴力，妈妈也不常见淘淘，他缺乏母爱，导致他有暴力倾向。

我牺牲自己的哺乳时间，多次和淘淘家长进行座谈，沟通淘淘的问题。有一天晚上我很晚才到家，我的孩子依偎在我怀里，委屈地哭了起来。那一刻我的眼泪也掉了下来，但我是幸福的，我的孩子需要我，淘淘也需要我。为了给淘淘更多的关爱，我每天都会拥抱他。淘淘中午不爱睡觉，我就坐到他的旁边，安抚他睡觉。淘淘总是很幸福地看着我，说我像妈妈。

我付出了艰辛和汗水，也收获了来自纯真世界的感动。工作三年以来，我多次收到家长的锦旗及感谢信。我的多篇论文获得了区里及市里的奖项，在基地培训中也获得了优秀学员称号。我深深地爱着奥城这个温暖的大家庭。

我们从以上罗列的素材中，看不出这个宣传片的主题是什么，感觉说了很多幼儿园琐碎的事情，图片和视频素材也很普通，没什么新鲜的地方。那么如何让这些杂乱的素材成为一个有机的整体，并且产生"1＋1＞2"的效果呢？经过几次修改后，我们来看看这个片子的最终文案是什么样的。

解说词：清晨，在晨曦的沐浴中，人们又开始了新一天的生活。与那些忙碌又无奈的上班族不同，姚莉娟每天都迫不及待地见她的小天使们。

视频：姚莉娟上班时与孩子们交流的场景（同期声）

解说词：或许对于大多数人来说，幼儿教师只是一个职业、一份工作、一种谋生手段，是在儿时每天带着做游戏、唱儿歌，只存在于模糊的回忆里，现实中却再也认不出的大姐姐们。

解说词：但是对于奥城幼儿园的姚莉娟和她的同事们来说，这却是一份沉甸甸的工作，是一份为孩子开启美好明天的工作，快乐无比，却又马虎不得。自从升入大班以来，一名叫淘淘的小朋友打破了姚莉娟所在班级的平静。

视频采访：姚莉娟采访（对淘淘的介绍，孩子和家长的反映）

解说词：这些使姚莉娟备感压力。她一边安抚家长，一边对淘淘进行家访。不放弃每一个孩子，是她的原则和底线。

视频采访：姚莉娟采访（通过对淘淘进行家访了解到其父亲有点暴力倾向）

解说词：在这段时间，家访、与淘淘父亲沟通有关孩子的教育问题，已经成为姚莉娟生活必不可少的内容。对班里的孩子，她有着比对自己的孩子更多的耐心，投入了更多的精力。

视频采访：姚莉娟采访（从牺牲哺乳时间到我也很难受）

解说词：尽管牺牲了很多与自己孩子相处的时间，但她从不后悔，相比自己的孩子，姚莉娟觉得现在的淘淘更需要她。而姚莉娟得到的最好的礼物就是，有一天，淘淘对她说：老师，我觉得你像我的妈妈。

视频采访：姚莉娟采访（我觉得我很幸福，因为我给了他母亲的爱）

解说词：成长的问题总是多种多样，尤其对于正在长身体的小朋友来说，吃饭可谓是头等大事。但每天的午饭时间，却是张晓最头疼的时候。

解说词：范嘉乐是张晓班上的插班生，与别的孩子不同的是，他非常瘦弱，身高也比同龄孩子矮一些。

视频采访：张晓采访（乐乐呢，通过我与家长沟通了解到挑食、姥姥急得有点

掉眼泪了）

　　解说词：为了改变范嘉乐挑食的毛病，张晓想尽了一切办法。她找了很多关于不挑食的儿歌，专门在班里播放《弟子规》中"对饮食，勿拣择"的动画片等，甚至为了让他吃一口菜，还特意把菜和肉藏在饭里……

　　解说词：因为心疼孩子，她坚持每天吃饭都坐在范嘉乐的旁边。每当他在吃饭问题上任性哭闹时，她总是耐心地跟他讲每道菜的营养，鼓励他试着吃一小口，甚至在全班同学面前表扬他……

　　视频采访：张晓采访（把这个消息分享给妈妈那一段）

　　解说词：在持续了近两个月日复一日的努力后，范嘉乐的饮食习惯正常了，长高了、长胖了，这是对张晓最大的肯定。在她看来，孩子的健康才是成长中最关键的部分。

　　视频：配一段张晓与孩子们相处的视频（带同期声）

　　解说词：在成人的世界里，幼儿园的孩子应该是幸福快乐的。很少有人知道，当孩子过早地与亲人生离死别时，那幼小的心灵会是什么样的，但是于佳知道。

　　解说词：妞妞在她上幼儿园时，就经历了失去母亲的痛苦。突然之间，爱跳舞的她变得失落、变得沉默。

　　解说词：从得知妞妞的妈妈在重症监护室被下了病危通知书开始，于佳才突然真真切切地感受到了作为一名幼儿教师的责任。

　　视频采访：于佳采访（从经常陪她聊天到妈妈离世的消息不久就传来了）

　　视频采访：于佳采访（有一个舞蹈比赛……赢得了全场热烈的掌声）

　　解说词：台上的妞妞很自信也很勇敢，下台后却一下子扑到于佳的怀里放声大哭。也正是在于佳的陪伴和帮助下，妞妞渐渐地从低落的情绪里走出来，再次绽放这个年纪最美的笑容。

　　视频采访：于佳采访（你的每一个笑容妈妈都会很开心）

　　视频采访：于佳采访（从她的爸爸因为照顾她的妈妈辞职到现在都会和我分享）

　　解说词：或许我们总觉得，幼儿园里的孩子最是懵懂无知，或许我们还觉得，幼儿教师的工作很轻松，免去了职场的钩心斗角，也没有政界的尔虞我诈，每天面对的都是纯真的笑脸。但是只有幼儿教师们自己才明白，孩子永远是未来，所以她们的责任永远不能放下。

　　解说词：在这所幼儿园里，像姚莉娟、张晓、于佳这样的老师还有很多，令人感到温馨与感动的事情每天都在发生。在这所教师平均年龄只有28岁，研究生比例占到40%，其中3名为区、校级学科带头人的幼儿园里，高学历、高素质、高智慧是她们带给孩子最好的"礼物"。她们深知只有付出了艰辛和汗水，才能收获来自纯真世界的感动！

我们通过节目的文案发现，经过整理归纳，最后这个宣传片的结构已经很清晰了：

第一部分（开场）——从幼儿教师这个职业入手

第二部分（引入细节）——姚莉娟谈孩子淘气的事例

第三部分（困难升级）——张晓如何应对孩子挑食的问题

第四部分（高潮）——面对失去亲人的孩子，于佳是怎样做的（打动人心的事例）

第五部分（结尾）——介绍幼儿园的整体概况

这样片子不但有了条理性、整体性，而且很好地突出了教师节赞颂教师这个大主题，最后还非常艺术化地介绍了这所幼儿园。

# 第二节　电视节目结构的安排

## 一、电视节目常见的结构方式

结构方式的具体体现就是层次如何安排、也就是先说什么，后说什么。结构方式是创作中最为活跃的因素，要根据当期节目的主题和素材来进行变化，没有一定之规。

层次表现思维过程中的完整性和独立性，有些电视节目层次比较简单，有些则比较复杂，大层次里套着小层次。安排层次是设计结构的一个重要环节，是表现主题的一个重要手段。下面我们就介绍几种常见的结构方式。

### （一）递进式结构

递进式结构也叫时间式结构，指的是电视节目的内容按照某一线索比如时间、发展过程等向纵深发展。这种方式是按照事物发展或者人们认识事物的逻辑顺序来安排层次的，循序渐进、层层递进，是最为常用的一种结构方式。

这种方式按时间的推移来安排内容，比较容易掌握，只要时间顺序不乱，效果就可以达到。大型纪录片《百年中国》是中央广播电视总台迎接 21 世纪的献礼片，全片共 52 集、362 期，每期 5 分钟，约 1800 分钟。本片的主题是通过对中国 20 世纪的回顾，反映中华民族的现代化史。本片采用的整体结构就是时间式结构。

### （二）主题集合式结构

主题集合式结构指的是将几部分不同的材料按照主题的相关性串联起来，从事物的不同方面展现同一个主题，就好像串珍珠项链一样。比如我们要表现"幸福"这个主题，就可以从亲情、友情、爱情等方面来诠释它。再如有一个片子要展现"金婚夫妇"，就可以用不同的典型结合，有老艺术家、老农民、老将军，还有皇族的遗老等。

北京电视台推出的系列专题片《北京记忆》就运用了主题集合式结构。该片全景式地展现了北京改革开放 30 年来的全过程，在历史的架构下整合了北京人 30 年的公共记忆，在往事中回溯了北京这个城市变革的历史。该片着眼于旅游、饮食、时装、住

图 5-1 《百年中国》

房、出行、电视、通信、健身、婚恋等 10 个主题，通过个人对不同时期的一些代表性事件的回忆扩展开来，展示了中国社会从计划经济到市场经济的转变，揭示了三十年以来人们物质生活和精神生活所发生的巨大变迁。

主题集合式结构要注意几个问题。

一是选择的材料一定要有典型性，在反映事物的大主题的同时还要从不同内容、不同层次、不同方面来展现主题，而且要有内在的逻辑联系，避免牵强附会、文不对题。

二是每个典型都要有自己的特点，使不同侧面互相补充，避免千篇一律、同类重复。

三是还要处理好点与面的关系。面要通过点来展示，也就是我们说的"切小口，说大事"。面说多了，会显得空洞无物；点说多了，又会使观众觉得缺乏整体性。

## （三）多线索式结构

多线索式结构指的是一部作品中有两条及两条以上的叙事线索，它们有各自的发展脉络，同时又在主题上相互关联，用相似或反差来引起观众情感上的共鸣。例如纪录片《舌尖上的中国》，其从总体上来看采用了主题集合式结构，即每集都从一个角度去说明"舌尖上的中国"这个大主题。集与集之间没有必要的逻辑联系，而是呈现平行并列的关系。但是具体到每一集，其采用的又是多线索式结构，即"美食制作＋人物故事"，人物与人物之间、美食与美食之间又运用了关联叙事的结构关系，将具有相似性的食材放在一起讲述，对同样的食材在不同地域、民族进行差异化讲述，或是对在相同环境或空间地理位置的不同食材并存展现。

下面我们具体分析一下《舌尖上的中国》第一集《自然的馈赠》的叙事结构。

解说词：中国拥有众多的人口，也拥有世界上最丰富多元的自然景观——高原、山林、湖泊、海岸线。这种地理和气候的跨度，有助于物种的形成和保存，任何一个国家都没有这样多潜在的食物原材料。人们采集、捡拾、挖掘、捕捞，

为的是得到这份自然的馈赠。穿越四季，我们即将看到美味背后人和自然的故事。（介绍本期主题）

云南香格里拉，被雪山环抱的原始森林……卓玛在松针下找到的是松茸——一种珍贵的食用菌……松茸的香味浓烈袭人，稍经炙烤就会被热力逼出一种矿物质的醇香，这令远离自然的人将此物视若珍宝。（介绍第一种食材）

吉迪村是香格里拉松茸产地的中心。凌晨3点，这里已经变成一个空村，所有有能力上山的人，都已经出门去寻找那种神奇的菌子。穿过村庄，母女俩要步行走进20千米之外的原始森林……

……松茸收购恪守严格的等级制度，48个不同的级别，从第一手的产地就要严格区分。松茸保鲜的极限是三天，商人们以最快的速度对松茸进行精致的加工。这样一只松茸在产地的收购价是80元，6小时之后，它就会以700元的价格出现在东京的超级市场中。

卓玛挤在人群中，上午捡来的松茸品质一般，她心里很着急。刚刚过去的一天，卓玛和妈妈走了11小时的山路，但是换回的钱很少。错过雨季的这一个月，松茸就会消失得无影无踪。全家人期待明天的好运气。（第一个人物线索出场）

云南只有两个季节——旱季和雨季。从每年的11月开始，干燥而温暖的风浩浩荡荡地吹上半年，等到5月底，雨水才抵达迪庆州的香格里拉……

松茸的味道虽然独特，但是流行在餐桌上不过30年。在中国的传统食谱中，还有另外一种来自山林的极品美味。取最新鲜的冬笋切寸段，下重油，加各种调味料，即成为江浙一带最常见的家常菜。

在中国，有很多人依靠竹林生活，他们也是了解竹笋的高手。老包是浙江人，他的毛竹林里，长出过遂昌最大的一个冬笋。冬笋藏在土层的下面，从竹林的表面上看，什么也没有。老包只需要看一下竹梢的颜色，就能知道笋的准确位置。（介绍第二种食材）

在这一片了无生机的土层之下，正有冬笋萌发……

浙江的老包找笋，先找到4年生的竹子，顺着竹鞭挖，找到笋之后轻刨轻取，不伤根。笋取出来，要盖好土，就地利用自然可以保鲜两周以上。（第二个人物线索出场）

从中国东部的浙江一路向西南1500千米，就走进柳州盛夏的竹林。阿亮是广西人，他的竹林里生长的是大头甜笋。通常而言，竹笋破土而出，见风则硬，如果不及时采挖就会苦涩变老。阿亮家的笋属于夏天生的鞭笋，口感远不如冬笋鲜嫩，但这种笋正是用来制作柳州酸笋的原料。

……

在柳州当地一种叫螺蛳粉的小吃中，酸笋是最重要的辅料。

阿亮家的大头甜笋砍下来已经快两小时了，这时候笋达到呼吸作用的高峰，4小时后，这两筐大头甜笋都会软化腐烂。阿亮全家手下的速度都加快了。

……

……

再过一个节气，春笋即将取代冬笋，继续成就精彩的腌笃鲜。

其实，除了新鲜食材，有时成就美食的调味料也同样来自于自然。在云南大理北部的诺邓山区，醒目的红色砂岩中间，散布着不少天然的盐井，这些盐成就了山里人特殊的美味。（介绍第三种食材）

诺邓盐做的血肠，腊制过程不长，一周后就可以享用。

云南人老黄和他的儿子树江正在小溪边搭建一个土灶，这个土灶每年冬天的工作就是熬盐。水是卤水，熬盐的原料。（第三个人物线索出场）

这口盐井已经在诺邓村里存在了上千年。生产食盐，为的是制作诺邓当地独特的美味。

经验让老黄马上认出一条成熟的诺邓火腿，火腿3年前上好了盐，已经在这里彻底风干了。3年的时间，火腿上的脂肪已经氧化成了特殊的美味。火腿要用刀解开，每个部分都有不同的吃法，贴近中间骨头的肉是最好的。3年以上的诺邓火腿可以生吃。

莴笋炒火腿，选肥瘦均匀的火腿和新鲜的莴笋同炒，放入大蒜调味，荤素搭配，是诺邓当地的家常菜。

……

云龙县的冬季市场，老黄和儿子树江赶到集市上挑选制作火腿的猪肉。高原上的猪不是一般的大路货。顶级的诺邓火腿可以长出完美的油花。

……

每年冬至到大寒，是老黄父子制作火腿的最佳时间……

手工制盐的过程繁复，这让老黄对每一粒盐都珍惜有加。今天的人已经很难体会食盐的珍贵。交通和技术的进步，已经使盐成为成本极低的商品，但我们仍然认为诺邓盐是自然赐给山里人的一个特殊礼物。

海拔1800米的河谷渐渐温润起来。从现在起，上千条诺邓火腿开始长霉，这种霉菌，即将伴随着火腿的深度发酵，藏匿在深山里的美味正在慢慢生成。

10月，长江中游的两湖平原进入秋季，湖北省内邻近长江的湖泊水位开始逐渐下降，这个自然的规律，使得人们有机会接近湖底的世界。（介绍第四种食材）

圣武和茂荣是兄弟俩，每年湖水下降的时候，他们都会来到湖北的嘉鱼，开始迎接一项艰苦的工作。对兄弟两人来说，新的机遇和挑战就在眼前。圣武和茂荣要来采挖一种自然的美味，这种植物生长在湖水下面深深的淤泥中，要想挖到并不是容易的事。茂荣挖到的植物根茎就是莲藕，是一种湖泊中高产的蔬菜。（第

四个人物线索出场）

挖藕要有耐心和技巧，才能取出完整的一段藕……

藕是一种含淀粉丰富的蔬菜。湖北产藕，湖北人更会吃藕。制作藕夹，藕去皮，切成薄的连刀片，用筷子夹肉馅塞入藕内，使肉馅能够均匀分布，藕夹入面浆，挂上面糊，油温炸至金黄。

……

采藕的季节，他们就从老家安徽无为赶到有藕的地方。每年茂荣和圣武要只身出门 7 个月，较高的人工报酬使得圣武和茂荣愿意从事这项艰苦的工作，因为他们懂得，环境越是恶劣，回报越是丰厚。去年春节前，莲藕的价格不错，这吸引了大批的职业挖藕人来到嘉鱼。挖藕的人喜欢天气寒冷，这不是因为天冷好挖藕，而是天气冷买藕吃藕汤的人就多一些，藕的价格就会涨。

在湖北，藕最常见的做法就是煮汤，这是武汉及鄂中一带的家常菜——莲藕炖排骨。……

整整一湖的莲藕，还要采摘 5 个月的时间。在嘉鱼县的珍湖上，300 个职业挖藕人，每天从日出延续到日落。在中国遍布淡水湖的大省，这样的场面年年上演。

几个月后，数千千米之外的吉林查干湖，另一批职业捕捞者等到了工作季节的开始。干燥的空气，极度的低温，使前郭尔罗斯大草原上的淡水湖早早封冻，但一场精彩的收获，正酝酿在冰湖之下。（介绍第五种食材）

北京的餐厅，后厨正在开始制作每天最叫座的招牌菜——鱼头泡饼。精彩的大鱼头，来自几百千米之外的东北。取一大锅，不用油煎，只用事先做好的高汤煮炖，鱼头在锅里大概炖 25 分钟，烙饼要刚刚烙好的为最佳，最后大火收汁。

吃鱼头是中国人的专利，好的鱼头的价格要比鲜鱼高出很多。

凌晨 4 点，查干湖的渔民趁夜色出发，棉袜子、毡嘎达（鞋子）、狗皮帽子。夜晚赶路，向选定的下网地点出发，要知道现在脚下已经不是陆地，而是冰面。赶车的人最害怕遇上没有封冻的裂缝，人和马一旦踏上，落水甚至丢掉性命都是有可能的。

往哪里走，谁也不敢乱说话。一场依靠经验的赌博，要持续数小时。今天阳光明媚，冰下的含氧量提高，鱼群的密度会很大，长达两千米的渔网很快沉入水底。冰下的温度是零下 4 摄氏度，这样的低温中，鱼群会聚集不动。但是定位不准，坏运气也会像传染病，蔓延好几天。

渔工们各自干着活，没有人讲话，焦虑和紧张弥漫在冰面上，厚重的衣服使简单的动作变得异常迟缓。

渔把头很在意今天自己的判断是否准确，因为这关系到他在众人中的威信和面子。石宝柱，今年 77 岁，经验丰富，是当地很有名望的渔把头。（第五个人物线索出场）

冬捕者正在将绞盘固定在冰面上，再把大绠缠在绞盘上，通过牲口的拉力，拉动冰下长达两千米的捕鱼大网。惊人的一幕开始了，渔网在透明的冰面下缓缓地移动，能够看到冰下走网，意味着光照正好，冰层的厚度恰到好处，但是这能够预示着鱼群就在附近吗？

快过年了，按老习俗当地要有一次祭湖祭鱼的活动……

……

令人感慨的一幕发生了。大鱼们肥美的身躯，刺激着所有人的神经，但是没有一个人会注意到一个细节，拉上来的网中竟然没有一条小鱼，每条鱼的重量几乎都在两公斤以上。只有老把头知道，这正是查干湖渔民心口相传的严格规定。

冬捕的渔网是6寸的网眼，这样稀疏的网眼，只能网到5年以上的大鱼，这样，未成年的小鱼就被人为地漏掉了。郭尔罗斯蒙古族有一句话叫作"猎杀不绝"，讲的就是这个道理。

刚出水的大鱼正在石把头家里准备迎接除夕。依照老传统，年夜饭还是一桌全鱼宴。隆重的晚宴中，鱼是绝对的主角。

女婿做得一手好菜，是家里的大厨，完成全鱼宴上的14道菜，穷尽了他的全部手艺。

……

湖水的馈赠固然养育了依水而居的人们，然而海洋更是许多中国人赖以生存的水世界。

广西京族三岛上的渔民，曾经用高跷捕鱼的方式得到浅海的鱼虾。鱼群通常在西南季风来临的清晨和傍晚活动。这个高度借助一副高跷，再撑开渔网作为支点，可以有效地将近海的鱼虾一网打尽。

站在海岸线上，总会有资源将尽的感慨。以前很发达的高跷捕鱼，现在逐渐成为民俗旅游项目。在京族的万尾渔村，这是最后5个会高跷捕鱼的人。

对于海边的人来说，更深的诱惑还在深海之中。中国拥有长达1.8万千米的海岸线，但是捕鱼的地方离开海岸越远，危险的系数就越高。

走进妈祖庙祈福，意味着新的航行马上开始。海南人林红旗是远洋捕捞队的船长。冬天里，林船长的渔船已经准备好柴油、食物和淡水，即将从三亚的海港起航。船上的20个人大部分都是青壮年。不断减少的鱼群让船长林红旗承担着一无所获的风险，但是，船长知道，自然的馈赠时常不遂人愿，机会还要靠自己去把握。（第六个人物线索出场）

傍晚，船长捉到一条狼鱼。简单切块后，可以看到狼鱼翠绿色的骨头，只要用清水一煮，味道就很鲜美，配上方便面，成就了一顿可口的晚餐。但是，船长的晚餐吃得并不平静。

灯光引来了鱼群。打捞了整整两小时，拉起来的渔网空空的，只有一些水母。

没有收获是意料之中的事情，但是压力都在船长身上，半个月之后再没有收获，林红旗必须对船员有个交代。

出海的时候，船员会带上一些马鲛鱼作为食物。马鲛鱼用盐腌好，可以储备很久。腌制剩下的鱼头和鱼尾加上酸菜，可以做成美味的酸菜鱼汤。

南海是中国最大最深的海洋，这里有22个岛屿和7个沙洲。岛上的红螺直接用海水煮熟，味道鲜美无比。渔民们到西沙捕鱼，遇上恶劣的天气就要靠岸休整。

远洋捕捞的成本很高。今年的捕捞季节，林红旗已经出过两次海，亏损了好几万。这次的航程已经过去了好几天，还是一无所获，他的压力越来越大。希望都寄托在林红旗身上，他是船长，鱼群的位置全凭他的判断。从一无所获到一日千里，靠大海谋生的人们又一次获得馈赠。但是，一年中能出海的机会只有半年，大家必须抓紧时间。

渔民们独特的庆祝方式就是做一顿丰盛的海鱼午宴。香煎马鲛鱼不用添加任何多余的调料，完全原汁原味。池子鱼要跟蒜一起红烧。炮弹鱼肉质细腻，最适合做汤，加上酸笋一起煮。船上做菜保留了海鲜最原始的鲜味。（对之前出现的人物故事进行总结）

林红旗载着一船鱼回到了陆地，但他知道这只是短暂的停留。人们未来将如何适应海洋环境，只能静观其变。

为期两个月的松茸季节，卓玛和妈妈挣到了5000元，这个收入是对她们辛苦付出的回报。

傍晚，圣武撑着船回到岸边，他要把今天采到的莲藕用苦布盖起来。

新年的第一天，石把头独自上冰。春天50万斤鱼苗将会重新投放到湖里。老人仍然期待冰湖里的馈赠。

当我们远离自然享受美食的时候，最应该感谢的是这些付出劳动和智慧的人们，而大自然则以她的慷慨和守信，作为对人类的回报和奖赏。（首尾呼应）

我们从这集中看到一共出现了五种食材、六个人物。前四种食材各对应一个人物故事；最后的鱼则对应两个人物故事，通过一南一北的地域对比来说明鱼对于中国的重要性。五条线索相互独立，又相互影响，从各个角度诠释了本集"自然的馈赠"这个主题。

## 二、电视节目的段落安排

### （一）开场

电视节目的开场非常重要，对于编导来说，开场好了，节目就成功了一半。当然，节目类型不同，开场的内容也就不同。

1. 现场型节目的开场

介绍式开场是一般现场型节目最常用的开场方式，如介绍人物或嘉宾、介绍事件、介绍环境等。

例如天津卫视大型婚恋情感类节目《爱情保卫战》的开场就属于介绍式开场：

画外音：有请节目主持人，赵川！

主持人：谢谢，谢谢现场的观众朋友们！今天我们请到的专家老师是谁呢？华人音乐大师，黄国伦黄老师，欢迎黄老师！(观众鼓掌)著名主持人，寇乃馨寇老师，欢迎寇老师！(观众鼓掌)爱情导师涂磊涂老师，欢迎涂老师！(观众鼓掌)

主持人：先了解一下第一对嘉宾的基本情况，各位请看VCR！

主题：不能给我希望，就请你放开我

| 镜号 | 景别 | 角度 | 镜头形式 | 画面内容 | 人物对白 | 时长（秒） |
|---|---|---|---|---|---|---|
| 1 | 全景 | 斜侧角度仰视 | 移镜头 | 女孩走在绿荫下的小桥上 | 女孩：我要和他分手 | 2 |
| 2 | 中景 | 斜侧角度仰视 | 移镜头 | 女孩走在绿荫下的小桥上 | 女孩：他把我骗到天津来，对我的态度也越来越冷淡 | 3 |
| 3 | 近景 | 侧面拍摄平视 | 固定镜头 | 女孩站在桥上，向右前方看 | 女孩：现在还和别的女生暧昧不清 | 2 |
| 4 | 中景 | 正面拍摄仰视 | 固定镜头 | 男孩垂着头向前走 | 男孩：我们之间是有误会的 | 2 |
| 5 | 全景 | 侧面拍摄仰视 | 固定镜头 | 男孩插着兜向前走 | 男孩：咱们俩在一起七年 | 1.5 |
| 6 | 中景 | 斜侧角度仰视 | 固定镜头 | 男孩垂着头向前走 | 男孩：异地恋五年 | 1 |
| 7 | 全景 | 斜侧角度平视 | 移镜头 | 男孩插着兜站在岔路口 | 男孩：这么多年都坚持过来了，难道这些年的感情 | 2.5 |
| 8 | 中景 | 斜侧角度仰视 | 固定镜头 | 男孩插着兜仰头望天 | 男孩：你说不要就不要了吗 | 2 |
| 9 | 近景 | 斜侧角度仰视 | 固定镜头 | 女孩抬头望天 | 女孩：我为了他辞掉了工作，和家里人都闹翻了 | 3 |
| 10 | 近景 | 背侧角度仰视 | 移镜头 | 男孩坐在亭子里 | 男孩：我家里条件不好 | 1 |
| 11 | 中景 | 正面拍摄平视 | 固定镜头 | 男孩坐在亭子里 | 男孩：现在根本没有能力给你什么 | 1.5 |
| 12 | 近景 | 斜侧角度仰视 | 移镜头 | 男孩向右前方看 | 男孩：我想在未来再打拼几年，给你更好的生活 | 2.5 |
| 13 | 中景 | 背面拍摄平视 | 移镜头 | 女孩在亭廊里向前走 | 女孩：我真的已经看不到希望了，你限制我的自由 | 2.5 |
| 14 | 中景 | 斜侧角度仰视 | 移镜头 | 女孩靠在柱子上 | 女孩：对结婚的事只字不提，既然你不能给我一个结果 | 3 |
| 15 | 全景 | 斜侧角度平视 | 移镜头 | 女孩站在亭廊外 | 女孩：我们还是不要耽误彼此了 | 7 |

主持人：接下来让我们用掌声请出这一对，掌声有请！男嘉宾小张，24岁，来自甘肃，是一名技术员，学历专科。女嘉宾小丁，24岁，同样来自甘肃，是一名服务员，学历本科。来，有请！欢迎两位。小张是技术员，是吧？

小张：是的是的。

主持人：你的学历是专科学历，这个小丁是本科学历对吗？

小丁：嗯，对。

主持人：可是你的职业写的是服务员哦？

小丁：对，在一家餐厅里面当服务员。

主持人：哦？大学本科当服务员，这个背后有什么……两个人都是甘肃人对吧？

小丁：嗯，对。

主持人：怎么认识的？

小丁：高三复读那年嘛，正好在一个班，然后我们两个又正好是同桌嘛，经常一起做题，然后下课之后就一起吃饭，慢慢地我就对他有了好感。

小张：她还是我们班班花，而且学习特别好。

主持人：总之就好了是吧？同桌的你是不是？

小张：对。

主持人：大学应该没在一起对吧？

小张：大学是异地恋，我在天津上学，她在甘肃，我们俩现在算过（起）来的话已经有五年异地恋了。

### 2. 专题式节目的开场

用比兴或者引喻的手法直接揭示作品主题，是专题式节目开场的一个常见类型。比如《舌尖上的中国》中《五味的调和》一集，是这样开场的：

> 不管在中餐还是在中文里，神奇的"味"字似乎都充满了无限的可能性。除了味觉和嗅觉，在中国文化里对于味道的感知和定义，既源于饮食，又超越了饮食。也就是说，能够真真切切地感觉到"味"的，不仅是我们的舌头和鼻子，还包括中国人的心。和全世界一样，汉语也用"甜"来表达喜悦和幸福的感觉，这是因为人类的舌尖能够最先感受到的味道，就是甜。这种味道往往来源于一种物质——糖。

除此之外，开门见山式的开场也是比较多见的类型，即开场就直接说明要讲的事情、地点、人物等。比如电视专题片《锦城忆巷》第一集《佛门内外》的开场：

大慈寺路位于成都市锦江区，沿蜀都大道从市中心往东过红星路后直到府河的一段，便是大慈寺路。大慈寺路的得名是因为大街的南边坐落着有"震旦第一丛林"之誉的大慈寺。

"震旦"是古代印度对中国的称呼，是佛典中的音译汉写；"丛林"即佛僧聚集之地。初建于唐代的大慈寺，在今天的成都已不是最大的佛寺。但在古代，大慈寺不仅曾是成都最大的寺庙，而且曾是全国最大的寺庙。

### (二)高潮

作为一个节目或一部片子，一般会在三分之二处形成高潮。也就是一个60分钟的节目，高潮出现最迟不会晚于40分钟时。高潮的材料应该是节目中最重要的内容，它可以是一个事件、一种情绪或一种思想，能够使整部节目的叙述达到最兴奋或最紧张的程度。高潮的到来必须要有一定的铺垫和过渡才能形成，在高潮到来的时刻应该充分利用素材，浓墨重彩、反复强调、把戏做足，一般有几个常用的方法。

一是选择情绪最饱满的语言和画面。例如有人欢呼，或声嘶力竭，或痛哭流涕，等等。

二是选择事件发展最关键、最有悬念的部分。例如警察解救人质，之前一直是侦查、等待的场景，到警察集体出动到达人质所在地点，枪林弹雨开始时，就是整个事件的最高潮。

三是选择主体运动最强烈的地方。例如体育节目，其最高潮的地方一定是比赛进行得最激烈、主体动感最强烈的时候。

比如《军事纪实》栏目其中一期《22岁的生命壮歌》，我们来看编导是怎么营造高潮的。

呼救器是武警消防队员随身佩戴的一种呼救器材，当佩戴者30秒左右静止不动时，它就会自动发出闪光和警报声，便于被困者被及时发现。孙茂珲非常清楚呼救器在关键时刻的作用，但是为了能让战友王浩君尽快脱离危险，他把自己的呼救器也放在了王浩君的身上，把生存和获救的最大希望留给了战友。

看孙茂珲和王浩君没能撤回安全地带，心急如焚的战友们迅速冲入了火场。

字幕：救援现场

消防战士：快，快，快，有空呼的人进去，有空呼的人进去。

在呼救器的指引下，战友们最先发现了深度昏迷的王浩君。

字幕：救援现场

消防战士：

叫120的过来，120在下面。120的车准备好了，在往外救。

不久，离王浩君几十米的孙茂珲也被发现。

字幕：救援现场

消防战士：

让开！让开！茂珲！茂珲！

武警苏州消防支队战士　易光星：

我就在门口，当时我看到他的脸，我当时我就哭出来了。

字幕：救援现场

消防战士：

让开！让开！茂珲！

130 名被困群众无一伤亡。然而，王浩君、孙茂珲被先后送进医院紧急抢救。孙茂珲经抢救无效，壮烈牺牲，年仅 22 岁。

在这段中，编导先是营造了悬念，即"孙茂珲非常清楚呼救器在关键时刻的作用，但是为了能让战友王浩君尽快脱离危险，他把自己的呼救器也放在了王浩君的身上，把生存和获救的最大希望留给了战友"。观众无疑会对孙茂珲的处境担心，他到底能不能脱离火海？或者他是怎么遇难的？接下来，编导又充分利用了现场救援资料，也就是画面中最紧张激烈的火灾现场来渲染当时情景的焦灼和惨烈，来共同营造高涨的氛围，使观众感觉无比紧张。

## （三）结尾

结尾是电视节目内容表达的结束。好的结尾不但让人感到意犹未尽，还能让人加深认识，升华主题。一般节目的结尾有总结式、寓意式、提问式等。结尾可以提出希望、发出号召，可以首尾呼应、深化主题，可以补充说明有关问题，还可以表明意见、提出建议等。

接下来，我们来参考几个节目的结尾，比如天津卫视访谈节目《男人世界》的《乔义的情缘》一期的结尾：

乔义感谢在中国得到的一切：他在美国有着不算幸福的童年和家庭记忆，但在中国，他却收获了朋友、妻子、儿子、爸爸妈妈。甚至在中国，他还有了出色的事业。而崔哥是带领着他走入公众视线、事业蒸蒸日上的一位贵人，也是他来到这个节目特别想要感谢的人生贵人。

视频播放：四百在崔哥的节目中与崔哥搭档说脱口秀　　　VCR

结束

乔义讲述自己认为什么样的男人是好男人……

主持人结束语，全场起立鼓掌

这个结尾即属于总结式结尾，用总结性的解说词或主人结束语来概括本期的主要内容或主题，最后以"乔义讲述自己认为什么样的男人是好男人"结束，正呼应了本期主题"乔义的情缘"。

再如《舌尖上的中国》第六集的结尾：

"鲜"是中国人才懂得并孜孜以求的特殊味觉体验。"鲜"，是我们中国人的语言里面最伟大的一种表达方法。它具备了两种元素：一种是 fresh（新鲜），还有英文说不了的那种，只能够用"好味"（delicious）来表达。"鲜"既在"五味"之内，又超越了"五味"，成为中国饮食最寻常但又最玄妙的一种境界。

歌曲："热爱煎炒焖炖我们在行，精彩生活怎会少了你"《美食杨＋庄》杨斌
庄臣

保持原汁原味的健康烹饪，回归质朴本真的平淡生活，这种理念经常重复在庄臣的节目和美食专栏中，更是他多年来对美食、对人生的总结。五味使中国菜的味道千变万化，也让中国人在体会他们各自的人生况味时，找到一种特殊的表达语境。在中国人的厨房里，某种单一味道很难独自呈现，五味最佳的存在方式是调和以及平衡。这不仅是中国历代厨师不断寻求的完美状态，也是中国人在为人处世甚至在治国经世上所追求的理想境界。

这个结尾用比兴的手法营造了一种寓意效果，使片子的主题在最后再次升华。

## 实训项目一

请阅读电视专题片《锦城忆巷》第二集《博物馆之城》的完整文案（附录1），并分析其开场、高潮和结尾的表现方法。

【附录1】
### 电视专题片《锦城忆巷》第二集《博物馆之城》

【画面：（社会调查）快速街头采访（问题部分可采取字幕）：你是成都人吗？来成都多久了？你知道成都有多少个博物馆吗？你去过几个？你觉得成都最有趣的博物馆是哪一个或哪几个？……结论（字幕）群众熟知度最高的博物馆是哪个？成都最不一样的博物馆是哪个？……（画面字幕配合）"2015 年，'5·18 国际博物馆日·成都商报博物馆直通车'周年颁奖盛典"现场画面；成都博物馆、金沙遗址博物馆、武侯祠博物馆、杜甫草堂、浣花溪、锦里、宽窄巷子、灯具博物馆、川菜博物馆等诸多国有、民办博物馆等地方的剪影】

解说词：（街头调查、字幕配音）文化是一座城市活的灵魂，而博物馆就是文化的承载平台。2015 年 5 月 18 日，由成都市文化局、成都商报社和成都博物馆协会共同策划主办的"5·18 国际博物馆日·成都商报博物馆直通车"周年颁奖盛典圆满举行。在庆典现场，成都市文化局（市文物局）局长王进透露，到当时为止，成都市登记备案的国有博物馆 44 家、民办博物馆 69 家，成都的博物馆总数量达到 113 家，博物馆总数量和民办博物馆数量均位居全国城市第一（需核实准确性）。而如灯具博物馆、川菜博物馆等极具特色的"民办另类"博物馆举不胜举。其实，于文化多元的今天而言，博物馆的概念被不断地重新定义着，或许可以说"凡有人流经于某地，并留下了其活动痕迹，便可称之为博物馆"，其概念之大、经纬度之广，都无以复加。

【画面：成都博物馆新馆位置展示（如沙盘，以天府广场为参照物），周围四川省图书馆、四川美术馆、四川科技馆、锦城艺术宫等建筑展示；新馆外景全景展示；"成都市博物馆"牌匾；内景平面图展示；平面图上的五部分细节展示；走进"老成都街巷故事区"：老成都全街景模型展示、小食街等特色街道模型展示、门楼等细节展示】

解说词：成都博物馆新馆位于天府广场西侧，与四川省图书馆、四川美术馆、四川科技馆、锦城艺术宫等建筑毗邻，是成都市最大的文化场馆。博物馆"金镶玉"的立体墙面自上而下，闪烁着金属的光泽，独特的几何立面造型在不规则中充斥着十足的韵律感；馆内则可以说是一幅"史诗般的画卷"，通过"远古家园篇、古代历史篇、近世风云篇、城市变迁篇、民俗生活篇"五大主题讲述了成都的前世今生。

在"老成都街巷故事区"，展现在众多参观者眼前的一条条纵横交错的大街小巷，加上一个个活灵活现的泥人或雕像，犹如正在演绎着成都波澜壮阔的历史风云、兴衰沉浮的家庭变迁，更是隐藏了千千万万成都人的喜怒哀乐！

新的博物馆里旧的街巷，如此这般地镌刻着岁月的痕迹，牵引着人们对老成都的难忘记忆。

【画面：从成都博物馆的"金沙遗址路"沙盘图到实景；金沙遗址路路标；金沙遗址路全景；蜀风花园城；金沙遗址博物馆外景、全景；金沙遗址太阳神鸟地标；停车场众多前来参观者的私家车、旅游车等；金沙遗址博物馆内诸多展品；已勘探确定的都邑、城池、祭祀台、居址、墓地等；讲解员现场讲解画面】

解说词：金沙遗址博物馆位于成都市西郊青羊区金沙遗址路。这条道路原是当年开发蜀风花园城楼盘的时候新开通的，命名为蜀风东大街、蜀风西大街，从青羊大道直通西三环。后来，楼盘开发过程中发现了金沙遗址，当金沙遗址博物馆建成以后，其最重要的南大门就开在这条道路上，于是重命名为"金沙遗址路"。

金沙遗址是公元前 12 世纪至公元前 7 世纪长江上游古代文明中心——古蜀王国的都邑。金沙遗址的发现把成都城市史提前到了 3000 年前，其由此被视为成都城市史的开端。金沙遗址是周边同时期商、周遗址的中心遗址，有祭祀场所、大型建筑、一般居址、墓地等。

但凡有朝代在此留下踪迹，街巷自然是建筑格局中必不可少的组成部分。尽管今天的我们很难确认史上有何人曾在此驻足停留，可是可以确定的是，我们走过金沙遗址路，我们到过金沙遗址博物馆，我们与古人在此对话过、畅谈过。

【画面：武侯祠大街全景；武侯祠大街路标；武侯祠外景；武侯祠内景；武侯祠几道大门迎着晨光一道道打开；诸葛亮、刘备及蜀汉英雄的雕像等展示；武侯祠内，红墙青瓦的夹道全景，竹叶探过头，阳光透过树叶，人影摇动；游览区内，诸葛亮、刘备等人的扮演者走过红墙夹道；游客跟扮演者合影留念】

解说词：位于成都市武侯区武侯祠大街231号的武侯祠，肇始于公元223年修建刘备惠陵时，它是中国唯一的一座君臣合祀祠庙和最负盛名的诸葛亮、刘备及蜀汉英雄纪念地，也是全国影响最大的三国遗迹博物馆。

君臣合祀的祠庙，自带历史典故与英雄踪迹，而那条红墙夹道就好似穿越历史来到当世。夹道两旁是红色的墙，墙外是茂密的修竹。整条红墙夹道就掩映在苍翠的竹林之中。

走在这狭长的通道上，怀古幽思，眼前会不断地浮现出历史上那些叱咤风云的英雄们决战沙场的场面。虽然不曾有幸与他们生活在同一时代，可今日，站在以他们为主角的博物馆的街道上，追忆往昔，祠堂中记载的那一切，仿佛都闪回到如今的现实之中。

【画面：草堂东路；杜甫草堂大门匾额；杜甫草堂内景展示；诸多特色景物、街巷等景观展示；深夜，杜甫手拿一卷书稿，背手行走在草堂内的"花径"上，背影尤显孤单；今天，络绎不绝的游客(几个学生)对吟着杜甫的诗句，行走在"花径"上】

解说词：杜甫草堂位于四川省成都市西门外的浣花溪畔，是中国唐代伟大现实主义诗人杜甫流寓成都时的故居，至今仍完整地保留着清代嘉庆年间重建时的格局，总面积近300亩，是非常独特的"少陵草堂"加"碑亭"混合式中国古典园林。其中，大廨、诗史堂、工部祠3座主要纪念性建筑物坐落在中轴线上，幽深宁静。

遥想一千两百多年前，杜甫手握书稿，行走在草堂内的小径上，低声吟诵着"昔我去草堂，蛮夷塞成都。今我归草堂，成都适无虞"。

画外音：(几个学生对吟杜甫的诗)八月秋高风怒号，卷我屋上三重茅。茅飞渡江洒江郊，高者挂罥长林梢……

【画面：动画制作进行中的画面：成都市地图满屏；鼠标设点站于天府广场，向南走向武侯祠大街入武侯祠，向西门外入浣花溪畔草堂，向西北入青羊大道金沙遗址……瞬间每一条街道、每一条巷子都有博物馆，满盘标注。太阳神鸟(腾飞)雕塑加金沙遗址大字；华希昆虫博物馆内众多昆虫(动画)加门牌大字；大熊猫生态旅游博物馆加大熊猫；工厂博物馆场景等】

解说词：不论是成都博物馆新馆还是金沙遗址博物馆、武侯祠、杜甫草堂等，尽管它们的历史不同、可供观瞻的遗物不同，然而这些博物馆中无疑都镌刻着成都老街巷的故事。也许这街巷是几千年前的街巷，也许这街巷是名人走过的街巷，也许这街巷存活于博物馆，只为连接过去与现在、现在与未来。博物馆中的街巷，是文化的衔接与纽带，让今人乘先人之志，扬今日成都之风采。成都的博物馆让成都在全国同级别城市中洋洋洒洒、风光无限，更让成都人在世人面前增添诸多炫耀资本。

尤为值得一提的是，摊开成都博物馆地图，一个个私家宝库浮现眼前：成都宇曜古灯文化博物馆、成都皮影艺术博物馆、成都川菜博物馆、成都华希昆虫博物馆……这些私人博物馆，各自有着专属于它们的独特之处。不信？让我们看看阿拉丁神灯的故事。

【画面：（手绘画，由静变动）深夜，一条幽深静谧的小街，青石板路，川西风格的建筑；聚焦，一座千年古刹门前，一盏随风轻摇的古灯；木鱼声飘出；一老汉敲着木梆走来，喊着"天干物燥，小心火烛"；走过古刹，老汉取下古灯，把不是很亮的灯芯拨弄两下，灯光亮了许多；老汉把古灯挂到原处，继续敲着木梆走远；（找影视剧素材）小街两边树叶微微摇动；夜晚，某寺庙正殿供奉着一尊燃灯佛；佛前一个小和尚正一手持佛珠一手敲着木鱼，嘴里低声诵经；日落晨起；燃灯寺外景，燃灯寺内景，当今的燃灯寺街街拍，路标等】

解说词：成都有一座燃灯寺，在龙泉驿区洛带镇；成都还有一条燃灯寺街，在武侯区双楠社区。燃灯寺历史悠久，早在隋开皇年间，四川青城县黑水溪人氏褚信相，自幼尚佛，选中三峨山结庐修炼。当地时遇大灾，饥民遍野，褚亲持"龙头小铛，散粥而施之，日救饥民千余，又其平日常为大众治病"，深得民心，被称为"活菩萨"。圆寂后，当地人感念其德，"奉之者指其故地置祠"。清代，客家移民大批到来，礼佛之风盛行，佛寺得以维修重建。清中叶后，因信士有感，供奉后铁燃灯佛一尊，其身108个穴位处，各铸有一窝状大孔，孔内置灯芯，加油悉数点燃时，浑身通亮，信徒身体每有不适，在其对应之处的穴位点燃其灯，消灾祛病，甚是灵验，该寺由此更名"燃灯寺"。现在寺院保存有大量清代碑刻，燃灯佛早已不见踪迹。关于燃灯寺街，也与佛家有关。相传有一座古寺修建于此，每当夕阳西下、夜幕降临之时，寺院就会在门前挂上那盏指路灯，帮助来往路人照亮漫漫前路，也意在照亮芸芸众生的心。

【画面：（快速）成都市九里堤附近、街道、灯具城外景；"成都宇曜古灯文化博物馆"牌匾；开馆迎宾首日场景画面（可用照片）；馆内全景展示；实况拍摄前来参观的人员情况；姚宇林给参观者介绍、讲述的场景；姚宇林保养灯具；点燃古灯，光照姚宇林满脸笑容；维修新入手的古灯；姚宇林与众多民众的留影；博物馆对联内容"千朝俎豆光照古今文明路，万家灯光映影中外人间情"】

解说词：成都市登记在册的民办博物馆有近70家。位于九里堤附近的成都宇曜古灯文化博物馆是全国首家灯文化专题博物馆，2015年6月12日正式开馆迎宾。截至现在，开馆一年零三个月的时间里，博物馆共接待了参观者××人次。这里面有熟悉的街坊四邻、亲戚朋友，有来淘灯的同行，有误打误撞的行人，更多的是想要一观3000余盏古灯齐聚一堂是何等风貌的仰慕者。

姚宇林：我是姚宇林，是宇曜古灯文化博物馆的馆长。我今年××岁，从××岁开始收集古灯，到现在有××年了。"千朝俎豆光照古今文明路，万家灯光映影中外人间情"这副对联，包含了我对古灯所有想说的话，也是我对古灯、对光明背后的文化的考量。

解说词："灯是光明的载体，是文明的向导，是尘封的记忆，更是历史的见证。"姚宇林如是说。

【画面：一个简朴的农村院落，低矮的窗台外放着一盏生满铁锈的老油灯；一个身着军装的小伙子站在院子里沉默良久，走到油灯旁，小心地拿起油灯；（闪回，黑白）还是这个院子，某天夜晚，窗外无云遮月。窗内，床头摆放着一张小小的四方桌，桌上摆放着一盏昏暗的老油灯，一位老母亲借着这幽暗的灯光正在为孩子一针一线缝补着衣服，老母亲身边孩子正睡得香甜；现实画面：姚宇林骑着自行车去成都某古玩市场淘灯（能跟拍一次、奔着一件真品去最好）】

解说词："慈母手中线，游子身上衣。临行密密缝，意恐迟迟归。"一盏油灯照亮了母亲手中的针线，也照亮了母亲心中的企盼。

姚宇林：这盏老油灯是我小时候我们家最贵的物件儿了……

（讲述收藏自己家老油灯的故事）

解说词：返回部队之前，他没带家乡的特产，唯独将这盏灯擦拭干净带回成都，思乡时就看看这盏老油灯。收藏第一个灯具之后，姚宇林没事就去猛追湾的古玩市场闲逛，这个习惯坚持了30多年。无论刮风下雨，哪怕周末要去参加一场婚礼，他也会提前出门，骑着自行车先去古玩市场淘换古灯。饿了在路边吃个烧饼或者一碗面，渴了拿出自备的凉白开，哪怕囊中羞涩，他也舍得为一盏有趣的灯具花费重金。姚宇林常对朋友们开玩笑说自己"坐拥千盏灯，身无三五元"。为了收藏这些灯，他几乎倾家荡产。

【画面：（动画）远古时代身着草衣的人类高举火炬驱散野兽；天空中浩瀚星海，地面上一堆篝火，交相辉映；（单盏展示，以姚宇林提供为准，按历史时代顺序）贝壳灯、陶器灯、青铜制灯……特别展示部分：详细讲解他的珍藏"燃灯佛"】

解说词：自从人类高举火炬驱散黑暗和野兽侵袭的那一刻起，灯就如夜空中最明亮的那颗星，伴随着我们走过了漫漫历史长空，直到今天。

姚宇林：经我亲手淘买的中外古灯老烛达3000余具，相关资料图片20余万字（张）。我不但收藏灯，还收藏有非常少见的制灯老模具。博物馆中陈列的灯具大约占我藏品的三分之一。

解说词：收藏古灯30多年的姚宇林终于如愿建成了自己的宇曜古灯文化博物馆。著名历史学家谭继和评价"五星七曜，照亮宇宙，出于东方，大利中国，灯博有志，西南第一"，英国教授普若兰盛赞他"收藏的不仅仅是一具具古灯，收藏的是历史、是文化、是光明"。

姚宇林：这尊"燃灯佛"……

【画面：宇曜古灯文化博物馆细节展示；姚宇林在古灯中间，研墨写字，悠然自得；成都博物馆地图（全屏特写）；快速："成都宇曜古灯文化博物馆"门头、"中国皮影博物馆"门头、"成都川菜博物馆"门头、"成都华希昆虫博物馆"门头……】

解说词：宇曜古灯文化博物馆与收藏字画、瓷器、家具等热门古董的博物馆大相径庭，这是全国唯一的民间灯具收藏馆，是收藏古代灯具的世界第一。姚宇林不是生意人，不是大款，而是普通的工薪人士，是成都最草根的代表人物，却是成都文化的最深刻的代表。

成都处处可见博物馆，只因成都本身就是博物馆。成都人无疑是在博物馆里修文物的市民！

# 第三节　电视节目的情节设计

行业内有句俗语，"做电视其实就是讲故事"。故事虽然人人会讲，但是讲得好、讲得精彩、却不是一件很容易的事情。而且，与影视创作中的虚构故事不同，电视作为大众传播媒介，真实性必然是其考量的要素之一。因此，"用事实说话"是电视编导在编创故事时所需要遵循的不二法门。

事件、情节及故事，是三个相伴相生的概念。如何区分它们？我们先来看下面三句话：

A. 国王死了，王后也死了。

B. 国王死了，王后因丈夫去世伤心而死。

C. 国王死了，不久王后也因伤心而死。

第一句话是两个事件，第二句话是一个情节，而第三句话则是一个故事。事件仅仅是编创故事的原始素材而已，事件与事件之间是看不出来联系的。比如，"国王死了"和"王后死了"仅仅是已经发生的两件单纯的事情，是编创故事的素材而已。世界上每天都会发生无数件大大小小的事情，但并不是每一件事情都能够成为一个故事或是一个情节的素材，必须经过取舍。因此，这里所说的事件，是从生活素材中提炼、加工出来的用以表现人物之间感情纠葛、矛盾发展的一件件事情。

而一系列有联系的事件才能构成情节。显然，我们看第二句话中"王后死了"这个事件是因为"国王死了"这个事件的发生而导致的。由此看出，这两个事件产生了因果逻辑关系。第二句话表面上看来很简单，但其中蕴藏了很多重要的信息。比如，王后因为国王死了很伤心，说明国王和王后的感情很好。感情好到什么程度呢？都伤心而死了，是一种什么样的情感，才让人生死相许？接下来，我们还可以推断出，王后是一个非常重感情的性情中人。

仅仅添加一个"因"，我们便可以得出如此多的结论。由此看出，事件是动作的依据，动作又引发出事件，要在事件中写出人物性格。人与事在相互影响、相互作用的矛盾关系中发生变化，这种变化过程就是作者对事件进行艺术加工，使之成为人物性格成长的过程，从而构成情节。

因此，所谓情节即推动人物性格展开的一系列行动和情境的结构安排。情节由一系列能够显示人物之间关系的具体事件构成，它把事件的内在联系展现在观众面前，人物性格通过情节而得以展现。

每个人都喜欢听故事，听过故事之后的评价无非是两种："这个故事太好了"和"这个故事真无聊"，或者"这个节目很好看"和"这个节目很无聊"。

造成这两种评价的根源也有两种：一是事件本身不具有作为一个好故事的价值；二是事件本身很有价值，但是排列组合的方式出现了问题。就好像做新闻的人都听过一句话："狗咬人不是新闻，人咬狗才是新闻。""狗咬人"司空见惯，它是一个事件，却不具备成为一个故事的潜质。而"人咬狗"是罕见的，它背后可挖掘的事件信息很多，比如人如何咬的狗？在哪里咬的？什么情况下咬的？他为什么要咬狗？他身上发生了什么事情？等等。很显然，与前者相比，后者更具有作为故事的价值。

然而，即便上述问题都解决了，事件也未必就能成为一个好故事，关键还要看其用一个什么样的方式讲述出来。作为编导，需要具有创造力，能以别人意想不到的方式把材料组织起来。然后，还必须使自己的作品具有对人性和社会的新颖洞察。

## 一、冲突与矛盾

要想故事好看，冲突与矛盾是必不可少的，它们是戏剧性事件的关键性要素。什么是冲突呢？冲突是表现人与人之间矛盾关系和人的内心矛盾的艺术形式，同时也是故事中矛盾产生、发展、解决的过程，由动作体现出来。冲突是构成情节的基础，是展现人物性格、反映生活本质、揭示作品主题的重要手段。

冲突在作品中的表现方式是多种多样的。

一是可能表现为人与人之间的冲突，这种方式也称为外部冲突。

二是也可能表现为人物自身的内心冲突，也称为内部冲突。冲突的这两种方式有时各自单独展开，有时则交错在一起，相互作用，互为因果。

三是还可能表现为人与自然环境或社会环境之间的冲突，当然这种冲突也需要适当进行戏剧化的处理。

编导要想讲好一个故事，在构思片子的时候就要注意冲突原理的运用。在这里要提醒大家一点，冲突的运用和胡编乱造一个矛盾是有区别的。有的同学可能有困惑：我的素材都是真实的、来源于生活的，我怎么制造出矛盾冲突来呢？其实，生活中的矛盾无处不在，能够成为新闻、为大众所关注的事件，本身肯定存在某种程度上的矛盾，我们需要的是将它们挖掘出来。

比如我们来看看东方卫视新闻专题节目《东方直播室》的开场白：

> 本期话题："换头术"你准备好了吗？
>
> 主持人：如果今天我跟您说，这个头是我的，身体不是我的，您怎么看呢？在现实生活中，还真的有人愿意在医学中做这样的尝试。所以今天这节目呢，我们就把主题定为"换头"。

编导从开场白就已经把最大的"矛盾"抛了出来。"头是我的，身体不是我的"，这里面本身就存在巨大的矛盾性，观众的"胃口"一下子就被吊了起来。

## 二、悬念的制造

冲突是为了让故事变得有戏剧性，而戏剧性又依靠悬念而得以推进。那么什么是悬念呢？它是故事在情节结构安排上为了吸引观众注意而不断造成观众急切期待的一种心理状态。

具体地说，悬念的构成有两个方面：首先要符合逻辑，如果故事不合情也不合理，那么悬念就根本不会产生。其次是对人物命运感兴趣，这就要求我们掌握观众的心理，让他们和人物产生某种情感上的联系，这样观众才会关心人物命运。

我们再来观看《东方直播室》的《"换头术"你准备好了吗？》接下来的内容：

> 解说词：2015 年 9 月，意大利的一位神经外科医生向全球宣布，他计划联合中国医生任晓平，于 2017 年底进行世界首例人类头身重建手术，即人们所称的"换头术"。所谓"头身重建"就是给患有恶性肿瘤、高位截瘫、渐冻症的病人的头部换一个已经"脑死亡"但身体健康的捐赠者的身体，从而使前者重获新生。消息一出，立即引起医学界广泛质疑。如此高风险的手术，真有人愿意奉上自己的头颅吗？这个问题的答案是肯定的。王智，辽宁人，34 岁，在获悉"换头术"的第一时间前往哈尔滨，恳求大夫给他的父亲实施"换头术"，这是为什么呢？
>
> 主持人：据说在现实生活中，您真的想给您的亲人换一个头？您父亲是什么病？不能动了？没有呼吸能力？他的正常思维和交流是不是都受影响？那您现在工作着吗？

我们来看这段编导的安排：首先解释什么是"换头术"，引起观众的好奇心。然后又说 34 岁的王智第一时间恳求为她父亲实施"换头术"，"第一时间"和"恳求"让观众不禁产生了疑问：她父亲到底发生了什么事情，要求做一个听上去这么不可思议的手术？

这个悬念的设置无疑是成功的，对于一件新鲜的事，观众一定会关心人物接下来的命运会是如何的以及这到底是一个什么样的手术。

### 三、用事实说话

与影视剧的虚构艺术不同，电视节目虽然也在讲故事、也需要遵循戏剧原则，但是它毕竟是"真实"的艺术、是具有纪实性的艺术形式。因此电视节目的编排要"用事实说话"，而不能胡编乱造。编导要把自己的观点、想法隐晦地通过素材的排列组合展现出来。

比如编导想做一期关于"外地人口在津上学难"的节目，来反映这个社会矛盾、呼吁社会关注和解决它，就不能只喊口号，或者干脆编个假故事来让演员演，而是需要真实的素材去支撑这个话题。

天津电视台都市频道《都市报道60分》的《百姓纪事》栏目报道了这样一个故事：

在北辰区双街镇双街新家园社区居住着一个五口之家，他们是父亲章顺军、母亲张丽和三胞胎姐妹章梦婕、章思婕、章雨婕。一家人原籍在安徽，2001年三姐妹出生不久，母亲张丽就带着孩子跟丈夫来津打工。为了照顾孩子，当时的张丽没有外出工作，全家的收入就只有章顺军一千多块钱的工资，一家人没有固定的住处，也没有任何积蓄，三个孩子高额的抚养费让他们的生活步履维艰。章顺军单位的老板免费借给他们双街新家园的一套房子，虽然是和同事合住，但是一家人终于算是在天津安了家。（从具体人物、具体事例入手，"用事实说话"）

章顺军的工作需要长年在外出差，一个月也不过回来两三天，家里的生活全靠张丽一个人。那一段时间日子过得很紧，别的家庭只需要花一份钱，他们的家庭却需要花三份钱。但孩子们也因此早早地变得懂事，从不任性。可是随着孩子们渐渐地长大，烦恼悄悄爬上了父母的眉梢。（引入矛盾）

今年4月的一天，三姐妹从幼儿园回到家中，一进门，她们就兴奋地问妈妈："老师说我们今年要上小学了，我们会在哪个小学上？"张丽一下呆住了，对于她来说，这是一个很难回答的问题，因为他们没有本地户口，家庭情况又让他们支付不起在天津上学的费用。可张丽不想让幼小的孩子承受家庭的压力，只是对她们说"我们会在我们家旁边的小学上学"。三个孩子听了之后非常高兴，可孩子们的笑声却刺痛了张丽的心。让孩子们在天津上学也是张丽的心愿，如果孩子们回老家上学，他们现在平静的生活就会被彻底打乱。

张丽也曾经想过直接找到学校校长，希望他们给予帮助。可是每当她走到学校门口，却又都停下了脚步。每天她依旧承受着压力用欢笑面对孩子，可是她的心里却早已不知所措。她到底该怎么办呢？（设置悬念，引出高潮）

就在张丽走投无路的时候，媒体报道了三胞胎上学困难的情况。很快张丽就接到了北辰区教育局监察科科长李宁的电话，对于这个陌生的声音，她显得惊讶而又兴奋。当张丽带着孩子来到教育局时，让她没有想到的是，孩子的上学问题这么容易就有了转机。李宁拨通了北辰模范小学校长的电话，说明三胞胎的情况，一旁的张丽则坐立不安。终于，李宁告诉她北辰模范小学可以接受孩子免费上学，张丽终于放下了那颗悬了很久的心。

回到家中的张丽每天都高兴地为孩子们准备上学的物品，可当她去学校报名的时候，却发现学校的校长已经换了。难道孩子们上学的事又要因此中断了吗？无奈之下，张丽又一次拨通了李宁的电话，幸运的是，新到的刘校长同样爽快地答应了这件事。终于，三姐妹成了北辰模范小学的学生。

9月，三姐妹开始了她们在异乡的学习生活。而像三姐妹一样的孩子还有很多，只要社会能够多给他们一些关注，他们就能够享受和本地孩子一样的上学机会。（点明主题）

用真实的事件去说明一个问题、一个现象、一个主题，去构成一个故事，这就是"用事实说话"。

### 四、细节的表达

细节在电视节目中非常重要，就像一个人需要有血有肉一样。细节是让整个故事真实生动起来的关键所在，它是营造氛围、丰富情节、塑造人物、增强艺术感染力的重要手段。

塑造生动的人物形象是细节展现的一个重要任务，比如《中国梦365个故事》的《姜颖法官》一集，是这样塑造人物的：

采访：我第一个案子当审判长，是因为我刚刚可以做审判长的时候，另外一个审判长有事临时换的。赶紧提前看材料。尽管我之前没有判，但我听当事人陈述，我能对那个案子有很好的掌控，然后那个庭开完了以后，那个合议庭的成员也对我给了一个肯定。那个时候，自己会觉得我能够胜任这个岗位，多少还是有点骄傲，那个感觉很好。

我做法官宣判的时候，最怕判决里面出现文字错误，就每次在法庭，在你宣读判决念判决书的时候，就特别担心，千万不要出错。每天睡觉，比如说睡不着的时候我都会想想，这个案子如果写判决这个问题应该怎么写，就会不会还会有别的问题，会不会有我没想到的东西。我有时候会半夜突然间醒了，然后就想，这个判决我那一段应该怎么写。（工作让一个法官半夜惊醒，一方面说明法官工作的辛苦，另一方面又说明姜颖确实是一个负责任的好法官）

采访：我算是超高龄产妇，42岁生孩子。第一次想要孩子就是那会儿已经37

了。因为手里是压了几个案子，然后当时也挺着急，我也想在休产假之前给结了，我就把那个判决带了个笔记本就到医院了。那天晚上我才算是把那判决写完了，他们有的说，姜姐那个在产房还写判决呢。

因为你不结，一休了产假等于就7个半月嘛，休完产假再回来等于耽误当事人很长时间。（负责任的法官很多，而姜颖负责到什么地步呢？到了临产还在产房里写判决书，这个细节让我们感受到姜颖对待工作的态度）

采访：知产法院成立那天，11月6日我们知识产权（法院）挂牌嘛，但那两天我们家孩子发烧，而且是她今年已经4岁多了，她是第一次发烧超过39℃，然后那两天就是说我们家阿姨就给我打电话，说现在39℃怎么办，要不要去医院？我说我肯定回不去，如果再烧了，再厉害就跟她爸联系，那我心里实际上也特别着急，但是那两天确实没有办法请假。

有一次我记得，第一次就觉得有点心里难受，是我那天加班回家晚了，大概也10点了吧。那次我们的孩子第一次从床上掉地上了，那会儿是1岁多一点，然后我就想，我要是在家是不是她就不会掉地上了？想想多少还是有点心疼。（通过讲孩子生病这个细节，说明了作为一名女法官，更加不容易）

细节对于环境氛围的营造也很重要，它是将观众带入故事的最直接的手段。比如《新闻调查》的《山村疑案》开场对于环境的描写就很典型：

这是秦岭深处的一个小山村，二十多户人家有着或近或远的亲戚关系，柯长桂从小出生在这里，夫妻恩爱、家庭和睦，颇受村里人羡慕。

编导在编排一个故事的时候，不能将矛盾冲突、悬念、细节的描写以及"用事实说话"割裂来看，它们是完整的一体。在写矛盾冲突的时候要用细节去展现，在设置悬念的时候要通过矛盾冲突的不断升级去推动，而这一切又都要用"事实"来讲述。

我们通过下文案例，来综合分析一下电视节目情节的设计。

## ▸▸ 案 例

### 《"换头术"你准备好了吗?》
#### 《东方直播室》

主持人：

如果今天我跟您说，这个头是我的，身体不是我的，您怎么看呢？在现实生活中，还真的有人愿意在医学中做这样的尝试。所以今天这节目呢，我们就把主题定为"换头"。

解说词：2015年9月，意大利的一位神经外科医生向全球宣布，他计划联合中国医生任晓平，于2017年底进行世界首例人类头身重建手术，即人们所称的"换头术"。所谓"头身重建"就是给患有恶性肿瘤、高位截瘫、渐冻症的病人的头部换一个已经"脑死亡"但身体健康的捐赠者的身体，从而使前者重获新生。消息一出，立即引起医学界广泛质疑。如此高风险的手术，真有人愿意奉上自己的头颅吗？这个问题的答案是肯定的。王智，辽宁人，34岁，在获悉"换头术"的第一时间前往哈尔滨，恳求大夫给他的父亲实施"换头术"，这是为什么呢？（设置悬念）

主持人：

据说在现实生活中，您真的想给您的亲人换一个头？您父亲是什么病？不能动了？没有呼吸能力？他的正常思维和交流是不是都受影响？那您现在工作着吗？

嘉宾王智（患者女儿）：

我父亲是脊髓损伤，高位截瘫，但他的思维和交流没有问题，我父亲肩部以上和正常人是一样的，从他出事到现在都没有失去任何记忆，吞咽消化功能都没问题。我现在没有工作，专心照顾我爸，因为他时时刻刻都有生命危险。吐痰，他没有能力，不能让他憋着痰，为了不让他喘不上气，我们都人工给他送气，我母亲为了我爸，全天24小时照顾他。自从我爸得这个病，我就一直不停地找方法，得到的结果都是没有希望，但我不认，我必须让我爸有呼吸，再打开电脑，我知道有这种手术，我马上就去了。我知道这是很危险的想法，但我父亲现在插着呼吸机，他照样危险。我爸的痰，我爸的喘，都分分钟能要了我爸的命。因此我们愿意让他改善一下，只要父亲还有一口气。

主持人：

那你想出了一个什么办法来帮助他呢？评论员听说过有"换头术"这样的事情吗？嘉宾愿意做这样的试验品吗？嘉宾呢，找到了中国唯一一个说可以做"换头"手术的人，很有意思的是这位医生的身份，是手显外科中心的主任。

评论员1（万旭　东南大学教授）：

（一）我听说过，但是只在《聊斋志异》和《西游记》里听说过，我认为这是很疯狂的想法、很危险的想法，万一没命怎么办？

（二）至少你爸爸到今天为止，生命依然存在，如果你动了这个手术，生命有可能就没了。

（三）我真的很敬重任教授的责任和医德，但是我真的怀疑你的技术。我仅有一点医学常识告诉我说人的大脑是不能缺血的，缺血几分钟就会造成死亡。

（四）医生，如果你这个手术失败了，我为你感到担忧，我认为你这个是存在法律风险的。

（五）不管是任何环境，我认为获批的可能性很小，如果说你这个手术失败，那么就算是谋杀。

（六）王智你有没有这样想过你爸爸，他做这个决定是为了你们，他想哪怕我死在手术台上也是一种解脱，因为他知道他已经拖累了你们，跟钱没关系吗？

（七）我听完万先生的话有一个启发，我们人的生命不能仅仅用科学去解释，我们真的是要从我们的情感、我们的心灵、我们的伦理多个方面去考虑。

（编导想对这个事提出质疑，或者说是替观众提出疑问，但是不能直接地将自己的想法说出来，而是借由评论员的嘴说出，这也是"用事实说话"的一个手段）

评论员2（林贻真　心理咨询师）：

（一）我以前听说过这样的手术，因为在动物界有过这样的实验。人类现在好像也在尝试这个手术，其实说是换头，与其是在换身体，那么对你来说等于孤注一掷，与其这样活着我还不如手术，手术还能恢复一部分。

（二）手的精细动作是外科里面要求最高的，如果他换上去的手能够动的话，他的外科在国际方面也是最顶端的。

（三）我有一个问题，那像你这样说，泛化地讲，所有器官都可以移植了吗？

嘉宾王智：

我觉得这不一定是试验品，就像换肾，或心脏支架，在第一例的时候都会引起争执，很正常，只是因为太痛苦了，因为我父亲是没有生存质量可言的，一开始的时候，家里没有呼吸机，我和我妈都给他用手按，人的呼吸是多长时间一次呢，我和我妈就在他旁边这么按。过年的时候，外面鞭炮热闹，我爸就说你俩出去看看鞭炮，给我这么蒙上，回来一切都结束了，何必这么辛苦。你说我爸当初说这段话的时候，怎么想的？从那时，我就一定要让我爸有希望，前提就是我有希望，于是我就看到了"换头术"。

（另一个嘉宾提出了不同意见，与第一个评论员的观点截然相反，也就是我们说的相矛盾）

解说词：早在20年前，任晓平医生就在美国参与完成了世界第一例成功的异体手术移植，病人不仅完全恢复了手部功能，而且存活至今，这些都使任晓平积累了珍贵的技术和经验。然而"换头术"仍然是全球医学的难点和禁忌。从1908年起，美国、苏联和我国的医生和科学家纷纷尝试"双头狗实验"，但"双头狗"最长只存活了5天零4个小时。1970年，美国医学先驱尝试给猴子换头，却无法连接脊髓，使猴子死亡。脊髓连接已经成为医学界重大问题。2012年，任晓平回国组建团队，开始研究，现在已完成几千例动物移植，那么今天是否能够成功呢？（再次设置悬念，层层深入）

任晓平医生：

（一）我是来自哈尔滨医科大学的任晓平医生，据报道，我能检索到的，只有我。"换头术"是一个通俗的说法，我从事这个领域多年，给出新命名，"异体头身重建术"。针对不可治愈的、濒临死亡的病人，主要涵盖三大类疾病，1. 中枢神经元萎缩导致病人常常早年死亡；2. 恶性肿瘤，肿瘤已经扩散；3. 脊柱性高位截瘫，存活率波动在

30%～50%，我们在小鼠身上已经试验成功。

（二）脑袋有中枢神经系统，你说得对，中枢神经的再生功能恢复不影响手术进行。我现在是在进行大量的临床实验，我需要大量的资金投入，在临床实验，缩短临床与基础科学的距离。

（三）我们这一例如果做成呢，它潜在的给医学带来的发展对其他疾病的解决可能不只是六个、六十个、六百个……是造福于全社会的一个研究啊。

主持人：

（一）您是中国唯一一个在做这个领域内实验的人吗？如果说国家给您一笔资金，要做一台手术，大概花费是多少？听说今天王智的妈妈也来到了现场，我们听听妈妈是怎么说的？

（二）代女士您有没有想过，就是您丈夫这么多年，想过他要怎么办吗？如果现在，存活概率是一半一半，那你们愿意吗？和钱没有关系吗？我们还得听听您的意见。

解说词：在丈夫王焕明意外受伤后，照顾丈夫的重担就落在了王女士的妈妈代玉华的身上。对于女儿的"换头想法"，代玉华并不同意。

（就在节目说"换头术"是可以实现的、回答了前面的问题后，"王女士母亲"的反对使得矛盾再次出现，并与前面的内容又形成新的冲突，同时也制造了下一步的悬念，即为什么不同意）

嘉宾代玉华（王智妈妈）：

（一）我女儿有这个想法，依我看来特别不可思议，这六年呢真的死过好几回，但是我还是觉得这事跟童话似的，我总觉得我丈夫在床上，我能喂他饭，总比你做手术危险要小一些。

（二）我想我将来实在不行的话，我都有心跟他一块儿去。

（三）如果有百分之八十的概率，我还是怕，怕万一不能从手术台上下来。

嘉宾王智：

（一）我爸这几年呢，真的是特别不容易。有的时候呼吸机一不好使了，或者停电了，都会对我爸的生命造成威胁，每一次给我爸人工送气完了咱们都抱头痛哭。你想我爸，我都问了他多少回了，他也同意做这个手术，我是为了你们俩活，你伺候我爸是减轻我的负担，然后让我去照顾我的家庭，我爸那么没有质量地活着，也是为了我们俩，希望我每周回来都能看见他，他就像"植物人"一样。我经常说我爸是"活死人"，所以我们做了这个手术，梦想就能成真。

（二）我觉得什么手术都有风险，上下班在路上，都有一定的风险，主要我爸爸这几年，全靠我妈的辛苦换来的，一家有一家苦，我们家的苦只有我自己知道。

（三）我爸有的时候，就有好多次想过放弃，想过安乐死、咬舌自尽什么的。后来看了任教授的文章，我就又想，我爸是不是还能活个三年五年什么的。

（四）如果还有百分之八十的概率，那么我的回答是：做。

（五）要是钱的问题，家里的钱肯定是花光了，但是我相信，社会会知道，我们家已经承受不了。

患者王焕明：

这个换头手术，风险很大，但我这么活着，太受罪了，一点质量没有。我愿意赌一把，成功更好，不成功呢，我也认命了。这几年过来了，我女儿老伴这么陪伴，对不起他们。

（患者的态度再次与"王女士母亲"的反对形成了矛盾，事件发展到这一步，已经进入了高潮的部分）

主持人：

如果一个父亲，在去世前，他的儿子不巧去世了，他们之间的排异性会很小，因为不管基因、血管问题了。他就换了他儿子的身体，继续活下来了。那么这个结合体对于他儿子的太太来说是什么？对他的老伴是什么？对他们共同的孙子来说又是什么？

医生：

（一）这就是我们常说的"生不如死"，他愿意求生，但我们医生，在没有准备的情况下不会动这个刀。

（二）说到他的第二代，这是我们现代医学的模范，比如受精卵、指纹问题。

（三）这个问题我们是有参照的，一些肾脏衰竭的病人，夫妻之间，父子之间，互相捐献。对于这些叠加的问题，我们一开始没有完成一例，很多问题都无法解答，就像当年的心脏问题一样，第一例进行心脏移植的医生都被关进了监狱。我说伦理学不是一成不变的，它是与时俱进的。

评论员1（万旭　东南大学教授）：

（一）我认为现阶段不适合在人体上做这种手术，因为这样会引起这个人属于身体呢还是属于头呢（这样的问题）？

（二）就像手部的指纹移植，那么是谁的手呢？我想证明，一个人，不仅仅是头颅，你的身体在很大程度上都代表了你，我们不能这样来处置我们的身体。

（三）我可以毫不夸张地说，如果这样的技术真的变成现实的话，有可能以后就会变成"有头一族"和"有身一族"。

（四）我们国家有规范的，禁止器官买卖，以及对活体器官交易有着非常严格的控制，而且我们为什么要有脑死亡的立法，我们为什么有强调器官的捐献，如果在身体上是否会有"永生"的医学能力，我们要划出医学的边界，正确地认识死亡。人的整体性是由人格决定的。

（五）如果这个手术成功了，它会带来多少利益。但是您知道《赫尔辛基宣言》当中明确说一点，"以不危害病人利益为前提的利益是远远大于医学科研的利益的"。

场外观众1（来自红十字会）：

从我多年的经验来讲，"换头术"太难，因为目前状况，器官的需求量十分大，十三亿人口中的病人，等待器官的需求发展越来越壮大。从今年1月1日起，国家已经实行了规定，死囚犯的身体不可用，尿毒症、肝癌这些病就会进入大病医保，这是好事，一旦成功的话，对器官捐献的需求量就成倍增加，我们一线协调员会越来越辛苦。

解说词：2015年9月，《重庆晚报》报道重庆著名女作家因癌症逝世，其女儿为其在美国进行大脑冷冻手术，以期五十年以后能够复活。全程陪同的志愿者魏谨亮对王智的选择是怎么看的呢？

场外观众2（中国第一例人体冷冻志愿者）：

（一）我们想，人最重要的是什么呢？是希望。我相信所有晚期的患者都有这样的希望，我想这样的问题嘉宾王智也有这样的疑虑，会不会变成有钱人的游戏、变成有钱人的专利。我的答案是不会。如果说我们人体冷冻在将来复活的那个阶段，我们的分子修复和对衰老和疾病的攻克，能达到一个水平的话，说明我们的医疗水平也上升了一个层次。真正受益的是那些最底层、那些现在还用不到这些技术的穷人。我们需要以发展的眼光看问题。

（二）我想，有一天，科学是可以解决人类所有问题的。

场外观众3（渐冻人蔡兴桥）：

我是渐冻症患者，这个病和癌症、艾滋病并称为医学界三大难题。我从小得了病，医生说我活不过18岁，然而我现在已经23岁了，并且还上了大学、参加了工作。妈妈一直没有放弃，我一直用妈妈的方法锻炼，想对她说，与其去做"换头术"，不如好好珍惜现在的生活，用家属的亲情去关爱病人。

评论员1（万旭　东南大学教授）：

我们还是会比较现实地去关注人与人之间的关系，人与人之间的准则，病人与医生之间的关系，科研与医疗之间的关系。而且医学的目的是什么？医学最终的结果是什么？我们要去治愈病人，但如果不能治愈的话，我们应该接受失败。

解说词：节目录制完成后，我们为患者王焕明安装了眼控看护系统，希望他们一家勇敢和病魔战斗，不放弃。

（以多方观点的阐述作为结束）


# 第四节　电视节目的节奏控制


节奏是艺术作品不可缺少的元素，它存在于运动和变化之中。电视节目的节奏直接影响观众收看的效果。解说词长了，采访时间长了，观众会烦；剪辑节奏太快观众会头晕眼花，太慢观众又会觉得无趣。好的节奏就像呼吸，让人感觉不到，但是又很舒服；糟糕的节奏就像车祸现场，本来一个好的故事、好的题材就被完全毁掉了。

## 一、节奏与受众心理

节奏既看不见也摸不着，它是存在于观众心里的一种感受。不同的节目有着不同的目标受众群，编导切勿将自己的主观爱好过分带入，认为自己喜欢的就是观众喜欢的。比如一档少儿节目，目标受众群就是儿童，他们的注意力维持的时间有限，看太长的画面、听太长的解说词就会精力不集中，甚至无法理解。那么，编导就要安排节目的每个段落都相对短小，解说词的时间要短，尽量多用对话这种形式。

再比如，时尚类的栏目目标受众群肯定以青年人为主，他们对快节奏的接受度是比较高的，慢吞吞的镜头很难提起他们的兴趣。因此快切是必然的选择，故事编排也要高潮迭起。

## 二、叙事结构对节奏的影响

片子的叙事结构会直接影响节奏，事件的起承转合、情节的铺陈、人物情绪的发展，这些都是结构中影响节奏的元素。节奏的任务是要自然地、极富感染力地展开故事。那么节奏到底体现在哪里呢？就体现在动和静的结合之中。比如拍摄一部关于案件侦破的片子，警察在调查、分析案情的时候是静的，在逮捕犯人的时候又是动的，这静和动之间就产生了节奏。

因此编导在构建片子的时候要格外注意篇章与篇章之间、段落与段落之间、情节与情节之间动与静的安排。比如上一个段落主要是静态采访比较多，那么下一个段落就要尽量选用具有现场感的内容，注意动态素材的运用。

《军事纪实》之《22岁的生命壮歌》（附录2）的叙事结构就非常好地运用了"动与静"的结合，让我们来看其中一个片段编导是怎么处理的：

> 这个阳光、帅气的大男孩叫孙茂珲，他是武警苏州消防支队的一名消防战士，入伍四年，两次荣立三等功，今年准备报考军校。然而，2012年2月1日，他在参加一场灭火战斗中壮烈牺牲，留给父母和战友无尽的悲痛。
>
> 采访同期父亲：
>
> 他太年轻了。
>
> 母亲：
>
> 真是一辈子的痛，慢慢体会吧，一辈子也抹不去。
>
> 武警苏州消防支队战士：
>
> 像哥哥一样的，真的，像哥哥一样的。
>
> 痛惜孙茂珲离去的，不仅是父母和战友。2012年2月4日，8000多位苏州市民自发赶来为孙茂珲送行。一位年轻战士的离去，为什么会牵动这么多人的心？

这一段节奏明显是"静"的、悲伤的，通过父母和战友的惋惜来抒发孙茂珲在22岁这个花季就英勇牺牲的悲痛事实。接着：

让时间再回到那个起火的清晨，2012年2月1日5时02分，苏州市工业园区一公司发生火灾。班长孙茂珲和战友一起紧急赶赴火场。

被救群众：

当时我们突然发现，我们一台水洗机中间起火，烟也特别大，迅速蔓延到整个车间里面。当时，烟扩散得非常快。我们整个的车间里面，一下子布满了浓烟。我们很多人都被呛得受不了。很多员工非常害怕，我们一些女生都吓得快哭了出来。

由于火灾现场的环境非常特殊，因此消防员的救援面临着极大的困难。

字幕：火灾发生7天后，记者跟随消防员来到现场。

在"悲伤"之后，马上就接到了事故发生的那一刻，紧张的气氛立刻就起来了，节奏的"动感"也就随之而来了。

### 三、视听语言对节奏的影响

视听语言是电视的表现手段，是表现节奏最直接的元素。视听语言中影响节奏的元素有：景别的大小，摄像机的运动，剪辑的频率，音乐、音响、解说词等。

#### （一）景别的大小对节奏的影响

景别分为远景、全景、中景、近景、特写，其中远景和全景为大景别，中景、近景、特写为小景别。相比较小景别，大景别提供的画面信息量大，观众看清所需的时间就长。因此在单位时间里，固定镜头的景别越大，节奏也就越慢。

相同速度的主体，景别越小，视觉动感越强，节奏也就越强。而且，两极景别相加也会产生跳跃的节奏感。比如某运动鞋的广告中，拍摄的是一场紧张激烈的球赛，画面用了大量的特写、近景来渲染比赛的激烈，但是展现过多会让人视觉疲劳。因此就要在其中穿插一些全景奔跑的镜头或进球后欢呼的镜头，让大与小、动与静形成一个反差，使得节奏有张有弛。

#### （二）摄像机的运动对节奏的影响

摄像机不同的运动方式造成的视觉节奏也不同，它能够使得静态物体以运动的效果产生出动态的节奏变化。比如一个人站在那里被某些事物惊呆了，此时可以用推镜头来表现人物内心情绪的变化，同时也使画面富有动态的节奏。再如，拍摄一个战争场面，可以使用手持的跟拍的镜头，用镜头的晃动感来渲染战争的激烈和紧张。

#### （三）剪辑的频率对节奏的影响

镜头长度和画面切换速度的关系体现为剪辑频率的变化，剪辑频率越高，节奏越快，剪辑频率越低，节奏越慢。不同的剪辑速度展现不同的感情色彩，慢速剪辑如慢动作的处理多用于情感的渲染、情绪的抒发，快速剪辑如快进、镜头快速来回切换则有利于激发强烈的情绪。

随着生活节奏的加快，如今的电视节目剪辑节奏是偏向于越来越快的。以前我们在剪辑中所强调的镜头的最低限度也就是观众能完全看清画面的最低时间限度已经被打破，运动镜头要求的起幅和落幅在剪辑中也经常被淡化甚至忽略掉，以造成一种眼花缭乱的快节奏感。

### （四）音乐、音响、解说词对节奏的影响

音乐本身就是节奏的产物，它的快慢经常与画面形成衬托的效果，比如画面慢、音乐慢，会让节奏显得舒缓而宁静；画面慢、音乐快，则会让节奏加强，这种加强往往是存在于一种内在的情绪上的。

音响就是现场音效的运用，也会带给节奏以变化。比如一个人站在铁轨上，此时火车的一声鸣响打破了之前平静的节奏，瞬间带来了紧张感。

对于电视来说，声音不仅是剪辑效果的重要表现，而且是叙事中最基本的构成因素。解说词、人物采访各自具有不同的节奏因素。解说词可以通过各种语调、语速、情绪等影响节奏，但是总体上比较单一。因此在电视节目的剪辑中，要注意不同声音元素的搭配运用，比如在讲述一件事情的时候，要注意解说和现场采访的结合使用。

上述三个方面的因素是影响电视节目节奏的主要因素。各个要素之间的运动变化是片子中节奏变化的基础，景别的大小、摄像机的运动和剪辑的频率是片子中节奏变化的表现形式，音乐、音响、解说词是片子中节奏变化的辅助和补充。恰当地处理好这几个方面的关系是把握节目节奏变化的关键。

## ▶▶ 实训项目二

**实训内容：** 电视节目叙事分析训练

**实训要求：** 观看《军事纪实》之《22 岁的生命壮歌》，并仔细阅读附录 2 中的文案，分析并讨论其情节设计及节奏的控制。

**实训步骤：**

1. 通读全文（见附录 2），判断《军事纪实》之《22 岁的生命壮歌》的结构方式是怎样的。

2. 从冲突、悬念设置和细节表达方面各举一例来分析。

3. 讨论节目的叙事节奏控制。

**成果评价：** 学生互评、教师点评。

# 【附录2】

## 《军事纪实》之《22 岁的生命壮歌》节目播出文案（完整）

【导视】

农历龙年正月初十，武警消防战士孙茂珲三次冲入苏州工业园区的火灾现场，和战友一起营救出 130 名被困群众，并在生死关头把生的希望留给了战友。在那个还笼罩着节日气氛的早晨，他的生命却永远定格在了 22 岁。《军事纪实》本期播出《22 岁的生命壮歌》。

【正文】

这个阳光、帅气的大男孩叫孙茂珲，他是武警苏州消防支队的一名消防战士，入伍四年，两次荣立三等功，今年准备报考军校。然而，2012 年 2 月 1 日，他在参加一场灭火战斗中壮烈牺牲，留给父母和战友无尽的悲痛。

采访同期父亲：

他太年轻了。

母亲：

真是一辈子的痛，慢慢体会吧，一辈子也抹不去。

武警苏州消防支队战士：

像哥哥一样的，真的，像哥哥一样的。

痛惜孙茂珲离去的，不仅是父母和战友。2012 年 2 月 4 日，8000 多位苏州市民自发赶来为孙茂珲送行。一位年轻战士的离去，为什么会牵动这么多人的心？

让时间再回到那个起火的清晨，2012 年 2 月 1 日 5 时 02 分，苏州市工业园区一公司发生火灾。班长孙茂珲和战友一起紧急赶赴火场。

被救群众：

当时我们突然发现，我们一台水洗机中间起火，烟也特别大，迅速蔓延到整个车间里面。当时，烟扩散得非常快。我们整个的车间里面，一下子布满了浓烟。我们很多人都被呛得受不了。很多员工非常害怕，我们一些女生都吓得快哭了出来。

由于火灾现场的环境非常特殊，因此消防官兵的救援面临着极大的困难。

字幕：火灾发生 7 天后，记者跟随消防战士来到现场。

武警苏州消防支队指导员　余杨：

火灾发生以后，内部充斥了大量的烟气，再加之这个厂本来就是生产电子元件的，有大量的 PC 材料，产生了大量的有毒气体。所以进入内部以后，能见度几乎为零。

字幕：救援现场

消防战士：

空气呼吸机，空气呼吸机，有空呼的赶紧进去，有空呼的快过来。

这是武警消防队员刚刚来到火场后拍摄下来的录像资料，现场到处都是烟雾弥漫，画面上只剩漆黑一片。然而，就在这黑暗里面还有130名员工被困，他们的生命安全已经受到严重威胁。

武警苏州消防支队指导员　余杨：

喷淋启动了以后，很多箱子被喷淋所喷出来的水软化，从货架上掉下来，堵住了很多进攻的通道。所以我们的战士，走两步就得绕一圈，走两步就得磕一下，所以说相当困难。

我们现在进来以后，在没有烟气的情况下，我们用灯照，可以看出来这个货架排列的方向。但是在我们当时，大量充斥烟气的时候，进入内部，我们根本就看不清楚或者是根本就摸索不到这个货架排列的方向。

尽管救援难度很大，但在20多分钟的时间里，孙茂珲和战友不顾一切地两次冲入火场，成功疏散130名被困群众。

随后，有工厂员工报告，火场内可能还有被困人员。听到这个消息，班长孙茂珲和中队长助理王浩君主动请缨，他们决定第三次冲进危机四伏的厂房进行搜救。

武警苏州消防支队队长助理　王浩君：

我们想到的是先进去救人，搜救人。

武警苏州消防支队指导员　余杨：

因为它这个厂房的面积比较大，有7200平方米。属于大跨度的厂房。深入内部以后，需要很纵深地进行搜救。

为了不让一名群众被困火场，孙茂珲、王浩君身上绑好连接队友的安全导向绳，奋不顾身地向厂房深处前进。

武警苏州消防支队指导员　余杨：

空气呼吸器在理论上能坚持40分钟到1个小时，但人的运动量加大，空呼的使用时间就会缩短，实际的火场上，一般能用30分钟到40分钟。

一片漆黑之中，时间在悄悄流逝，氧气也在一点点耗尽，随着两人搜救时间过长，王浩君的空气呼吸器开始报警。眼看战友情况危急，指导员余杨果断下令，命令孙茂珲和王浩君立即撤回。然而就在此时，意外却突然发生了！

武警苏州消防支队指导员　余杨：

进去以后，大量的箱子，从货架上掉落下来，所以说他们的安全绳就被这个掉落下来的物品还有一些货架缠绕掩埋。

从货架上掉落下来的箱子，掩埋了两位深入火场搜救官兵身上的安全导向绳，孙茂珲和王浩君已无法按原路撤回，死神在向这两位年轻的武警消防战士一步步逼近。

很快，氧气即将耗尽，王浩君的体力渐渐不支，意识开始模糊。在生死攸关的紧急关头，孙茂珲做出了一个不寻常的举动。

武警苏州消防支队队长助理　王浩君：

他把呼救器给了我，然后他自己说，跟我讲了一句，说助理你在这边等着，我去找出口。

呼救器是武警消防队员随身佩戴的一种呼救器材，当佩戴者 30 秒左右静止不动时，它就会自动发出闪光和警报声，便于被困者被及时发现。孙茂珲非常清楚呼救器在关键时刻的作用，但是为了能让战友王浩君尽快脱离危险，他把自己的呼救器也放在了王浩君的身上，把生存和获救的最大希望留给了战友。

看孙茂珲和王浩君没能撤回安全地带，心急如焚的战友们迅速冲入了火场。

字幕：救援现场

消防战士：

快，快，快，有空呼的人进去，有空呼的人进去。

在呼救器的指引下，战友们最先发现了深度昏迷的王浩君。

字幕：救援现场

消防战士：

叫 120 的过来，120 在下面。120 的车准备好了，在往外救。

不久，离王浩君几十米的孙茂珲也被发现。

字幕：救援现场

消防战士：

让开！让开！茂珲！茂珲！

武警苏州消防支队战士　易光星：

我就在门口，当时我看到他的脸，我当时我就哭出来了。

字幕：救援现场

消防战士：

让开！让开！茂珲！

130 名被困群众无一伤亡。然而，王浩君、孙茂珲被先后送进医院紧急抢救。孙茂珲经抢救无效，壮烈牺牲，年仅 22 岁。

武警苏州消防支队队长助理　王浩君：

要不是他把那个呼救器给了我，我的战友也找不到我，我也不会躺在这里了。

【下节提示】

在这个寒冷的冬天，孙茂珲走了，但寒风却阻挡不了人们对他的深切怀念。英雄的亲人又将怎样接受这个残酷的现实？战友眼中的孙茂珲又是怎样的一位好班长？《军事纪实》正在播出《22 岁的生命壮歌》。

2 月 1 日，是农历龙年正月初十，家家户户还沉浸在团圆喜庆的氛围里。然而就在这一天，三次冲进火场救人、在最后关头将生的希望留给战友的孙茂珲却走了。他走得仓促，没有来得及和出生入死的战友告别；他走得突然，让远在山东日夜牵挂他的父母毫不知情。

孙茂珲的父亲：

部队领导说孩子消防的时候中了点毒，说没事，说你来看一下吧，正好春节没事。

孙茂珲的母亲：

我说没事，彤彤（孙茂珲）肯定平平安安的，中点毒、上点彩也不要紧，只要生命在就行了。是吧？

孙茂珲的父亲：

结果来这以后，一听这个消息，真是和晴天霹雳一样，当场我就昏过去了。

孙茂珲的母亲：

到现在我都不敢相信。

2月4日，在孙茂珲的追悼会上，被巨大的精神打击摧垮的父母由亲人推在轮椅上见了儿子最后一面。

追悼会现场

解说词：

彤彤，彤彤。

彤彤，是孙茂珲被母亲从小叫到大的乳名。然而此时，他静静地躺在母亲面前，再不能回答妈妈的声声呼唤。

追悼会现场

解说词：

我想摸摸他的脸，我想摸摸他的脸。

孙茂珲的母亲：

我说彤彤，从小就干净，走的时候应该叫他干干净净地走，听他那个战友说，给他洗也洗不去，脸叫烟熏得洗也洗不去。我真不想看到他那么走。我说那个情景真的在我心里一辈子也抹不去。

父亲也几次伸手想要最后触摸儿子的脸庞。

解说词：

你放心走吧！儿子，苏州人民不会忘记你的，家乡父老不会忘记你的，你安心走吧！儿子。

是的，苏州人民不会忘记你。

"让火焰温暖你冰凉的胸膛，让泪水寄去我无尽的祝福。"

2月4日，苏州的气温是零下6摄氏度，几乎是入冬以来最寒冷的一天。寒风没能阻挡人们对英雄孙茂珲的怀念，社会各界自发赶来为他送行的群众有8000多人，他们要陪英雄走完最后一程。

小朋友再为你送上一枝鲜花，谢谢孙教官给我传授消防知识。

工厂员工再为你送上一枝鲜花，谢谢你用生命换回了我们的平安。

白发的婆婆再为你送上一枝鲜花，谢谢你用热血温暖了苏州的寒冬。

追悼会现场

苏州市民：

我也非常不舍，我觉得很心痛，所以我今天一定要送送他。

22岁，孙茂珲走得太早，留给了世人无尽的惋惜。父母都希望孩子有一个美好的未来，父亲在寄给孙茂珲的信里表达了最朴实的愿望。

"你今年当兵，三姨、舅舅和亲戚们都说是明智的选择，部队总是稳定的，你尽完2年义务以后，就可以拿工资了，等再过几年，你和你的同学比比，收入肯定还是可观的。我们的要求不高，你能像姑父、三爹那样，爸爸妈妈就恣喽！"

信中提到的姑父和三爹都在部队工作，孙茂珲从小就把他们当作偶像。孙茂珲没有辜负父母的希望，入伍四年来，他先后参加灭火战斗500余次，参加抢险救援400余次，抢救被困人员30余人次，先后两次荣立三等功。作为班长，孙茂珲平时训练尤其刻苦！这是战友用手机为他拍下的画面。

视频1：扛煤气罐跑步

每次抢险救灾，他都是冲在最前面。至今，身边战友还保留着两段孙茂珲救人时用手机拍下的视频。

视频2：高楼救人。片段

视频3：救坠楼人。片段

孙茂珲的父亲：

小猫小狗掉井里你也得救，捅马蜂窝也得干，抢险救灾也得干，什么也得干，他说都愿意干。有时候大火灭三四个小时、四五个小时，我们累得？有时候躺在地下一躺就睡过去了，睡过去起来再灭。看到马路上看到广大人民群众都排着队给他们鼓掌，他说尽管我脸上一脸灰尘，满脸汗水，但是我感觉非常荣耀。

他姑姑当时说他，你不要这么认真。这种（工作）太危险了，你不要这么认真。

孙茂珲的姑姑：

真是太要求上进了，说我是班长，我就得冲在前面。我对我的战友，我对我的兵，我就是把他们当成我的亲兄弟。

我不冲在前面谁冲在前面？这是孙茂珲作为一名军人对自己的要求。打开孙茂珲的QQ空间，也许，我们能还原一个更加真实、更加立体的孙茂珲。照片上的他阳光、帅气，甚至很会搞笑。我们还能看到不久前他和朋友之间的调侃。

QQ留言：

朋友：能不能不这么搞笑？

茂珲：嘿嘿，我长得是不是很喜剧？

茂珲：我就是负责搞笑的。

武警苏州消防支队战士　易光星：

他特别爱笑，有点臭美，他每次出去都要打扮老半天出去，戴个帽子啊，再穿得比较嘻哈一点。

爱笑，爱美，22岁，正是孙茂珲生命之花怒放的时刻。他喜欢运动，擅长滑板；他喜欢摄影，连包饺子都要拍照留念；他喜欢美术，墙上贴满了他的作品；他喜欢表演，即使演个配角，也极其认真。

小品视频一段

和小朋友们在一起，他就是最和蔼可亲的大哥哥，这几年，驻地小学生到消防队参观，负责讲解任务的都是孙茂珲。

就是这样一个浑身充满活力、对生活充满热情的大男孩，他走得太突然，甚至还没来得及谈一场恋爱。

孙茂珲的母亲：

他说妈妈不是没有女孩子追我，她们都说我长得帅。我说你现在还小，还不稳定，你还不知道将来前途是什么？你等考上军校了，军校毕业了，分哪里了，一落稳了，再找。

也许是上天的安排，痛惜如此年轻的生命就此陨落，三年没有回过家的孙茂珲，在2012年元旦时特地请假回家探亲，短短的10天时间里，他看望了所有的亲戚，和所有人拥抱，给所有人准备了礼物。

孙茂珲的母亲：

花了280块钱，给我买了一双皮鞋，我寻思起来我就难受，我穿这双鞋的时候就是最后和他告别的时候穿。

孙茂珲的姑姑：

孩子买了15双袜子，说，留给他弟弟5双吧，难受死我了。

你忘了吗？你说考上军校后一定回家陪妈妈过年，你还说要带患有心脏病的父亲到苏州检查身体，10天假期竟成最后的团聚，再相见已是阴阳两隔。

2月5日，孙茂珲的父母来到孙茂珲生前生活战斗的地方，看到身穿军装的武警消防战士，父亲仿佛看到了自己的儿子，将他们紧紧搂在怀里，失声痛哭。战士们用庄严的军礼向这位英雄的父亲致敬！

在孙茂珲的床铺前，母亲久久不忍离去，似乎还能感受到儿子的体温。

现场同期

妈妈：

再也不能看见你了，你再也不能在这上面睡觉了。

爸爸：

你知道你走了以后，爸爸和妈妈，我们有多悲痛吗，儿子？

莱阳吧：

叹一声，何其壮哉！惜一声，英灵早别！悲一声，双亲泣子！诉一声，壮志永存！

QQ留言：

兄弟，如果可以，我愿用我的生命去换你的生命。

短短几天时间，网上关于孙茂珲的评论和留言就有数万条。不尽的惋惜和不舍，没能挽留英雄的脚步。在一封2009年孙茂珲写给朋友的信上，有这样一段话，也许从这里，我们可以读懂他的选择。

"你问我当兵后悔吗？答案是没有，从来没有想过退伍的那一天，往后走呗，终于适应了部队的环境，不穿上军装不回头啊。"

孙茂珲以实际行动践行了人民消防为人民的铮铮誓言。22 岁，还是父母眼里的孩子，却早已成长为一名真正的军人、一位顶天立地的男子汉。他无愧于自己的职责，无愧于自己身上的军装。

2012 年 2 月 6 日，孙茂珲被追认为中国共产党党员、革命烈士，追记一等功。

2012 年 2 月 14 日，孙茂珲的骨灰被安置在苏州烈士陵园，长眠于这片他用生命守护的地方。

黑底白字：

英雄没有离去，他永远守护在这里！

# 小　结

1. 结构可以使电视节目内容条理化、节目整体化及主题明朗化。

2. 电视节目常见的结构方式有递进式结构、主题集合式结构、多线索式结构等。

3. 电视节目的情节设计要注意冲突与矛盾、悬念的制造、细节的表达，同时还要"用事实说话"。

4. 电视节目的节奏控制要考虑受众心理、叙事结构及视听语言对节奏的影响。

# 第六章　电视节目后期制作

>>> **理论单元**

**一、知识点**

(一)画面剪辑的注意事项及基本方法

(二)镜头组接的基本原则

(三)转场的处理技巧

(四)剪辑中声音的处理

(五)解说词的基本要求及写作方法

(六)节目包装与合成的基本元素

(七)字幕的设计与运用

(八)检查成片的步骤

**二、教学目标**

(一)了解蒙太奇的种类

(二)熟练掌握叙事蒙太奇和表现蒙太奇的剪辑方法

(三)熟练掌握镜头组接的基本原则

(四)熟练掌握技巧性转场与连贯性转场的方式

(五)熟练掌握画面剪辑点的选择

(六)熟练掌握人声、音乐及音响剪辑点的选择

(七)熟练掌握解说词的合理位置

(八)学会解说词的基本写作

(九)了解节目包装与合成的基本元素

(十)熟练掌握字幕的设计及其应用

(十一)了解检查成片的步骤及标准

后期制作是电视节目制作的最后一个环节,包括画面的剪辑、声画的结合、字幕的设计、节目的整体包装、特效制作等。一般流程是粗剪—解说词写作—配音—精

剪—字幕合成—后期包装—审片—出成片。

粗剪就是根据节目文案的大致结构以及节目的时长限定，在非线性编辑系统上对进行初步的排列组合，并大致算好时间，然后根据画面的组合和感觉写作解说词。解说词写好后，请主持人或配音员进行后期配音，对录好的声音和画面进行初步的匹配后，就可以准确地依据声音的节奏去调整画面了，也就是进行精剪。

精剪要求比较高，不但要控制整体的节目节奏，时间精确到帧，而且还要注意镜头之间、段落之间的衔接。在此基础之上，还要与音乐、音响等进行匹配。

在精剪后，就要进行字幕的合成，字体、大小、颜色、位置的选择直接影响节目画面的美观度。最后是后期包装、检查审片、校对字幕等。在一切万无一失后，这期节目就算完成了。

# 第一节　电视画面剪辑

无论什么类型的电视节目，进行剪辑的时候都要将一系列的镜头按照一定的顺序组合起来，这就要涉及剪辑规则的问题。镜头的组接遵循了一定的规律和章法，也就是人们通常说的蒙太奇技巧。作为电视编导，对剪辑规则的掌握是最基本、最重要的能力之一。

## 一、剪辑的形式

剪辑的形式多种多样，但总的来说，无非分成两大类：叙事剪辑法和表现剪辑法。叙事剪辑法特指以描写动作、发展情节、讲述事件为目的的镜头组合方式，它多以时间顺序或逻辑顺序为镜头切换的依据，着重于通过一系列有内在关联的连续性镜头来叙事。

叙事剪辑法是电视节目中最基础的剪辑方式。虽然在节目的事件呈现中，采访、背景解释也是常用的手段，但是当下的电视节目创作更重视通过典型事件、典型细节、典型人物来展现节目的主题。

与其相对的是表现剪辑法，它是以镜头队列为基础，通过镜头组合在内容或形式上的相互对照、不断叠加，产生单个镜头所不具有的更丰富的含义，用以表达某种情绪、激发观众的联想，体现了更多的创造力和想象力。

与叙事剪辑法相比较，表现剪辑法不单纯是为了叙事的需要，也不是为了说明事件，而是更强调超出表面现象的更深刻的意义和情绪。

### （一）叙事剪辑法

#### 1. 连续式剪辑

连续式剪辑是一种最简单、最直接的剪辑形式，即将一组镜头按照事物发展的连续性、演进性结合在一起，以表现一个完整的事件。这种剪辑方法，要求镜头是不能随意颠倒顺序和删减的。比如一个人在镜子前穿衣服，照了照镜子，然后走出家门。这组镜头在表现的时候，就不能先出现一个人走出家门的镜头，然后再出现他在镜子前穿衣服的镜头，这样观众是不理解的。一定要按照人们观察事物的正常思维和事件发展的逻辑性来安排镜头的顺序。连续式剪辑又具体分为三种，即前进式(顺序式)、后退式(悬念式)、省略式。

(1)前进式剪辑

即叙述时由远及近、镜头景别由大到小的剪辑方法。这种方法是依据人们观察事物的习惯而决定的，比如：

镜头1：(全景)一个老师走进一间教室。

镜头2：(全景)老师的主观视角，教室中坐满了人。

镜头3：(中景)一个女生正在低头干着什么。

镜头4：(特写)一个拿着手机的手，正在玩游戏。

在这组镜头中按照1、2、3、4的顺序进行剪辑，符合我们对事物观察的习惯，即从外到内、由表及里，循序渐进。我们很容易就明白了这是一个老师去上课，结果一个女生开小差，上课偷偷玩手机。我们将这几个镜头颠倒一下顺序，看看会出什么效果。比如3、4、1、2，这样组合传递的信息就不一样了，镜头中先出现女生玩手机，然后老师才进的教室，那么就意味着女生是在上课之前看的手机，她并没有违反课堂秩序。

对于动作连续性来说，前进式的方式是先用全景建立动作的总体形态，让观众有整体的认知，再用小景别将注意力引向具体事物，用以突出细节。比如一条反映雾霾的新闻：

镜头1：(远景)被雾霾笼罩的城市。

镜头2：(大全景)人们都戴着口罩在大街上行走。

镜头3：(中景)警察也戴着口罩，在指挥交通。

镜头4：(中景)一名女性抱着一个小孩。

镜头5：(近景)小孩戴着大口罩的脸。

这几个镜头先通过远景从大环境上交代雾霾的严重程度，然后逐步递进地显示了人们在这种天气下的状态，用中、近景将观众的视线引到小孩的身上，展现了雾霾对孩子的伤害，让人们对雾霾更加心有余悸。这个报道画面语言非常简洁清晰，有层次感。

（2）后退式剪辑

这种剪辑方法与前进式相反，景别由小到大来呈现。这是一种比前进式更容易吸引人的方法，在空间上是远离，在视觉上则是交代，有利于制造悬念。比如：

镜头 1：（特写）一只手将玻璃上的雾气擦拭干净。

镜头 2：（特写）面部特写，一个红唇。

镜头 3：（近景）一个女人正在擦口红。

镜头 4：（中景）这个女人走向衣柜挑衣服。

镜头 5：（全景）女人穿好衣服拿上公文包。

镜头 6：（大全景）女人一手拎着公文包，一手拿着一个汉堡，走在川流不息的人群中。

在这组镜头中，一只手的特写瞬间就将观众带入了叙事情境中，带给观众的视觉刺激是比较强的。而且开场的镜头景别越小，节奏就越快，因此观众很容易就被剧情所吸引了。由小到大的景别交代了女主人公早晨从梳洗打扮到出门上班的全过程，开场的唇部特写和对擦口红动作的强调则预示今天的工作对于女主人公来说可能会比较重要。

（3）省略式剪辑

我们剪辑的时候，有些事物并不需要面面俱到地表现出来，只需要保留其中关键的部分或主要的片段就可以了。比如报道某领导视察的新闻：

镜头 1：（全景）领导走进工厂的大门。

镜头 2：（中景）领导与工厂厂长及其他负责人握手。

镜头 3：（中景）领导视察车间。

镜头 4：（中近景）领导站在车间和工人们亲切交谈。

在这里，每个镜头都是欢迎领导视察的具有代表性和相关性的关键部分，即镜头 1 说明领导来到了哪儿、镜头 2 说明领导见了谁、镜头 3 说明领导干了什么、镜头 4 说明领导与谁谈了话。通过这些关键节点的组合，观众建立起对完整事件过程的印象。

片段组合式叙述并不侧重景别表现的意义，而是强调突出必备内容，省略不必要的中间过程。这是一种简洁的叙事方式，在电视节目的剪辑中经常被用到。比如电视广告《雪碧魔术篇》围绕着雪碧，将魔术的关键节点按照顺序组合起来，转场连贯，表现了雪碧的清爽口感带来的快乐体验。

## 2. 平行式剪辑

平行式剪辑又称为平行蒙太奇，是指同时并列地叙述两个或两个以上的事件。这两个或两个以上的事件一般是同时发生的，但在不同地点，剪辑时分别穿插两个或两个以上的事件的镜头，主要表现跨越空间的特性。

平行式剪辑可以多层次、多侧面地观察同一事件的不同形态，可以灵活地展现更为自由的时空范围，多条线索同时为同一主题或同一情节服务。

比如《舌尖上的中国》之《脚步》中，分别讲述了西藏青年白马占堆爬上几十米高的大树采集蜂蜜和职业养蜂人谭光数夫妇为了养育儿女辛苦地养殖蜜蜂的故事：

| 镜号 | 景别 | 摄法 | 画面内容 | 图示 |
|---|---|---|---|---|
| 1 | 中近景 | 跟 | 白马占堆爬树 | |
| 2 | 近景 | 固定 | 白马占堆爬树 | |
| 3 | 中景 | 固定 | 谭光数在养殖蜜蜂 | |
| 4 | 特写 | 固定 | 夫妻二人工作的神情 | |
| 5 | 全景 | 固定 | 夫妻二人的背影 | |

电视新闻采访中也经常运用平行式剪辑，比如一个反映民事官司的报道中，记者在采访矛盾双方时让双方回答同一个问题，最后将二者的回答有机地结合起来，让观众从正反两面同时得到信息，从而帮助观众作出自己的判断。

### 3. 交叉式剪辑

交叉式剪辑又称交叉蒙太奇，是指将同一时间、不同空间发生的两条或多条线索迅速而频繁地交替剪接在一起，其中一条线索直接影响其他线索的发展，几条线索相互依存，最后汇合在一起。这种剪辑技巧能够引起悬念，制造出紧张的气氛。它与平行式剪辑的区别在于，平行式剪辑注重的是情节的统一、主题的一致，而交叉式剪辑则更要求线索有严格的同时性，线索之间还要有密切的因果关系和迅速、频繁的交替关系。

剪辑史中第一次使用交叉式剪辑的是美国导演格里菲斯的《最后一分钟营救》：一条线索是丈夫被冤枉杀人而被判死刑；另一条线索是妻子发现了真正的凶手，需要去找唯一有权下令停止行刑的人——州长……这两条线索交叉表现，就在丈夫即将被执行死刑的一刻，妻子终于赶到了，将丈夫救了下来。我们从这个例子可以看出这两条线索之间的交替关系、同时性、因果关系以及悬念性。

我们可以从片子中看出它们之间有明显的同时性。另外，在双方的老大和各自的卧底这两条线索中，他们的一举一动都时刻影响第三条线索，也就是交易的成败，所以它们之间也维系着紧密的因果关系。不过在纪实类的电视节目中，交叉式剪辑由于过于戏剧化，并不常使用。

### （二）表现剪辑法

#### 1. 积累式剪辑

积累式剪辑是把性质相同、内容相似的镜头按照动作和造型特征的不同剪接在一起，以达到渲染气氛、强调情节、强化主题的作用。积累式剪辑的方法就好像文学中的排比句一样，注重镜头内容的共同性质和特点、注重镜头组接的工整性。比如国庆阅兵仪式的报道中，镜头将陆军、海军、空军等仪仗队从不同角度、不同侧面反复交替地组接起来，令人感觉场面非常恢宏。之所以将这些镜头组接起来，主要依据是逻辑上的联系。这些画面往往从不同侧面说明一个相同的主题，组接之后产生一种综合效应。再如表现入冬以来第一场大雪的报道，看看它是怎么利用积累式剪辑的：

镜头 1：（全景）城市雪景，人们在推着车艰难地行走。

镜头 2：（中景）一个等公交的学生哈着气，为手取暖。

镜头 3：（中景）一辆巳经被大雪覆盖的汽车。

镜头 4：（特写）被雪压弯的树枝。

镜头 5：（全景）正在打雪仗的小学生们。

镜头 6：一只被冻得瑟瑟发抖的流浪狗。

这几个镜头既有自然景观，又有人物和动物，而且景别也不尽相同，但是在表现天气寒冷这点上却有着内在联系。它们都在表现"入冬这场雪"对生活的影响。

因为这种排比效应，积累式剪辑经常被应用在节目片头、宣传片或广告中。例如电视剧宣传片，很难在几十秒中表现复杂的剧情线，一般都是采用积累式剪辑，将最刺激、扣人心弦、跌宕起伏的镜头连接起来，用以充分体现故事的主题。

2. 对比式剪辑

对比式剪辑是将两种内容或性质相反的镜头组接在一起，形成一种对比效应的剪辑手法。例如富与穷、强与弱、美与丑、高大与渺小、进步与落后等的对比。

比如专题片《迎接挑战》中的一组镜头：

镜头 1：（特写）指针钟表的转动。
镜头 2：（特写）人们匆忙的脚步。
镜头 3：（特写）人们缓慢的脚步。
镜头 4：（全景）地铁中急匆匆赶路的上班族们。
镜头 5：（全景）慵懒的人们在闲逛。
镜头 6：（中景）快节奏的工业生产流水线。

这一组镜头表现了人们不同生活节奏的对比，强化了人们不同的时间观念。

再如《海豚湾》中，海豚表演的场景与海豚被大量捕获的场面形成了巨大的反差和对比：

| 镜号 | 景别 | 摄法 | 画面内容 | 图示 |
|---|---|---|---|---|
| 1 | 全景 | 固定 | 海豚表演 | |
| 2 | 全景 | 固定 | 海豚表演 | |
| 3 | 近景 | 跟 | 捕获海豚 | |

| 镜号 | 景别 | 摄法 | 画面内容 | 图示 |
|------|------|------|----------|------|
| 4 | 中景 | 跟 | 捕获海豚 | |
| 5 | 中景 | 跟 | 捕获海豚 | |

对比式剪辑指的不仅是画面的剪辑，还包括声音与画面之间的对比、拍摄形式的对比，比如运动镜头与固定镜头的对比等。

3. 隐喻式剪辑

隐喻式剪辑也叫联想式蒙太奇、象征式蒙太奇，是表现剪辑法的常用手法之一。它是将具有某种相似特征但形象不同的事物连续地组接起来形成某种特定含义的剪辑手法，也就是通过打比方的手法来暗喻某种形象或事物，使观众产生联想。它类似于文学中的隐喻、象征、借代等手法，具有比较强烈的主观情绪色彩。

隐喻式剪辑需要两个要素，一个是本体，也就是要说明的内容本身，另一个则是喻体，也就是被比喻的事物。比如表现一个人即将离开人世，可以接一个落叶的镜头或者一个枯萎凋谢的花朵的镜头等。再如要说一个人跑得快，可以用一只奔跑的豹子来进行比较，暗示这个人的速度比常人要快很多，等等。

例如《舌尖上的中国》之《主食的故事》中卖黄馍馍的老黄不愿离开窑洞进城里住，这个场景之后接了一只小猫在悠闲地伸懒腰的镜头，将老黄夫妇平淡的生活表现得淋漓尽致。

| 镜号 | 景别 | 摄法 | 画面内容 | 图示 |
|------|------|------|----------|------|
| 1 | 近景 | 固定 | 老黄骑着三轮在叫卖 | |
| 2 | 近景 | 固定 | 老黄家墙上的照片 | |

| 镜号 | 景别 | 摄法 | 画面内容 | 图示 |
|------|------|------|----------|------|
| 3 | 特写 | 固定 | 年轻时的夫妻二人 | |
| 4 | 特写 | 固定 | 桌上陈旧朴素的物件 | |
| 5 | 全景 | 固定 | 悠闲地伸着懒腰的猫 | |

需要注意的是，隐喻式剪辑要注意作品整体的氛围和语言环境，切勿天马行空，影响观众理解，而且比喻要尽量直接，不要绕太多弯子。比如表现一个人有野心但最终失败了，用一个拿破仑的雕像来给这个人的形象做比喻，就太晦涩了。观众需要经过两层思考才能顺利理解意思：拿破仑—滑铁卢—失败—本体角色也和拿破仑一样。影视是通过画面来展现的，稍纵即逝，太复杂的逻辑不适宜用画面来展现。

4. 心理式剪辑

心理式剪辑指的是通过镜头组接或声画有机结合，形象生动地展示出人物的内心世界，常用于表现人物的梦境、回忆、遐想、思索等精神活动，是描写人物心理的重要手段。这种剪辑使声画形象带有强烈的主观色彩，叙事一般不具有连贯性，节奏也比较跳跃。

例如电影《天使爱美丽》中，爱美丽和梦中情人尼诺相约在咖啡馆见面，尼诺却迟到了几分钟。此时的爱美丽陷入了幻想，她觉得爱人可能遭遇绑架、身陷困境，一连串的恐怖事件纷至沓来，最终导致她的爱情破灭。这个段落导演采用黑白胶片拍摄，并运用了一种伪纪录片的手法，在拍摄中剪辑了许多老电影和纪录片的桥段，加之多个战争爆炸场景的累积表现，不仅完美表现了爱美丽复杂的内心波动，而且瞬间增强了影片的喜剧效果，起到了"一箭双雕"的作用。

## 延伸阅读

### 剪辑的相关概念

**蒙太奇：**

　　蒙太奇是法语 montage 的音译，原本是建筑学上的用语，意为装配、构成，将其引申到影视艺术领域，指影视作品创作过程中的剪辑组合。蒙太奇的含义有广义和狭义之分。狭义蒙太奇专指对镜头画面、声音、色彩诸元素编排组合的手段，即在后期制作中将摄录的素材根据文学剧本和导演的总体构思精心排列，构成一部完整的影视作品，其中最基本的意义是画面的组合。广义蒙太奇不单纯是编辑上的艺术，不只是镜头组接的章法，而是整个电视构成的形式方法的总称，常体现于分镜头脚本上，甚至应用于艺术构思之时。实际上，广义蒙太奇包括了一切镜头的调度和声音构成的全部技艺。

**蒙太奇学派：**

　　蒙太奇学派出现在 20 世纪 20 年代中期的苏联，以爱森斯坦、库里肖夫、普多夫金为代表，他们力求探索新的电影表现手段，来表现新时代的革命电影艺术。他们的探索主要集中在对蒙太奇的实验与研究上，创立了电影蒙太奇的系统理论，并将理论的探索用于艺术实践，创作了《战舰波将金号》《母亲》《土地》等蒙太奇艺术的典范之作。

**库里肖夫效应：**

　　库里肖夫效应是一种心理效应，是指苏联电影理论家库里肖夫基于苏联蒙太奇学派的学说而做的一个实验：他给苏联著名演员莫兹尤辛拍了一个无表情的特写镜头，将这个镜头分别和一盆汤、一口安放死者的棺材、一个小女孩的镜头并列剪辑在一起，并找了三组不同的观众来分别观看不同的镜头组合。观众在观看过程中认为莫兹尤辛演技非常好，分别表现出了饥饿、悲伤及愉悦的感情。因此，库里肖夫看到了蒙太奇构成的可能性、合理性和心理基础。他认为造成电影情绪反应的并不是单个镜头的内容，而是几个镜头的并列；单个镜头只是电影素材，蒙太奇的创作才是电影艺术。

**敖德萨阶梯：**

　　敖德萨阶梯是苏联电影大师爱森斯坦执导的影片《战舰波将金号》中的一个著名片段。这个片段里，导演成功地运用了杂耍蒙太奇手法，突出了沙皇军警屠杀包括老弱妇孺在内的和平居民的血腥暴行。

　　（全景）阶梯口。乱跑的人群。广场上的警察，哥萨克骑兵。

　　（中景）军队从与孩子一同死去的母亲身旁走过。

　　（全景）阶梯的拐弯处。乱跑的人群。

（中景）在阶梯上乱跑的人群。

（中景）栅栏。一个老人在尸体旁边。人们从栅栏里滚出来。

（中景）在柱子附近的群众。被杀死的人们。其中有一个老太婆。

（特写）端起枪齐射。

（中景）在柱子附近的群众。倒在柱子旁边的人们。

（中景）军队的行列。（脚）

（中景）一个妇女推着婴儿车。人们从车旁走过。

在短短六分钟的屠杀段落里，导演足足用了一百五十多个镜头（每个镜头平均不到三秒），反复在屠杀者与被屠杀者之间进行切换，为观众平添了一种忧虑、紧张和恐惧，这一手法后来被无数导演模仿。敖德萨阶梯其实并不长，但是爱森斯坦将不同方位、不同视点、不同景别的镜头反复组接，扩大了阶梯的空间，使阶梯显得又高又长。这种空间的变形渲染了沙皇军警的残暴，给观众留下了无法湮灭的深刻印象。

# ▶▶ 思考题

请分析以下文案中运用了哪种蒙太奇手法，并加以评论。

## 《南方黑芝麻糊电视广告》文稿

镜头一：（遥远的年代）麻石小巷，天色近晚。一对挑担的母女向幽深的陋巷走去。（画外音，叫卖声）"黑芝麻糊哎——"（音乐起）。

镜头二：深宅大院门前，一个小男孩使劲拨开粗重的檩栊，挤出门来，深吸着飘来的香气。（画外音，男声）"小时候，一听见黑芝麻糊的叫卖声，我就再也坐不住了……"

镜头三：担挑的一头，小姑娘头也不抬地在瓦钵里研芝麻。另一头，卖芝麻糊的大嫂热情地照料食客。

镜头四：（叠画）大锅里，浓稠的芝麻糊不断地滚沸。

镜头五：小男孩搓着小手，神情迫不及待。

镜头六：大铜勺被提得老高，往碗里倒着芝麻糊。

镜头七：（叠画）小男孩埋头猛吃，大碗几乎盖住了脸庞。

镜头八：研芝麻的小姑娘投去新奇的目光。

镜头九：几名过路食客美美地吃着，大嫂周围蒸腾着浓浓的香气。

镜头十：站在大人背后的小男孩大模大样地将碗舔得干干净净（特写）。

镜头十一：小姑娘捂嘴讪笑起来。

镜头十二：大嫂爱怜地给小男孩添上一勺芝麻糊，轻轻地抹去他脸上的残糊。

镜头十三：小男孩默默地抬起头来，目光似羞涩、似感激、似怀想，意味深长……

镜头十四：（叠画）一阵烟雾飘过，字幕出（特写）：一股浓香，一缕温暖。（画外音，男声）："一股浓香，一缕温暖。南方黑芝麻糊。"

镜头十五：（叠画）产品标板。

镜头十六：推出字幕（特写）：南方黑芝麻糊，广西南方儿童食品厂。

## 二、镜头组接的基本原则

镜头是构成电视节目的基本单元，镜头与镜头的组接构成了场景，场景与场景的组接构成了段落。镜头组接的好坏直接影响电视节目的内容表达和艺术表现，而且镜头组接不是唯一的，不同的编导会按照不同的思路和方式组接镜头，从而使镜头产生不同的画面意义和思想内涵。

### （一）镜头组接的逻辑性

镜头组接的逻辑性有两个层次：一是事物发展的生活逻辑；二是观众观看的心理逻辑，也叫思维逻辑。

编导首先要遵循的就是生活逻辑，所谓生活逻辑就是事物发展变化的规律。任何事物都有自身发展变化的规律，比如一个人买菜、洗菜、切菜、炒菜，最后把菜做好端上桌，这一系列动作是一个完整的流程。我们对其中任何一个环节进行颠倒都是不行的，违反了我们说的生活逻辑。

将动作或事件发展的过程通过镜头组接清楚地呈现在屏幕上，是后期制作中最基本的工作之一。由于拍摄的素材是对现实时空进行分解的单个镜头，所以编导在重新组合每一个镜头、安排它们的顺序、选择剪辑点位置时，都要考虑这符合不符合生活逻辑。

通常来说，把握事物的总体进程和认识过程是比较容易的，比如刚才那个从买菜到把菜做好端上桌的过程，每个人只要稍加注意就可以梳理出来正确次序。比较困难的在于确定镜头重新组合后那些会反映出现实逻辑关联的细节之处。

比如百米冲刺的跑道上，运动员各就各位，发令枪举起，观众紧张地观看。这一组镜头可以有几种组接方式：

第一种

镜头1：（特写）发令枪举起，枪响。

镜头2：（全景）运动员起跑。

镜头3：（中景）观众紧张的表情。

这样的组接看上去应该是符合生活逻辑的。我们在这个基础之上再进行排列组合。

第二种

镜头 1：(特写)发令枪举起。

镜头 2：(中景)观众紧张的表情。

镜头 3：(特写)发令枪响。

镜头 4：(全景)运动员起跑。

这样的组接对发令枪的特写镜头进行分剪，符合生活逻辑，同时因为在枪响前插入了观众反应的镜头，而更加烘托了场景的紧张气氛。

第三种

镜头 1：(特写)发令枪举起，枪响。

镜头 2：(中景)观众紧张的表情。

镜头 3：(全景)运动员起跑。

这样的组接乍一看也没什么问题，但是我们仔细观察一下，枪已经响了，电视观众此时最想看的应该是运动员的起跑，也就是说枪响与运动员的起跑之间是有直接的逻辑关系的。此时插入观众反应的镜头，则破坏了这种镜头之间的逻辑性。

当然，在现实生活中，事物的发展不仅在纵向上呈现出时空的变化，而且在横向上与其他事物或多或少地产生某种联系。这种联系是我们全面认识事物的基础，也是镜头切换的逻辑依据。

除此之外，我们在表现一个内容时为什么需要转换镜头、在什么时候转换镜头也是非常重要的逻辑问题，比如以下这组镜头：

镜头 1：(全景)一个士兵听到一声巨响，于是开始向着声音的方向走去。

镜头 2：(中景)士兵搜索着，越来越紧张。

镜头 3：(中景)士兵继续向前走。

依然是这个场景，我们插入一个镜头，来比较一下：

镜头 1：(全景)一个士兵听到一声巨响，于是开始向着声音的方向走去。

镜头 2：(中景)士兵搜索着，越来越紧张。

镜头 3：(全景)主观视角，一片废墟，远处冒着烟。

镜头 4：(中景)士兵继续向前走。

这两组镜头在生活逻辑上都没有问题，都将动作及事件进展交代清楚了。但是我们仔细体会一下，第一组镜头中完全没有视角的转换，这样的剪接不仅会让观众感觉不舒服，更会因为客观视角过多传递给观众一个错误的信号，仿佛有人暗中注视这个士兵，他处在危险之中。第二组镜头则不会给人这种感觉，观众在看到士兵搜索着的时候会下意识地想知道他到底能看见什么，此时就是主观视角切入的正确时机。

由上面的例子我们可以看出，镜头的组接不仅仅要符合生活逻辑，同时还要符合观众的思维逻辑。当然，思维逻辑也是基于生活逻辑产生的。

比如一个人坐在火车车厢里看报纸，然后抬起头向窗外望了望。这组镜头中，主观视角可以有两个，一个是报纸的特写，另一个则是窗前迅速掠过的树林、溪流、农舍等。如果这个人向窗外扭头之后却没有切换主观视角，就明显不符合观众的思维逻辑。主客观视角的转换拓展了编导的思维领域，是剪接画面时丰富表现对象和层次的手段。

除此之外，主观镜头也将观众带入到节目中，是使其感觉身临其境的有力手段。比如在拍摄赛车比赛时，有一个从驾驶座位置观看热闹沸腾的比赛场面的画面，不但让人感觉耳目一新，还可以加强观众对此时选手紧张而又激动的心情的理解。主观镜头和主观视角的创造使影视作品不但能够再现客观物质世界，还可以表现主观的内在精神世界与思维活动。

一个主观镜头一般由两部分构成，一是关于人物的客观镜头，二是人物所看到的或想到的内容，它们之间的组接也就形成了一个视觉转换的时机。在具体组接时，通常要在人物镜头之后保持短暂的停留，这种停留可长可短，但都能给观众一个非常明确的暗示，说明下面将出现此人看到或想到的主观镜头。

需要明确的是，主客观镜头的转换并不意味着思维逻辑的全部，凡是与人的思维习惯和思维特点相吻合的镜头转换都是合理的。编导在剪辑的时候要时刻牢记，观众完全是通过镜头的相互关联来建立对事物的认识的，包括客观事物的纵向进程以及事物之间可能的横向联系。镜头转换应该顺应观众的观赏心理需求。

## （二）纵向构成与横向构成

在剪辑中，镜头的构成方式可以归结为两种：一种是纵向构成；另一种是横向构成。

### 1. 纵向构成

纵向构成指镜头组接表现的是同一个主体的动作或事物发展的流程。比如一个学生走进教室，找座位坐下，将书包打开，拿出书看书。这一连串的动作，用镜头表现出来就是：

镜头1：（全景）学生走进教室。
镜头2：（中景）学生在位子上坐下。

镜头 3：（近景）学生从书包里拿出书。

镜头 4：（近景）学生看书。

四个镜头将同一主体的一系列动作分解成四个动作关键点，省略了无关紧要的部分，又保持了动作的连续性，使得观众有层次地看清楚主要动作的过程和相关细节。这种镜头组接就是纵向构成。

在两个或两个以上相互连接的镜头中，纵向构成利用动作的趋向、时间的连续、同一空间的连续来使上下镜头体现出连贯性，它侧重于主体动作的连续性和外部画面的造型因素。

2. 横向构成

横向构成指相连镜头表现不同的主体时，镜头之间被观众默认存在着某种呼应、对比等逻辑关系，并且因此而揭示出一种新的含义或情绪。一般来说，横向构成存在以下几种连接关系，我们来看一个假设：

画面：一个人听到声音，突然站起来，向窗外看去……

下一个镜头会接什么呢？

（1）因果关系

画面接楼下一个小孩正往楼门口跑来。这样的组接会让观众认为小孩和这个人之间存在某种联系，可能是他的孩子，也可能是他认识的孩子等。这种关系属于因果关系，一个人突然向窗外看去，观众必然想知道他到底看见了什么，接入的画面正回答了观众的疑问。如果没有接此类画面，而是接了一个杯子的特写或者其他无关的画面，观众就会觉得困惑，认为逻辑上不通顺。

再如，一个人在饭馆点菜，服务员在记录。如果镜头拍摄的始终是这个人的画面，那么观众就会有很多疑问，如菜单上写的是什么？服务员有什么反应？等等。观众的观看欲望很显然没有得到满足。如果镜头加入菜单的特写、服务员点头示意等画面，这个段落就显得丰富多了，而且还满足了观众的观赏需求。

（2）平行关系

画面接不同场景中的另一个人也向窗外看去。这样的组接会让观众感觉楼下一定发生了些什么，这件事引起了周围很多人的关注。此画面和前一个画面是同一时间对某事物在不同方位产生与之有联系的反应，这种组接关系就是平行关系。

（3）烘托关系

画面接被这个人碰倒的椅子或者洒了的茶杯。这样的组接暗示了这个人很激动，外面发生的事他非常关心。这两个镜头有主次之分，主要镜头是动作或事物发展的主导镜头，而次要镜头起到陪衬烘托的作用。

（4）冲突关系

画面接某人的主观镜头，在另一栋楼中用望远镜看站在窗前的这个人。在这组关系中，看与被看形成了一种内在的对比关系，暗示了这个人处在被人窥视的环境下。编导通过镜头的对列形象化地突出这种关系和行为。冲突关系是画面剪辑中常用的手法之一。生活中本身就充满了矛盾，自相矛盾的事也时时可见，比如大与小、强与弱、快乐与悲伤，等等。对比可以直观地强化这种差异。

我们通过上述例子可以看出，画面剪辑的意义产生于画面的组接，同一画面与不同画面相接会产生不同的含义，这种横向上的联系就是横向构成。

### （三）镜头剪接点的选择

在镜头之间的连接符合逻辑性之后，还要注意两个镜头之间的转换点也就是剪接点的选择。准确掌握镜头剪接点是保证镜头转换流畅的首要因素。依据不同的情况，我们大致可以将剪接点归为以下四种：

1. 叙事剪接点

叙事剪接点的选择以观众看清画面内容或情节发展所需要的时间长度，抑或解说词所叙述内容的表达为依据。

首先，虽然不同的画面需要的时间长度会受到多方面因素的影响，但是通常情况下都会有一个最低限度时长。这个最低限度时长以展示画面内容为基础，同时还要考虑景别、上下情境而定。比如展示商店里的商品的一组特写镜头，仅仅是要表现这些商品都是什么，1秒完全可以让观众看清楚画面内容，因此1秒就是这组特写镜头的最低限度时长了。如果我们在剪辑中超出了这个时间限度，观众就有可能会理解成其他的意思。比如在某个商品上停留时间大大超出了时间限度，就会让观众觉得这个商品是不是有什么问题或者是不是这家商店的主推产品，抑或是不是在为某个商家做软广告，等等。

当然，镜头时长短于最低限度时长也会有问题。比如景别越大，看清楚画面所需要的时间也就越长，如果全景的镜头时间比中景短，就会使观众感觉信息接收突然中断，导致视觉感受不适，甚至影响对内容的理解。

其次，能看清画面内容是第一步，多数情况下我们还要以情节发展所需要的时间长度为准则。比如一个人在说话的中景，虽然中景2秒就看清了，但是我们还是要让他把话说完才能进行剪辑。

最后，大多数电视节目都缺乏主体的动作和情节的悬念，而更多地通过解说词来说明镜头之间的关联性，因此解说词的停顿就是此类镜头剪辑的时机。

对于初学者来说，把握好镜头的最低限度时长是学习剪辑的第一步。

2. 动作剪接点

动作剪接点也是为叙事服务的，但是它更注重镜头内部主体与主体动作之间的衔接，或着眼于镜头外部动作的连贯。比如一个人背对着镜头站着的一个全景接他突然转过身来的中景，这样一个连续的动作被分解成两个镜头来展现，使观众可以有层次地看清动作。在这个过程中我们会发现，在这个人要转身但还没有转的时候有一个1～

2帧的短暂停顿，全景的剪接点应该放在停顿处结束前的那一帧，而后面的中景镜头则应该从停顿处开始动的第一帧起。这样镜头连接和动作的组合就不会使观众有视觉的跳动感了，显得非常顺畅和自然。

除了镜头内部主体的动作外，摄像机的运动也是动作剪接点的判断依据，运动镜头的速度、方向、起落都会影响镜头连接的视觉连贯性。比如两个运动镜头相接，前一个镜头应该选择在落幅处也就是画面完全静止的时候剪辑。如果前一个镜头没有落幅，那么下一个相接的镜头就最好与前一个镜头运动方向相一致，或者在两个镜头之间加入叠化来弱化视觉的不适感。

3. 情绪剪接点

情绪剪接点以心理活动和内在情绪为依据，再结合镜头的造型特点来连接镜头，目的是激发情绪的表现。

在剪辑的时候，我们在保证叙事的基础之上还要注意表现情绪。比如在采访中，当问到采访对象比较尴尬的问题时，他在回答完后突然陷入了沉默。这时候镜头的剪辑依据就不是声音或人物动作，而是情绪的起伏。镜头长时间停留在他沉默的时刻，使观众感受他此刻难言的情绪。如果镜头没有这个延续，虽然也不影响观众理解，但是无法传递这种矛盾的情绪，效果也就大打折扣了。

编导应该了解镜头衔接并不仅仅为了视觉上的连贯、叙事上的完整，还要激发观众的情绪。比如一个城市的空镜头，如果我们将它当成环境的交代来使用，最低限度时长就够了。再如，如果我们拍摄一个在城市漂泊的打工仔眼中的城市，这个镜头就要留出足够的时长，来让观众感受"这偌大的城市中何处是他的家"的那种难以言表的情绪。

4. 节奏剪接点

节奏剪接点要以运动、情绪及事物发展的节奏为依据，结合镜头造型的特征来处理镜头的长度和剪辑的位置。

例如《迈克尔·杰克逊危险之旅》演唱会的开场，有一个画面内容是来自四面八方的歌迷蜂拥至演唱会现场的段落，其中大部分镜头的景别是全景和中景，其内容都被删除了无关紧要的部分，只选择了极短的动感强烈的画面，几乎每个镜头时长都短于最低限度时长，画面快速切换。这样的剪辑将演唱会之前歌迷那种激动、迫切的心情表现得淋漓尽致，外在的视觉效果上也呈现出强烈的节奏感和冲击力。如果这个段落的每个镜头都以叙事剪接点为依据的话，那么节奏必然缓慢，视觉冲击力也会被极大地削弱。

再如国庆典礼中和平鸽飞上天空的一组镜头，编导适当地延长了每个镜头的时间。这种慢节奏的处理强化了人们对于"和平"的美好愿望，舒缓的节奏有利于观众情绪的升华。

### 三、转场的技巧

所谓转场，指的是段落转换或场面变化时连接前后的那个镜头。转场镜头有划分层次、连接场景、转换时空、承上启下的作用。

一个作品内容的层次是通过段落来区分的，所以段落划分首先要根据叙事逻辑的需要，同时它也要满足外在形式上的要求。镜头的外在形式只有与内在的情节互相呼应，才能很好地满足观众的视觉及心理的要求。

转场镜头出于不同的目的有不同的处理技巧，一般将其分为两种：技巧性转场与无技巧转场。

#### （一）技巧性转场

技巧性转场又称为特技转场，其利用编辑软件中的特效来进行场景的划分。常用的技巧性转场主要有以下几种。

1. 淡入、淡出

淡入是画面从全黑中逐渐显露，最后完全清晰的过程。段落或全片开始的第一个镜头多用这种特技作为转场，目的是引领观众逐渐进入剧情。淡出则反之，画面由亮转暗，渐渐消失，常用于段落或全片的最后一个镜头。

对于电视节目来说，淡入、淡出常常一起使用，是最常用的转场技巧之一。依据不同的情节和内容，淡入、淡出的作用也不完全相同，主要体现在以下几个方面。

一是表现大幅度的时空转换，场面间断效果最为明显，主要用于表示某一个情节内容结束或开始。比如，前一个场景是一个人收拾行李、拿着行李出门，后一个场景是他来到了机场，这两个场景之间用了淡入、淡出，很自然地改变了场景，也让观众在视觉或心理上有了一个缓冲。

二是巧妙利用淡入、淡出转场，可以产生戏剧效果。比如，前一个场景是一个人过马路，迎面驶来一辆车，眼看就要相撞，此时画面淡出，为观众留下了悬念。

三是淡入、淡出的速度也影响画面的表现效果。一般来说，正常速度的淡入、淡出，时长大概在1秒半或2秒左右。如果淡出速度加快并加白，就成了闪白。闪白不但可以增强视觉跳动感，还具有遮盖镜头剪接点的作用，常被用于快节奏的剪辑中，比如表现某个人一闪而过的想法或回忆等。

四是淡入、淡出还可以制造视觉节奏。比如，前一个段落淡出，后一个段落直接切入画面，这样剪辑节奏由慢变快，转场的节奏就会显得比较明快。反之，前一个段落切出，后一个段落淡入，节奏则由快变慢，显得比较舒缓。

五是淡入、淡出常被用于预告片中，起到"打拍子"的效果。比如某运动鞋广告，画面是大汗淋漓的运动员的面部特写、手系鞋带的特写、运球的特写、双脚一跃而起的特写以及手部投篮的特写，这一组特写镜头均是通过淡入、淡出来连接的，规律性的一明一暗的变化就像是音乐节拍，有一种呼吸般的韵律感。

不过需要注意的是，淡入、淡出如果使用过多，会使整体结构比较拖沓、转场显得比较刻意，因此要注意避免频繁使用。

2. 叠化

除了淡入、淡出以外，叠化是电视节目中最常用的镜头连接方式。叠化指的是上一个镜头消失之前，下一个镜头已逐渐显露，两个镜头中间有若干帧或秒会重叠在一起。不同的叠化方式具有不同的作用。

一是叠化通常强调前后段落或镜头内容的关联性和自然过渡。比如，一个表现父亲到处寻找丢失的孩子的段落，编导将主人公走过的不同城市的画面用叠化连在一起表现，使观众感受到这个父亲为了找孩子走遍全国各地，非常不容易。这种方法既使场面转换更加顺畅，简化了叙事过程，又避免了切换带来的跳跃感。

二是用叠化表现时间流逝感。比如，用一个人儿时的照片叠化其大学毕业的照片，再叠化他结婚、为人父的照片，短短三个镜头展示了一个人的半生。如果用切换或其他技巧，是难以达到这样的效果的。再比如电影《我的父亲母亲》中有一段表现年轻时的母亲每天变着花样地给当教书先生的父亲送饭，镜头拍摄角度、景别等均没有变化，变化的只是木凳上每天不同的饭菜，用叠化很好地体现出了日复一日的效果。

三是利用镜头连续叠化，情绪升华。比如，在一部纪录片的结尾处，一个老人在胡同中由近及远地走去。剪辑时，取这个场面的近景、中景、全景三个镜头叠化在一起，可以强化他越走越远、不会停止的意蕴。

四是叠化速度不同，产生的情绪效果也不同。叠化速度快慢实际上体现为镜头重合的时间长度，通常一次叠化在 3 秒左右，达到六七秒的缓叠就具有舒缓、柔和的表现效果。

五是叠化有时也称作"软过渡"。当前后镜头组接不畅、镜头质量不佳时，比如镜头运动速度不均、起落幅不稳等，都可以借助叠化冲淡缺陷影响，同时避免了切换镜头的跳跃。

3. 定格

定格也叫作定帧，即将画面做静态处理，产生瞬间停顿的视觉效果。一般来说，定格具有强调作用。因此，采用定格转场的段落结尾通常选择有强调的必要、有视觉冲击力的镜头。

比如专题片《一座雕塑的诞生》，在每一个场面转换处都采用了定格加音乐的转场方式。所选择的定格画面大多是已身患不治之症的主人公在各种情形下的笑容，瞬间凝固的笑容和忧伤哀婉的主题音乐令观众唏嘘，同时也激发了观众对于生命意义的思考。

定格具有画面意义强调性和瞬间静止的视觉冲击性，因此在强化画面意义、表达主观感受、强调视觉冲击时经常被使用。

除此之外，定格画面还经常用于解决镜头拍摄素材不足而造成的剪辑困难。比如表现某罪犯被审判的场景，在法官宣判的时候，观众一定最想看到罪犯的反应。但是由于现场拍摄环境的限制导致画面拍摄时长不足，罪犯的神情不足 1 秒，很难让人看清。采用定格后，活动的影像变为固定的画面，起到了延长画面并强调人物形象的作用。

4. 甩入、甩出

"甩"镜头指的是镜头快速从一个被拍摄对象摇到另外一个被拍摄对象，甩入、甩出则是指镜头从一个场景快速横摇到下一个场景，利用速度造成的视觉模糊感进行转场。

"甩"镜头反映了不同空间之间的联系，即将一个空间快速地与另一个空间联系在一起。因此，"甩"镜头经常用于表现同一主体在不同时空中的行为和动作，强化不同空间之间的意义关联。比如娱乐新闻播报时，我们经常看到一条新闻结束时快速"甩"到下一条新闻。利用"甩"镜头所具有的快速转换的效果，突出了新闻节目快节奏和大信息量的特点。

"甩"镜头还具有快速、指向性强的特点，适用于表现紧张气氛和呼应关系，也常常用于快节奏的表现上。比如在强调快节奏的广告、音乐电视、宣传短片中，"甩"镜头往往被作为辅助性手段来强化视觉的动感效果。尤其是一些影像模糊的"甩"镜头，虽然只是一晃而过，却是提高画面表现力的有效手段，可以产生快速的节奏感。

5. 计算机特技

非线性编辑软件、计算机动画特技软件等现代剪辑技术为电视剪辑提供了丰富的表现手段。电脑特技可以将来自任何视频源的视频信号如现场摄像机提供的已录好的资料及幻灯胶片等转换成数字信号，然后进行各种各样的变形复制，产生奇特的视觉效果。目前看到的片头包装无一不是利用数字特技完成的。

计算机特技改变了传统画面的组合方式，甚至在某种程度上改变了"剪辑"的概念和传统的时空转换手段，转场技巧因此有了突破性变化。比如某品牌运动鞋的广告中，第一个画面是一双穿着该品牌运动鞋的脚在透明玻璃板上运动，随后的一个画面里先后出现了跑步、跨栏、打网球、踏水、冲刺等多种运动形式。其利用数字动画特技在一个画面里完成几个场景的组合，使整个广告出人意料、趣味横生。类似效果在其他广告和音乐电视中也被大量运用。在这里，前期画面素材只是整个电视画面的一个组成部分，重要的是后期根据特技效果的总体设计将各种视觉元素加以创造性融合。

### （二）无技巧转场

连贯性转场又称为无技巧转场，不利用特技的附加作用，通过上下镜头在内容、造型上的内在关联来转换时空、连接场景，使镜头连接、段落过渡自然流畅。

无技巧转场需要从叙事角度出发，利用上下镜头在内容上的逻辑关联及造型上的相似或反差来转换段落，使镜头转换或流畅自然，或抑扬顿挫，或耐人寻味。

当然，无技巧转场不是不要技巧，而是需要更具匠心的艺术考虑，在镜头拍摄、安排上，不仅要有所设计，而且要精心选择。只有上下镜头具备了合理的过渡因素，直接切换才能起到承上启下、分割段落的作用。

1. 相似性转场

相似性转场指的是利用上下镜头主体的相同性或相似性来进行转场，包括物体形状的相近、位置的重合，或者运动方向、速度、色彩等方面的一致，以此来达到视觉连续、转场顺畅的目的。比如，纪录片《食品工厂》中就大量采用了相似性转场。前一个段落是超市的货架上摆放着某农场生产的牛肉的绿色牛肉标签，镜头推到牛肉包装上一头牛的照片上，然后镜头拉开，变成了农场饲养牛的流水线。通过相似性转场对天然的农场与工厂化的流水线进行了一个鲜明的对比，从侧面反映了广告的虚假性，以及令人担心的食品安全问题。

再如，我们从一个镜头是教师在家备课的中景，紧接着是教案的特写，镜头从教案拉开，画面就变成了教师在讲台上讲课的全景。再接下来是实验人员在小河边取水样的中景，然后是取样瓶的特写，特写拉开变成近景，将取样瓶放在显微镜下等，这一组镜头运用的同样是相似性转场。

事实上，我们从平时的电视剧创作中不难发现事物之间众多的相似性关联。比如领导人与外宾合影，闪光灯一亮，画面中的这张照片已经出现在了报纸上等。巧妙运用上下镜头的相似性关联，减少视觉变动元素，符合人们逐步感知事物的规律，也使场面转换自如。

2. 关联性转场

关联性转场指的是利用上下镜头之间在造型或内容上的某种呼应、动作的连接或者情节连贯的关系，使段落过渡顺理成章。在画面素材和内容中寻找关联性因素是编导应该熟练掌握的基本技巧。

比如，上一个段落是主人公准备去上班，他说"我去上班了"，从左向右出画，随后镜头立刻转到办公大楼的场景，主人公从左向右入画，这就是利用情节和动作的关联直接转换场景。

利用人们自动关联的心理定式，往往可以造成联系上的错觉，使转场流畅而有趣。比如，上一个镜头是画家作画，最后近景是画家眯眼在看，下一个镜头是另一幅画，拉开已是在展厅了。画家的看与后面的画似乎是一个动作的延续，实际上后面已是另一部分内容。再如，上一个镜头是情侣二人吵架，女孩将定情信物——铁盒扔了出去，铁盒滚下了台阶，接着一双手拾起了铁盒，镜头拉开是女孩已经换上礼服，准备去参加男孩的婚礼。通过一个转场，将情侣吵架、女孩与男孩分手、男孩与其他人结婚巧妙地呈现了出来。

3. 空镜头转场

空镜头的镜头中只有自然景物或场面而不出现人物（主要指与剧情有关的人物），

如画面上只有高山、浮云、海浪、川流不息的人群、城市的高楼大厦等。

在电视片拍摄过程中，空镜头转场是最为常见的一种方式，具体镜头的选择要与前后镜头的内容和情绪相关联，同时还要尽量考虑与画面造型的匹配。空镜头是借景抒情的重要手段，它可以弥补情绪表达的不足，为情绪的延展提供空间，同时又使高潮情绪得以缓和、平息。比如纪录片《毕业后的大多数》讲述一名大学生毕业后在大城市成了一名二手房中介，辛苦工作的他却不敢奢望在这个城市有一个属于自己的家。采访过后，镜头切入了一个从大学生所租住的棚户区望向大城市的远景画面，长时间的停留后，画面变成了穿着毕业服、笑得很灿烂的大学生们。这个空镜头的使用使得上一个段落的情绪得到延伸，起到承上启下的作用，同时还传达了理想与现实反差很大的含义。

### 4. 声音转场

转场不仅仅依赖画面，用解说词、音响、音乐等贯穿上下镜头来进行转场也是惯用的方式，例如声音的延续、声音的提前进入、前后段落声音相似部分的叠化等。利用声音能转移观众的注意力，弱化画面的转换。比如前一个镜头是大会现场，画面是某领导讲话，接着是全场掌声雷动，后一个镜头也是大家鼓掌的场面，但是已经是另外一场会议了。后一个段落的声音提前进入，与前一个段落最后的掌声融为一体，转场镜头与转场声音起到了承上启下的作用，过渡清晰自然。同时，利用相似声音的作用也暗示了此次大会开得十分顺利，得到了大家的好评。

声音的过渡还可以利用呼应的关系进行大幅度的时空转场。比如上一个镜头是父亲望着远行的主人公大喊了一声"儿子"，接着下一个镜头就是一个小孩冲着主人公喊了声"爸爸"。一声"儿子"、一声"爸爸"实现了时空的跨越，并且带来了戏剧性的效果。

此外，利用声音的反差进行转场可以加强节奏感。比如上一个镜头是主人公在家里安静地看书，下一个镜头就是她在酒吧里跳着热舞，酒吧强劲的音乐提前进入，与家中安静读书的氛围形成了巨大的反差，一下子带动了节奏。

### 5. 特写转场

特写也被称为剪辑中的"万能镜头"，其具有强调画面细节的作用，能暂时将人的注意力集中在某一个事物上。特写转场在一定程度上可以弱化时空或段落转换造成的视觉跳动感。在电视剪辑中，特写也常常作为补救手段弥补镜头素材的不足。无论上一个场景是用什么镜头结束的，下一个场景都可以用特写来开场。

常用的剪辑软件有如下几种。

Adobe Premiere 是一款最常用的视频编辑软件，其画面质量好，兼容性强。Adobe Premiere 提供了采集、剪辑、调色、美化音频、字幕添加、输出、DVD 刻录的一整套流程，且可以与 Adobe 公司推出的其他软件如 AE、PS 等相互协作。目前这款软件广泛应用于广告制作和电视节目制作中，是编导专业必学软件之一。

Edius 非线性编辑软件专为广播和后期制作而设计，特别针对新闻记者、无带化视频制播和存储。Edius 提供了实时、多轨道、多格式混编、合成、色键、字幕和时间线输出等功能，同时支持所有 DV、HDV 摄像机和录像机。

Sony Vegas 是一个专业影像编辑软件，是一款最佳的入门级视频编辑软件。Sony Vegas 中无限制的视轨与音轨是其他影音软件所没有的，在效益上更提供了视讯合成、进阶编码、转场特效、修剪及动画控制等。不论是专业人士还是个人用户，都可因其简易的操作界面而轻松上手。

作为业界公认的专业化数字化标准，Avid 可以为媒体制作方面的专业人士提供从视频、音频、电影动画、特技到流媒体制作等多方面的世界领先技术手段。Avid 非线性编辑类软件在中国拥有大量客户群体，国内普遍使用的是低端的 Avid Liquid 和 Avid Xpress Pro 版本，而一些大型电视台使用的则是 Avid MC 系列及更高端的软件。

Avid 已经全面支持高清信号的采编、混编，用于电视、新闻、商业广告、音乐节目及 CD 制作，更适用于企业宣传片和大部分影片的制作。

## 四、声音的处理

在后期剪辑中，声音的处理是非常重要的一环。声音与画面互为补充关系，具有同等重要的地位。画面为声音提供具体可感的形象，而声音则为画面提供解释说明或营造环境等。

电视节目的声音元素包括前期拍摄的采访音频、现场音响，后期的音乐，以及解说词等。它们虽然都是声音，但功能不尽相同。前期的采访和现场录制的音响共同为电视节目增加了可看性和真实感；音乐作为一种特殊语言，具有强大的表现力和感染力，可以烘托气氛、抒发情绪；解说词主要是起到补充画面信息、解释说明、帮助观众认识和理解画面内容的作用。

### （一）人声的编辑

电视艺术中的人声包括采访对白、主持人讲话、解说词等。与画面剪辑一样，声音的剪辑也是需要有节奏的，这种节奏指的是同期声、解说词、主持人讲话等交替出现和综合运用产生的听觉效果。就某一段人声来说，一般不宜用时过长，否则会使人感觉节奏拖沓。观众的耳朵与眼睛一样，需要不断刺激才能激发注意力。适当把握几种人声的相互补充，及时转换，才能使声音的节奏富有变化。

作为编导都知道，现场采访是最占时间的，采访对象的语言是否精练、语速是否过慢或过快都会影响后期的剪辑。如果采访对象的语言很啰嗦、口头禅不断，那剪辑时就要将那些啰嗦、重复的部分剪掉，这样才能保证采访主题的突出。即使采访对象说话很有条理、语言简练，由于叙述的事件比较长，我们也不能够从头用到尾，而是要对其进行分剪，一部分用采访的同期声，一部分用解说词来说明，这样才能够让听觉节奏变得舒适。

在人声的剪辑中，要注意前后语气的连贯顺畅，因此尽量不要在语气升调的时候进行剪辑，如疑问句、感叹句等，否则很难和后面的话连接上，给观众一种话说一半的感觉。同时，人声的剪辑要切忌声画"二张皮"，应该将其紧密地结合起来，形成有机的整体。比如画面要和解说词内容有所关联。

### （二）音乐的编辑

在声音元素中，音乐是最具表现力的特殊语言。电视编导在考虑为电视片配乐时，主要从以下几方面考虑。

第一，交代环境及背景。音乐在表现不同地域、不同民族和不同时代等特征方面具有很强的功能。比如我们听到二人转就能想到东北、听到马头琴就能想到大草原、听到《英雄儿女》插曲《英雄赞歌》就能想到战争年代等。电视专题片《北京记忆》回顾20世纪80年代时，所用的音乐是当时著名的歌曲《金梭和银梭》，熟悉的旋律一下子就将观众带回了那个年代。编导需要根据片子具体内容选择合适的背景音乐，有助于调动观众的想象力。

第二，抒发情绪。不管什么类型的电视节目都离不开煽情，这种手法已经被广泛用于各类节目，是其提高收视率的一个有力武器。比如访谈节目中，当嘉宾说到动情处时，音乐就会缓缓进入，不但有利于引导嘉宾情绪的抒发，也能打动观众。但煽情不宜滥用，要恰到好处，才能起到增强艺术感染力的作用。

第三，描绘场景。音乐不只具有表达情感的作用，还可以辅助画面发挥描绘的功能。描绘性音乐需要营造一种画面内容所表现的氛围。比如在一个展现幼儿园的专题片中，多采用曲调轻松欢快的音乐来迎合幼儿园的整体氛围。再如拍摄战争惨烈的场面，则会采用悲壮的音乐去烘托和陪衬，使观众感受到战争的壮烈和残酷。

第四，加强戏剧冲突。音乐与画面的结合还可以起到加强故事戏剧冲突的作用，比如声画对立，画面是一个人野心勃勃的演讲，而音乐却是滑稽的曲调，画面和音乐之间产生了矛盾和冲突，使得这个场面产生了大于画面的含义。

### （三）音响的编辑

在电视艺术中，音响是指除了人声、音乐之外，在时空关系中所出现的自然界和人造环境中的所有声音的统称。音响的主要功能就是增强真实感、烘托气氛和加强画面表现力。

比如《每周质量报告》有一期节目是关于医疗器械卫生的问题，其中一个场景是记者到一家制作医疗器皿的小作坊中进行暗访，画面中几个工人用污水在一个大木盆中"消毒"针管，场面触目惊心。此时画面的声音用的是玻璃器皿相互碰撞的音效，刺耳的声音配合画面中的内容摆在了观众的面前，暴露出严重的问题。由此可见，编导在剪辑时一定要处理好音响的问题，可以达到事半功倍的效果。

当然，运用音响要从整部片子的内容出发，有目的地运用，切忌杂乱。如果没有特殊用意，一些无用的音响就要尽量压低或不用。比如某段人物采访中，背景出现的街头喧闹的声音、汽车的轰鸣声等，这些音响的存在不但不会增加艺术感染力，还会喧宾夺主，将要表现的声音淹没。

# 第二节　解说词的写作

## 一、解说词的作用

电视节目的解说词是电视语言的主要构成因素之一，是编导传达创作意图、帮助观众理解节目内容的主要方式之一。解说词的写作与普通的文学写作不同，它不是自说自话的文学描写，也不是对画面的简单说明和解释。它要和电视语言的其他手段与其他因素产生联系，互相帮助、互相映衬。

一般来讲，解说词有三大作用。

### （一）对画面进行补充说明

电视节目展现人或事的时候，画面只能展示出最表层的一面，一些背景信息很难传达出来，无法满足观众的全部需求。比如纪录片《五大道》中，在说到那桐的时候，画面上出现了一张那桐的照片，以及那桐的旧居。只看画面观众很难明白编导此时要说的内容，因此解说词的重要性就显示出来了：

> 如今的那桐旧居只剩下了一半，淹没在林立的高楼大厦之间。同许多王公贵族一样，那桐习惯于将天津的私宅称作"官邸"。出身于没落贵族之家的他，通过科举考试进入官场。他的亲家里，有袁世凯、庆亲王奕劻，还有军机大臣、驻美公使。错综复杂的联姻，让那桐将家族的根系深深地扎进天津的土壤里。

有了解说词的存在，再配合画面，就显示出了完整的意义。

### （二）整合画面信息

解说词的另一个重要作用就是对处于无序状态的画面信息进行整合，让其产生内在的联系。由于画面的多义性，加上自身的年龄、经历、学识的不同，观众对同一事物会有不同的理解。此时解说词就要为观众提供一个明确的指示关系，避免观众理解出现偏差，不能准确地领会片子的意图。

比如画面中一个老人在胡同里摇摇晃晃地走着，画外音是孩子的嬉笑声。如果没有解说词的话，我们会认为老人在胡同这边走着，画外空间有孩子在玩耍。但是解说词是这样解释的：

> 胡同里的孩子放学了，蹦蹦跳跳的。孩子们不会特别关注对门院里的这个老人，更不会想到老人也曾经蹦蹦跳跳着走过和他们一样的童年……

这样的解说词就使毫不相干的孩子同老人之间突然产生了联系。在解说词的梳理下，看似没有关系的画面与声音的组合使观众明确地理解了编导的意图。

### （三）挖掘画面内涵、激发联想

好的解说词应能调动起观众的参与性和主动性，激发观众的联想，开阔观众的思维。解说词虽然没有形象性，但是它可以结合画面，通过相似联系、对比联系等方式，充分调动观众的经验积累和记忆。

比如《五大道》中有这样的一个镜头，画面是旭街旧址，解说词是这样介绍的：

> 天津旭街，这里曾经是一片沼泽地，如今已是繁华的商业街，天津的日新月异将帝都的迟暮映衬得无比鲜明。

画面中就是一条空空的街道，但是通过解说，我们仿佛感受到了一百年前的旭街，一种物是人非的感慨油然而生。

## 二、解说词的合理位置

解说词的写作虽然受到方方面面的制约和影响，但总结起来无非就是解决以下几个问题，即说什么？怎么说？说多少？在什么地方说？

"说什么"是要解决解说主题内容方面的问题，"怎么说"是要解决解说风格和技巧的问题，"说多少"是要解决解说的长短问题，"在什么地方说"则是要解决解说的位置问题。

### （一）解释已经发生过的事件

对于那些历史事件，未能及时拍摄到或保留下来相关图像，画面表现无力。为了弥补画面材料的欠缺，编导常常采用空镜头配解说的方法，利用激发联想的原理来"再现"当时的情景。

### （二）展现人物复杂的心理活动

对于人物复杂的心理活动，画面揭示起来是相当困难的。解说词此时就要注意对心理过程的具体交代和对心理环境的充分渲染，来营造、铺垫情节。要恰到好处地揭示或剖析主人公内心所想，引导观众深入体验人物复杂的心理活动。

### （三）解释抽象性的内容

在现实生活中，并不是所有的事件和话题都具有直观生动的形象。社会生活中有许多抽象的问题，如带有哲理性、思辨性、政论性的话题，画面对此类抽象的信息很难表现。

比方说节目中说了一些数据的东西，画面中是一堆表格，观众理解起来就困难了。这时解说词的作用就是要用通俗的语言去解释这个内容。

### （四）连接画面，补充说明

单纯依靠画面，很难实现内容的有效连接。为了叙事方便，解说词经常要起到承上启下的作用。

## ▸▸ 实训项目一

请观看电视专题片《红一师传奇》第一集并阅读解说词（见附录1），讨论其解说词与画面的配合关系。

## 【附录1】

### 《红一师传奇》第一集《强渡大渡河》

解说词：被称为"谋帅"的刘伯承，作战善用谋略、喜用巧兵。若不是那个意外的疏忽，1935年5月，大渡河上原本不需要上演"强渡"的一幕。

刘蒙（刘伯承之子）：孙继先跟我讲，你父亲在安顺场的渡口讲说，孙继先啊孙继先，你把我的偷渡计划硬改成了强渡计划。他说我以为你父亲要杀我头。

孙东宁（孙继先之子）：刘伯承很火，就是要枪毙他，枪就拿在手里，说枪毙他就枪毙他了，战场上枪毙个人不是很平常的事吗？何况这种危急关头的时刻。

解说词：当时，作为红军总参谋长的刘伯承心里非常清楚，在大渡河旁的这一刻，红军已是命悬一线。临出发之前，毛泽东拉着他的手反复叮咛："伯承啊，这次战斗非同小可，你和老聂亲自去看一看吧。"而当时作为一名营长的孙继先不会知道，他的一个小小疏漏差点将红军的前程全部葬送。他也不会知道，随着他带领十七勇士奋勇渡河，又将会在中国革命史上写下怎样不朽的传奇。

宋福刚（中国工农红军强渡大渡河纪念馆馆长）（户外）：大渡河上游它有水库，它有调节这个水流量，现在它也是属于存水的时期。所以，现在看见的大渡河很小，当年不是这个样子。

解说词：大渡河素有天险之称，流经高山峡谷，地势险峻，水流汹涌，历来被看作是兵家绝地。1863年，太平天国翼王石达开便是在这里全军覆没，只留下那句"大江横我前，临流曷能渡"的千古悲叹。72年后的1935年，红军为什么还要在这里重走石达开的老路呢？

徐焰（国防大学教授）：迅速突破大渡河，然后北上与红四方面军会合，这是当时中央红军的唯一生路。

解说词：但蒋介石早就料到红军会从这里渡河，他制定了一个要将红军彻底消灭的"大渡河会战"，调集中央军和川滇黔军十多万人马，要将中央红军围歼于金沙江以北、大渡河以南、雅砻江以东的地区，并放言：要让朱毛做石达开第二。

宋福刚（中国工农红军强渡大渡河纪念馆馆长）（户外）：这个山垭口就是马鞍山，当时，石达开就是从这个地方到达紫打地（安顺场），1935年红军也是从这个山垭口上到达安顺场，都是同一条路线。

张子申（北京军区司令部编研室原研究员）：石达开当年是5月，我们红军也是5月，他是三万人，我们是两万大几，都差不多，所以历史惊人的一致，似乎历史就要重现。

王建强（军事科学院助理研究员）：你过去就是胜利，过不去就处于一种四面包围的状态。

解说词：1935年5月20日，中央军委决定，成立一支先遣队，为中央红军北上打开这条唯一的生路。

孙东宁（孙继先之子）：像这样最危急的情况，肯定是把最能打仗的、最勇敢的放在刀尖上，一定要选最好的、最能战斗的。

刘蒙（刘伯承之子）：因为先遣部队是开路先锋，如果你开不了路，那么后续的问题肯定就没法再谈了。

解说词：中央军委决定由红一军团红一师的主力部队组成先遣队，在总参谋长刘伯承的率领下向大渡河开进。红一师，是由毛泽东亲手缔造的一支革命队伍，从"秋收起义"和"三湾改编"中走来，1933年6月7日，在江西省永丰县藤田镇整编为中国工农红军第一方面军第一军团第一师。

徐焰（国防大学教授）：红一师这支部队，可以说在中国革命战争史上战功显赫，我讲有三个最，序列最靠前，红军最强的一支主力，部队延续的时间也可以来讲，最久之一吧。

解说词：红一师延续至今已有八十年的历史，曾创造过无数传奇的它，如今隶属于中国人民解放军陆军第65集团军，戍守在塞外重镇张家口。当年，作为中央红军的开路先锋，首要任务便是占领大渡河的渡口——安顺场。

孙东宁（孙继先之子）：我父亲当年是在红一师红一团一营当营长，这个任务是刘伯承直接给我父亲下达的，就是说你先到安顺场，把安顺场的守敌要消灭掉，然后点一堆火作为信号，然后找到船，再点一堆火，然后偷渡过去，不是强渡，最早的任务是偷渡过去，趁着夜色偷渡过去，偷渡成功，再点一堆火，一共是三堆火，当时就这么下的任务。

解说词：5月24日深夜，当孙继先带领着突击队员们突然出现在安顺场的时候，防守安顺场的国民党军竟毫无防备。

孙东宁（孙继先之子）：整个就是一个偷袭。很快，不到半个小时，就把他们就解决，因为是夜战，晚上，天黑的时候，敌人都在睡觉，也还没有缓过来呢，就是他不知道红军来得这么快。

解说词：原来，蒋介石判断红军断然不会从当年石达开失败的渡口安顺场渡河，于是将重兵布防在另一处渡口——大树堡。而中央红军则将计就计，派一支小部队伪装成红军主力，大造声势前往大树堡，牵制了国民党军大部分的兵力，也迷惑了安顺场的国民党守军。

刘蒙（刘伯承之子）：安顺场这岸没有什么人，实际情况孙继先讲的，没有什么人，这岸。

解说词：顺利占领了西岸渡口的孙继先，想起了刘伯承交给他的第二个任务。

刘蒙（刘伯承之子）：我父亲跟我回忆，说，孙继先你给我去抢个船，有船我就有办法，没船就很难办了。他重复一句话，有船我就有办法。

解说词：曾任美国总统国家安全事务助理的布热津斯基，曾于1981年7月来中国旅游，那时他参观了安顺场红军渡河点之后写道："我们一行之中谁也没有见过这种水流现象，时而回流，时而顺流，时而倒流，似乎和地球的引力场不发生关系！"

宋福刚（中国工农红军强渡大渡河纪念馆馆长）：大渡河属于是水深、流急，最大的时候每秒的流速达到4米，所以它的流速很快，还有它的河底凹凸不平，暗流很多，人在河里，会形成很强地往下坠的感觉。如果泅渡的话，是没有可能的，如果不用船的话，你是根本无法到达对岸的。

解说词：然而孙继先怎么也没有想到，占领了西岸渡口的他竟然找不到一条渡船。

孙东宁（孙继先之子）：在这之前敌人已经把所有的船都拉到河对岸去了。

张子申（北京军区司令部编研室原研究员）：你想红军出发的时候是8.6万人，经过这一路连走带打，这时候剩下了两万多人，当时就说离敌人最近的三四天路程，最远的有六天，就是几十万大军可以过来了，如果你是背水一战，你过不去的话，基本上没什么活路了。

解说词：没有船就无法渡河，难道红军真的就要在大渡河畔上演与石达开相同的命运吗？历史没有给石达开机会，却给了红军机会，正当孙继先为找不到船而大伤脑筋的时候，国民党竟自己将船送上门来了。

### 三、解说词写作的基本要求

#### （一）配合性

编导一定要清楚地意识到解说词的接受对象不是读者，也不是听众，而是电视观众。观众是要在"看"的基础之上去理解、接受的。为"看"而写，就是观众通过解说词，自觉地将听觉信息与眼前的信息相联系，对处于无序状态的画面进行整合，充分理解画面之间的逻辑关系。同时要有适当的指示关系，以便观众更深入、更顺利地进入特定的画面情境之中。

解说词要配合画面，因此要有一定量的潜台词。潜台词就是引导观众去观看画面的提示。比如：

> 三十年过去了，他终于又回到那个让他魂牵梦绕的故乡。而当故乡映入他的眼帘时，仿佛又不似从前的模样。

故乡怎么了？怎么不像从前的模样了？到底发生了什么变化？这些就是潜台词让我们接下来"看"的东西。

除此之外，解说词的配合性还在于文字形式上具有的一个特点，那就是大量使用指示代词，即"这个""那个""什么"等。利用语言的借代特点，将观众的注意力吸引到画面上，省略了重复的交代描述，同时也为解锁其他内容提供了画面的基础和支点。比如：

> 被称为"谋帅"的刘伯承，作战善用谋略、喜用巧兵。若不是那个意外的疏忽，1935年5月，大渡河上原本不需要上演"强渡"的一幕。

这里的"那个"意外就是接下来画面所要展现和解释的内容。这样做，不但给接下来的画面提供了依据，还设置了悬念。

类似这样的指代性用语很多，比如"千万不能这样开车""大年三十，很多家庭都是这样度过的""他为什么如此紧张"，等等。

#### （二）通俗性

解说词的写作要求要尽量生活化，这是由电视这种大众传播媒介的特性决定的。那么如何才能做到通俗化呢？

首先，应该将书面语变为口语。例如"诞辰"要说成"生日""身高"要说成"个头""相貌"要说成"长相"等。

其次，通俗化还要求解说词要少用长难句、多用短句。

比如：

> 有着80万人口，位于亚洲中部，紧邻蒙古高原，新疆塔克拉玛干沙漠，东经

93°，北纬 40°的敦煌，是连接东西方贸易的咽喉要道，丝绸之路上的一颗明珠。

这句话这么说的话就太长了。解说词诉诸听觉，稍纵即逝。这么长的句子观众很难反应过来，接受起来会比较困难。如果我们将它拆成几个短句，效果就不一样了。

敦煌位于亚洲中部，东经 93°，北纬 40°。它北临蒙古高原，西接新疆塔克拉玛干沙漠，南邻青藏高原。这个位于中国甘肃西部、仅有 18 万人口的小城市，曾经是连接东西方贸易的咽喉要道，丝绸之路上的一颗明珠。

很显然，这个短句的写法念起来更加朗朗上口，容易被人接受。

最后，解说词写作还要尽量避免使用枯燥的数据，最好的办法是将枯燥的数据形象化。比如"一个农民发现了一个重达 300 克的鸡蛋"，观众就迷惑了：300 克是多少？完全没概念。如果换成"一个农民发现了一个相当于六个普通鸡蛋那么大的鸡蛋"，这样一说，观众理解起来就更加容易了。

### （三）艺术性

需要强调的是，解说词要通俗并不意味着说大白话，还是要讲究艺术性。电视是大众化的媒介，同时也是艺术化的媒介。解说词要有感染力，才能让观众产生强烈的情感。虽然写解说词不是写小说，但是解说词的写作也经常借助文学的修辞手法来丰富语言的表现力，例如拟人、排比、比喻的运用。

比如，《动物世界》的解说词非常具有艺术性，其运用了拟人化的手法，让我们看到了幽默风趣的动物生活：

随着温度的上升，冰雪消融了。寒冷再度降临，又使水结成了冰。整个雪原变成了一个巨大的溜冰场。北极熊一家也同样在这个春天斗争着。为了重新启动它的适应系统，母熊在经历了这么久的禁食后，重新开始活动。小熊们也在一旁走来走去。由于对刚才那场风雨依然心有余悸，小熊都躲在母亲那永远警醒着的庞大的身躯下。

当看到远方一头公熊的身影时，母熊就急忙召唤孩子们回家。不过正像在任何家庭里都能看到的那样，有些孩子并不那么听话。幸而那头巨大的公熊并没有注意到它们，它正借助它的鼻子，搜寻它的猎物——海豹的踪迹。在它身后不远处，一只北极狐如影随形，期盼着可以获得一份免费的美餐。有时，一只北极狐会跟踪北极熊几英里①之远，因为它们主要以北极熊的残羹为食。

---

① 1 英里约等于 1.609 千米，余同。

排比也是一种很有艺术感染力的表现手法，好的排比可以增强节目的气势，比如《百年中国》开篇的一段解说词：

20世纪，正从我们的视野中慢慢消失。对于中华民族来说，这是一个从屈辱走向自豪的世纪，眼泪与欢笑都在我们心间；这是一个从贫弱走向富裕的世纪，乞求与满足我们全都记忆犹新；这是一个从封闭走向开放的世纪，善良与宽容是我们永恒的情怀；这是一个从专制走向民主的世纪，呐喊与探寻是我们不变的性格；这是一个从分裂走向统一的世纪，战争与和平我们曾历尽沧桑……

### （四）精练性

解说词要精练，简洁明了。这个精练包含两个方面。一方面，要切忌看图说话，避免解说词重复画面中已有的内容。比如画面中人们在快乐地跳舞，那解说词再说"人们兴高采烈地跳着舞"就多余了，属于啰唆。另一方面，解说词要精练，就必须要做到短，用字用词都要力求简练。能用一个词说明白的事，不要用一句话去说。

解说词的精练还包括一个含义，就是能用画面解释的就用画面，尽量减少文字性的描述。

## 实训项目二

**实训内容：**电视解说词分析训练

**实训要求：**

1. 观看纪录片《五大道》。

2. 分析并讨论其解说词的写作特点及解说词与画面的配合关系。

**实训步骤：**

1. 通读全文，分析《五大道》的结构方式是怎样的。

2. 从解说词的位置分析本片解说词的写作特点，并写一篇不少于1000字的评论。

**成果评价：**教师点评。

## 第三节　节目设计包装与合成

一部片子在剪辑完成后，就需要进行后期的节目包装了。从传播效果的角度看，观众更倾向于有视觉冲击力、色彩鲜艳的形象。精良的后期包装会使节目从众多同类型节目中脱颖而出，吸引观众的眼球，有时候甚至可以在一定程度上挽救一部作品。

因此，编导对此一定要重视。

## 一、节目包装的基本元素

### （一）节目角标

角标是一种具有象征性的大众传播符号，它以简洁精练的造型吸引大众的注意力，并传递某些特定的信息。无论何种类型的电视节目，都有一个基本的形象标识，这是构成包装的重要元素。电视节目的角标一般由图形、数字或文字组成，它要求醒目、简洁、特点突出、有时代感。好的节目角标能让人过目不忘，便于观众一下子就捕捉到想要看的节目，所以形象标志设计对于节目包装是非常重要的。

在角标的设计过程中，有两个方面值得关注：一方面，角标的设计可动可静。平面、静态的角标在过去很长一段时间内为众多电视频道所使用。随着电视技术的发展，动态角标开始大量出现，它具有丰富的图形视觉效果，有助于强化栏目在观众脑海中的记忆。角标的设计选择静态还是动态，取决于节目的风格和频道整体包装效果的要求。另一方面，角标的设计承载着节目与频道的品牌信息，节目名称和标识图形化是角标设计考虑的主要因素。此外，在动态角标的设计中，其色彩的搭配、文字和图形元素的设计风格、运动方式的使用都要统一规范，并主动遵循频道的整体包装风格。例如凤凰卫视旗下的十几档栏目，其角标设计风格都比较统一和规范，不仅借助频道的辅助图形，而且在运动方式、栏目名称设计上都遵循频道的整体包装风格。

### （二）片头创意

节目如何从一开始就能快速地吸引住观众的目光？片头是最为重要的一部分，它是节目的点睛之笔、是节目的门面。好的片头时间虽短，但画面、色彩、音乐构成的综合效果足以使观众锁定频道。在实际操作中，片头由数字媒体技术工作人员来完成，并不需要编导本人设计制作。但是很多情况下，编导要根据节目的内容定位及需要提出片头的设计和创意方案。

片头的表现风格是多种多样的。片头的制作要与节目整体风格一致，准确地表现节目的内容和相关信息，给受众以深刻而鲜明的印象。例如，新闻节目的片头色彩偏冷色调，场景比较庄重、严肃，多用蓝、青等颜色。而娱乐节目《康熙来了》的片头色彩十分丰富，并运用了很多卡通形象，节奏明快，音乐火爆，有效地吸引了此类节目的目标受众群。一般来说，片头都比较短，只有10～20秒。这就要求它能够在很短的时间内浓缩节目精华，甚至包含节目定位和节目导视内容。

需要注意的是，一些节目片头虽然在场景、造型、色彩、环境气氛、动作设计上都很漂亮，但总让人感觉空洞无物，观众对其缺乏共鸣。这就要求编导把创意思路的重心放在作品的内涵和寓意上，要有艺术感染力这是片头创意中最难的因素。

在制作节目片头时，音乐的作用显得非常重要。片头的节奏感直接来源于音乐，所以一般情况下有了大体的想法后就要根据创意来寻找适合的音乐，形成音乐小样，然后依据已有的音乐小样控制画面效果，达到音画同步的目的。

片头的特效包括文字特效、光效、三维特效等。通过特效应用、构图处理和色彩表现的完美结合，才可以制作出令人叹为观止的片头。

### （三）色彩调配

色彩是节目包装中的一个重要表达元素，它与节目包装的质量有密切的关系。合理的色彩搭配使得电视节目更具有吸引力。在好的节目包装中，色彩应和声音、形象设计结合成一个有机整体，塑造节目形象和品牌。

色彩调配的核心问题有两个：色彩设计与电视节目的贴切性，色彩设计自身的协调性。贴切性表现在色彩设计作为节目包装的一部分，应该直接体现电视节目的风格主张与表达理念诉求，必须贴切地反映出节目的内容特性和理念。例如：大多数新闻节目都是选用蓝色、青色的主色调，凸显一种冷静、客观、公正的形象；文艺节目在一般情况下是暖色调，色彩相对艳丽一些；生活服务类节目采用淡黄色、淡绿色为主的基调是比较合适的，表现纯净、温馨、时尚的氛围。协调性表现在色彩的美感上，调和的颜色能够使人产生愉悦、舒适的感觉。节目包装的色彩调配可以是单一色彩体系，也可以是复合色彩体系，这要根据节目的需要进行选择。采用单一色彩体系是以某一种颜色作为主色调，配以其他辅助色的搭配方法，其优点是比较容易建立对电视节目的形象识别和色彩记忆。采用复合色彩体系要注重色彩对比规律的应用。在色彩设计过程中，主要解决如何组合搭配两种以上的颜色的问题，要求既和谐又鲜明、抢眼但不刺眼，能与整个节目、栏目或频道的基调相吻合，并能保持与节目、栏目或频道风格的协调性。

### （四）片花制作

节目片花一般用于节目播出间隔时间，时长多为3～5秒，常常是节目片头的浓缩剪辑版，其设计在图形信息表达上主要突出节目名称和节目标识等信息。

节目片花的制作目的主要着眼于两个方面。一方面，节目片花是控制节目内容播放段落和节奏的重要手段。常见栏目每期节目时长30～60分钟不等，很多栏目，特别是新闻综合播报、人物访谈、故事纪录栏类栏目，每期节目根据主题线索的变化，常常可分为许多段落和小主题。如人物访谈栏目，可根据被访者的成长经历、命运变幻分为各个段落和小主题；新闻综合播报类栏目，可分为国际新闻、国内新闻、时政要闻、天气预报等。当节目需要停顿、转折时，节目片花能起到提示、调剂和改变节奏的作用。另一方面，节目片花是控制频道编排结构和商业广告播出的重要方法。节目的正常播出经常被插播广告打断，广告后切入节目内容会十分生硬，常见的手法就是先插入节目片花再接入节目，以消除广告对节目播出流畅性的影响。

节目片花的画面构成一般不追求表达内容与某一期节目的具体联系，而讲究具有栏目系列形象的象征性，制作方面则往往以实拍与电脑动画结合而成。

### （五）片尾包装

片尾包装为很多人所忽视，认为不过是上个字幕、弥补时间而已。但实际上片尾也是体现栏目和节目特色的一个重要窗口，是栏目整体形象的重要组成部分。片尾画面除了字幕外，还可以对节目内容作简单回顾，也可以干脆利落地直接以节目内容的渐隐作为开放性结尾。为了增加节目的信息量，有的片尾会接着提供其他信息，比如主持人之间的谈话、节目的幕后制作花絮等。

由于栏目类型不一，片尾也风格各异。新闻类栏目结束时多短促有力，服务类栏目结束时多轻松随意，娱乐类栏目结束时多活泼跳跃。无论哪种风格，片尾画面形象构图都要注意与字幕协调，音乐也要尽量与片头、片花的风格保持一致。

在电视节目包装设计中，编导要特别注意三个方面的问题：

首先，要明确电视节目包装的创意与制作是一项艺术与技术结合紧密的复杂工作，工作流程中往往涉及多方面的因素，编导难以独立完成，需要摄像、制作、音乐、数字媒体等部门密切合作、及时沟通才能完成。所以要求编导的知识涵盖面广、创作理念新、协调能力强。编导一定要明确自己在包装中的职责，虽然有些工作由其他专业人员来完成，但一定要介入节目的整个包装流程，特别是对各包装元素都要有自己的设计方案，因为它们都为节目包装服务。

其次，任何艺术作品都可以通过临摹来学习和进步，电视节目包装也一样，很多包装元素可以通过模仿、借鉴来完成。所以平时多看多想一些好的包装方式对开阔眼界大有益处，一旦需要的时候随时可以借用别人的成功经验。当然，最好把握好包装的精神内涵，学习成功的制作理念，而非克隆表面的光影效果，要做到看不出临摹的痕迹。

最后，要尽可能熟悉一些包装软件。电视节目包装主要是运用实际拍摄元素、3D元素及平面元素，再通过包装软件对这些元素进行特效的处理与合成，可见包装软件在整个电视节目包装中占据了非常重要的位置。

## 延伸阅读

常用的包装软件有如下几种。

AE 是 Adobe 公司推出的一款图形视频处理软件，它可以帮助编导高效且精确地创建无数种引人注目的动态图形和震撼人心的视觉效果。AE 并不是一个非线性编辑软件，它主要是用于影视后期制作，经常用于片头、片尾、宣传片、特效字幕的制作，是编导专业必学软件之一。AE 借鉴了许多优秀软件的成功之处，使视频特效合成上升到了新的高度。例如它将 Photoshop 引入，从而可以对多层的合成图像进行控制，制作出天衣无缝的合成效果。它还将关键帧、路径引入，使对高级的二维动画的控制游刃有余。它还有高效的视频处理系统，确保了高质量视频的输出。同时，其令人眼花缭乱的特技系统能实现使用者的一切创意。

AE 还保留有 Adobe 优秀的软件兼容性，它可以非常方便地调入 Photoshop、Illustrator 的层文件、Premiere 的项目文件也可以轻松地再现于其中，甚至还可以调入 Premiere 的 EDL 文件。新版本的 AE 还能将二维和三维在一个合成中灵活地混合起来，并在层的基础上进行匹配。并且 AE 支持大部分的音频、视频、图文格式，甚至还能将记录三维通道的文件调入进行更改。

3D Max 是基于 PC 系统的三维动画渲染和制作软件，其广泛应用于广告、影视、多媒体制作、游戏等领域。此软件对 PC 系统配置要求低，操作简单，容易上手；功能强大，扩展性好，可以安装插件增强功能。此外建模功能可进行堆叠操作，使制作模型有非常大的弹性。

3D Max 在三维建模、动画、渲染方面有近乎完美的表现，完全能够满足用户对制作高品质效果图、动画及游戏等作品的要求。

Combustion 是一款三维视频特效软件，基于 PC 或苹果平台，是为视觉特效创建而设计的一整套尖端工具，包含矢量绘画、粒子、视频效果处理、轨迹动画及 3D 效果合成五大工具模块。此软件提供了大量强大且独特的工具，包括动态图片、三维合成、颜色矫正、图像稳定、矢量绘制和旋转文字特效短格式编辑、表现、Flash 输出等功能。另外还提供了运动图形和合成艺术新的创建能力、交互性界面的改进，增强了其绘画工具与 3D Max 的交互操作功能。

## 二、字幕的设计与运用

字幕是在电视屏幕上显现的文字的总称，也是电视屏幕信息的重要组成部分。字幕作为电视语言的重要组成元素，不仅具有补充、配合、说明、强调、渲染、美化屏幕的作用，而且具有画龙点睛、为电视节目增光添彩的艺术效果，成为电视艺术领域不可缺少的重要组成部分。随着计算机技术、多媒体技术在电视节目制作领域的广泛应用，字幕在修饰和包装电视节目中起着越来越重要的作用。

字幕设计是电视节目包装中的重要元素之一，除了传达信息的基本功能之外，它经常起到决定整体效果的关键作用。

字幕设计包括两大构成元素：文字和字幕条。在字幕系统中，文字是传递信息的主要载体，例如一条简介的新闻标题、一位嘉宾的职业和姓名、一个栏目的名称等。字幕条的设计是为文字服务的。由于电视画面是动态的，字幕使用时的背景画面在明暗关系上有极大的不确定性和随机性。为了避免因为背景画面明暗层次不同而影响文字的清晰显示和准确识别，通常包装设计师都会在文字底下加上衬托底图。底图在图形设计、色彩搭配、运动方式等方面应与节目整体包装风格相一致，力求在衬托文字信息的同时也反映出节目品牌识别的信息。

在作为包装手段的文字设计中，应注意以下三个方面。

一是选用易识别、与节目风格相适应的字体。

每种字体都有独特的结构特征，可以有不同的粗细和宽度。各种文字经过设计组合，形成千变万化的视觉效果。在设计中应首先注重文字的可读性，因为它的根本目的还是为了更好、更有效地传播信息。以新闻、专业知识内容为主的节目，包装文字应使用一般字体，变化、修饰少。即使是文艺类节目，包装中也要依据文字变化的规律，不能过于修饰而导致难以识别。

不同字体将带给观众不同的心理暗示和主题意味如黑体比较庄重、篆体比较有文化底蕴。应该根据节目风格来选用合适的字体，与节目形成统一的整体设计效果。

二是图形、图像与包装文字的组合设计。

电视节目包装中，文字常和图像配合起来使用，用照片、形象的文字、符号等来说服和吸引观众，能提高视觉传达的效果。图像有不同风格并能传达不同信息，从写实主义到象征主义、抽象主义等，每种模式都有自己的使用价值和美学价值。设计师根据节目内容要求挑选合适的图像，配上合适的文字，共同完成设计任务。

电视节目包装中，好的图文组合很具有视觉冲击力，吸引观众坐下来接着看下去。在央视《走近科学》栏目片头中，"爱因斯坦""电灯泡"等图像代表科学的各个方面，这些图像和音乐联系，形成了一个整体，只要深刻理解，就会发现其中微妙的逻辑关系。文字在最后出现，但并不妨碍信息的传达。凤凰卫视的《时事直通车》栏目包装中，文字、直线和斜线组合在一起，观众可以马上把"直通车"的文字和直线、斜线联系起来。通过清晰、明确的视觉形式和文字组合，观众的目光在图文之间来回跳动，信息传达的有效性大大加强。

图像和文字相结合的信息最容易被解读，二者互相补充来传达信息。凤凰卫视的《凤凰快报》栏目包装中，用世界地图作为背景，文字在画面的第一层出现。这种图文结合是很有效的传播形式，图像的陈述性能帮助观众理解文字，文字的叙事性能帮助观众记忆内容。

三是文字设计体现节目特色。

一个节目如果形成了自己的特色，文字设计也是体现这种特色的重要载体，可以成为强化节目身份的符号。

# 第四节　检查成片

节目后期制作完成之后，还有一项非常重要的工作，那就是对成片进行全面的检查。这就像是在产品出厂前需要进行质量检查一样，不允许有任何不符合标准的产品流入市场。

电视台在节目播出的时候对成片有非常严格的要求，因此，我们在检查成片时除了推敲意义表述外，最主要的就是检查节目的各项技术指标是否达标。

以下六方面的问题比较常见，应重点检查把关。

## 一、检查画面

画面质量不达标的镜头不可取，比如有明显杂乱信号，花屏、严重偏色、波纹、闪烁、拉道、马赛克、声画不同步等。一旦发现这种镜头，编导要删除或替换。有的画面问题是可以调整修复的，比如轻微的偏色可以利用色度特技对画面的饱和度进行调整、过暗的画面可以对其亮度进行调整等。

技术过关的画面应该是清晰度高、亮度正常、层次感强、色彩还原度好、杂波和干扰少的镜头。

## 二、检查声音

检查声音时要特别注意音量是否均匀、是否忽大忽小。实际上，音频信号的满度电平值与声音的响度是不均衡的，有些电视节目在声音制作过程中只注重音频信号满度电平值的控制，不考虑不同声音类别动态范围和能量分布的不同，造成节目声音响度不均衡，影响到节目声音的主观感受。如出现这种情况，必须调整过来，达到整个节目音量的均衡。

除此之外，还要检查声音是否清晰、有无失真和噪声干扰等。最后还要检查所有的声道是否都解锁，或合成到了一个声道上，避免出现丢失声道的现象。

## 三、检查字幕

整体检查字幕指的是出现在屏幕上的一切文字都需要编导细心检查，比如解说词、嘉宾和主持人的职务及姓名等。字幕的内容、颜色、背景、排列方式和位置、出入方式和速度等情况都要检查，如有不当，及时调整。我们要特别检查是否有错字、别字、漏字、不统一或不规范字体，一档完整的电视节目中的字幕量是很大的，难免出错。检查成片是最后一道关卡，一定要认真细致。

## 四、检查镜头剪接点

编导需要在非线性编辑软件上查看所有的镜头剪接点，尤其要检查所有的淡入淡出、叠化、划变等技巧性组接的剪辑点，查看这些特技过程的时长是否与节目内容协调。

检查镜头之间是否有夹帧的现象。所谓夹帧，就是指在两个正常镜头的剪接点上多出一二帧与前后镜头不相关的画面。这主要是由于在做某些转场特技时，需要前后镜头的素材有一定量的长度作为特技过渡的"缓冲"。如果镜头素材本身不够长的话，就容易将其他后续素材带进来，就会出现夹帧现象。为了有效防止夹帧现象，在选择镜头素材的时候，要注意预留出 10～15 帧。

此外，还要对一些令人产生视觉不适的剪接点进行调整。比如剪接点前后出现明暗或色彩的跳变，虽然不算是技术问题，但会影响主观视觉感受，所以也要加以调整。

## 五、检查时长

电视节目对时长的要求是很严格的，通常的规范要精确到秒甚至精确到帧，编导绝不能任意延长或缩短节目时长。

节目时长指从1分钟彩条30秒黑场之后出现的第一帧画面开始到最后一帧画面为止的时间，定为节目实际时间长度。编导必须认真检查节目时长是否符合这个标准。

## 六、检查片头、片尾及片花

一般节目的片头、片尾及片花都是由特技包装部门制作好的，编导在后期制作时只需要直接加入就好。但是即便如此，编导还是需要对其进行全面的检查，以保证其与正片的结合流畅自然。特别是片花与正片中的下节预告的连接点，因为此处通常是要插入广告的地方，确保片花的位置就尤为重要了。

检查成片后，一期节目就算真正完成了，这个过程需要编导非常细心、耐心。

# ▶▶ 实训项目三

**实训内容：** 电视节目后期剪辑与包装训练

**实训要求：** 选择任意一档节目制作预告片，要求特效运用合理，视觉效果流畅；剪辑符合规律，重点突出；字幕设计简洁清晰，字幕条搭配有美感；画面、声音符合各项技术标准。

**实训步骤：**

1. 制定预告片剪辑和设计方案。

2. 设计镜头的连接方式，选择合适的转场技巧。

3. 字幕的设计与制作。

4. 片头、片尾的设计与制作。

5. 检查成片并修改。

**成果评价：** 教师点评。

# 小　结

1. 电视画面剪辑的形式包括叙事剪辑法和表现剪辑法两大类。其中叙事剪辑法包括连续式剪辑、平行式剪辑、交叉式剪辑等，表现剪辑法包括积累式剪辑、对比式剪辑、隐喻式剪辑、心理式剪辑等。

2. 镜头组接的基本原则包括镜头组接要符合逻辑、要考虑纵向和横向的构成，以及镜头剪接点的选择。

3. 转场镜头出于不同的目的有不同的处理技巧，一般将其分为两种：技巧性转场与无技巧转场。

4. 影视艺术中，声音的处理包括人声的编辑、音乐的编辑和音响的编辑三种。

5. 电视节目解说词的作用包括对画面进行补充说明、整合画面信息以及挖掘画面内涵、激发联想。

6. 解说词写作的基本要求包括配合性、通俗性、艺术性以及精练性。

7. 节目包装的基本元素包括节目角标、片头创意、色彩调配、片花制作以及片尾包装。

8. 文字设计中要注意以下三个方面：首先，要选用易识别、与节目风格相适应的字体；其次，对图形、图像与包装文字最好进行组合设计；最后，还要体现节目特色。

9. 节目制作完成后要进行全面的检查，检查把关的内容包括：画面、声音、字幕、镜头剪接点、时长、片头、片尾及片花。

# 第七章　学生作品分析

## 案例一《CHINA·风韵》

时长：20′23

导演：郭琬琪、李佳琳

组员(带分工)：郭琬琪(编导、统筹、策划、文案)

　　　　　　　李佳琳(编导、后期制作、公关、文案)

　　　　　　　张安泽(摄像)

　　　　　　　何婷(摄像助理、场记)

　　　　　　　陆子豪(制片)

　　　　　　　张子轩(配音)

类型：纪录片

指导教师：杨皤

内容简介：

本片通过讲述新时代旗袍匠人与旗袍之间的故事，展现了中国传统服饰的更迭，探讨了服饰文化影响下的时代变迁。

创作阐述(郭琬琪、李佳琳整理)：

### 前期——创意构思阶段

**(一)选题阶段**

作为一门结课作业，拍摄时间是非常有限的，仅有短短两个月。因此，我们最初定选题的时候，制片人提出了三个原则：一是所涉及的拍摄地尽量选择在天津，二是选题所涉及的故事时间跨度要小，三是选题要有文化感。

因此，我们提出了三个选题，分别是刺青、"慢递"和旗袍。在进行了初步调查、考虑到选题的可操作性，以及与指导教师充分沟通后，最终确定为旗袍。

选题会后，我们对这部作品达成了初步的共识，即希望寻找几位身处都市之中的旗袍匠人，通过记录和讲述她们与旗袍之间的故事来展现旗袍在新时代的旗袍匠人手中焕发的生机与光彩。由此，我们将主题拟定为"传承与创新"。

## （二）收集素材、预先采访

在确定选题之后，我们便开始收集相关素材。由于先前对旗袍的了解并不深入，所以需要查阅大量历史资料并加以整理。调查中，我们了解到旗袍主要分为京派和海派两种，随着不断演进，海派旗袍又出现了古法旗袍和改良旗袍等不同样式。

京派旗袍与海派旗袍并不是以地域为界，而是两种风格的划分，在用料、做工、细节之处都有很大的不同。京派旗袍衣身宽大，给人以恢宏大气的传统华贵之感；海派旗袍则在传统服装基础上借鉴了西洋服饰的特点，人影绰绰中透着灵活飘逸之感。由此，我们对旗袍的"前世今生"有了一定的了解。

随后，我们开始着手联系拍摄对象。通过论坛、微博、淘宝等渠道，我们最终联系到了天津鼎澜祥旗袍的创始人刘晓雪女士、北京荒歌古法旗袍的传承人李荒歌女士、北京红馆旗袍的唐元宝女士以及身在海外的旗袍传承人阿云。

四位旗袍传承人所坚守的旗袍风格各不相同，在传承过程中也融入了自己不同的看法，身处各地，见解多元。

在拍摄之前，我们赶到主人公所在的城市进行前期沟通，预先准备了采访内容，主要有：

1. 主人公的学习经历、与旗袍之间的故事。

2. 四位传承者对旗袍不同风格及流派的理解。

3. 对于旗袍的继承与创新之路，四位传承者是怎样看待的，又是怎样做的。

## （三）撰写拍摄文案

纪录片《CHINA·风韵》的核心是"传承"，本片通过四位传承者讲述旗袍在工艺制作中所蕴藏的文化内涵及传承者们在坚守过程中执着的匠心精神，从而突出民族文化的深厚魅力。

四位传承者身处不同的城市，旗袍是她们唯一的共通之处。本片采用平行结构叙述方式，围绕对于旗袍的传承这一主线，将四位主要人物、四段故事串联其中。

经过了前期的充分沟通，我们对旗袍和采访对象都有了一定的了解。围绕本片主题，我们列出了更为详细的采访大纲。

一方面，关于采访对象的经历：

1. 因何契机接触到了旗袍制作，并决定开始从事这个事业？

2. 对于现代女性来说，旗袍不再是日常服饰的首选，为什么还要坚持做旗袍，并且推广它？

3. 在这个过程中，收获了什么？

另一方面，关于旗袍本身：

1. 分别谈谈不同风格的旗袍的特点、历史和现状（刘晓雪所坚持的改良旗袍，荒歌的古法旗袍，红馆的京派旗袍和 Tong Tong 的海外旗袍）。

2. 不同风格的旗袍在制作工艺上的不同之处及其背后所蕴含的文化内涵。

3. 设计制作旗袍的灵感来自于哪儿？

4. 如何看待传统服饰在今天的传承情况？

## 中期——采访摄录阶段

### （一）拍摄沟通

在纪录片《CHINA·风韵》的中期拍摄过程中，每场拍摄之前，我们都会开会进行讨论，具体落实拍摄任务和人员分工，沟通讨论拍摄的细节。由于本片的拍摄内容围绕旗袍展开，所以怎样通过艺术化的镜头方式展现旗袍的魅力尤为重要。编导与摄像沟通，确定了几组剪影、延时摄影来表现旗袍的美感。

在景别上，多用特写及景深镜头，来突出旗袍的细节之处。

拍摄前，我们的统筹会明确告知全组人员拍摄流程，比如人员出行的方式、拍摄时间、采访时间等具体安排，也包括出现特殊情况如天气原因、拍摄对象时间变化等不可控因素时的解决方案。

### （二）指挥调度

因为四位拍摄对象身处不同城市，所以拍摄日程都严格按照通告表来完成。但是在实际拍摄过程中，难免出现拍摄对象临时协调不开、无法配合拍摄的情况。例如在拍摄天津部分内容的采访当天，在全组人员到达拍摄地点之后，拍摄对象刘晓雪女士临时因为工作原因无法抽身。经过与刘晓雪女士的沟通，编导临时决定将采访任务改为收集空镜头和补拍旗袍工作室内的旗袍特写，通过旗袍工作室工作人员的配合，顺利完成了当天的拍摄任务。

## 后期——剪辑制作阶段

### （一）画面粗剪

在画面粗剪阶段，首先进行的是素材画面的整理和筛选工作。《CHINA·风韵》在主要拍摄阶段共拍摄素材 3237 条（内存占比约 750G，整体时长约 93 小时）。在筛选画面时，除了将一部分取景构图不符合要求的废素材归类到"废素材文件夹"外，还对每个画面素材以"编号—画面类型（人物/静物/空镜）—画面内容（简写）—景别—角度—备注"的形式重新命名，赋予每个画面素材文件属性标签，以加强每个画面素材的可视性，使其在剪辑过程中更便于筛选、替换和记录。最后，再依照解说词及片子结构大纲对筛选后的素材进行分类，方便后期制作与修改。

在筛选分类完成后，将现有素材与前期的解说词大纲、拍摄脚本等文案结合，进行片子整体结构和脉络的调整，敲定最终的结构框架。《CHINA·风韵》在这一阶段进行了很大的调整与修改，打破了原本故事顺序罗列式的结构，将不同的旗袍匠人的故事融入了旗袍的四大制作工序之中，并将每个故事交叉融合在一起，将原本每人7分钟左右的故事拆成了几个1～3分钟的小片段，加快了叙事节奏，避免让观众觉得情绪表达拖沓冗长。同时，去掉了原本拍摄计划中的"历史回忆"部分（由北京红袖天香旗袍店与店主的故事引出旗袍的历史由来、岁月演变），加快了片子整体节奏，更加突出了故事性和"传承与创新"的核心。

片子粗剪使用的视频编辑软件主要为 Adobe Premiere CC 2015，粗剪时是根据解说词大纲内容进行分段剪辑，分为：1. 开篇（由电影经典人物形象引入，对旗袍的历史一带而过，并为正片内容埋下伏笔）；2. 传承＋故事引入（由此开始引入旗袍的四大制作工序和人物故事）；3. 海派旗袍＋"量体"步骤（海派旗袍简介，以及匠人刘晓雪对旗袍工艺的传承和改良）；4. 古法旗袍＋"剪裁"步骤（古法旗袍简介，以及匠人李荒歌对旗袍的热忱和坚守）；5. 京派旗袍＋"缝制"步骤（京派旗袍简介，以及红馆旗袍的母女两代人对旗袍手艺的传承）；6. 海外改良旗袍＋"盘扣"步骤（东南亚改良旗袍简介，以及匠人阿云的海外传承之路）；7. 低潮——旗袍传承路上的困难；8. 展望与尾声。每段在独立的序列中进行剪辑，最后在总序列中整体拼接。

### （二）解说词写作

纪录片《CHINA·风韵》解说词共有9版。最初的解说词大纲是在前期与拍摄对象沟通及实地勘景后撰写的，是纪录片前期策划方案的完善落实，主要在于把控纪录片拍摄过程中的整体脉络和思路。其侧重点在于梳理片子的详细脉络，提示具体的拍摄内容。

后面4版解说词是在近4个月的实地拍摄、采访中根据拍摄的实际情况不断修改和调整的版本。如片中红馆旗袍母女情的线索，以及原本毕业于北京电影学院的荒歌旗袍创始人李荒歌毅然放弃从事多年的动画事业、坚定地投身旗袍制作行业的故事，都是在后期不断接触、了解的过程中才发掘出来并编入解说词当中的。

第6版解说词是在画面粗剪完成后，根据现有内容整理完成的。到这一阶段，片子的整体结构框架已经定型，解说词与画面的配合和与采访、讲述的连贯性都需要设计好。如片中4家旗袍店的4段人与旗袍的故事，在原本的设计中是单纯按照旗袍制作的4个步骤顺序进行记录讲述的。后来在这版解说词中加入了旗袍传承陷入低潮的情节与4个人的坚守与期望，并且将4段故事分解融入"总—分—总"的整体结构中，让4家店、4个人、4段故事分散开交替出现，但贯穿始终。

最后3版解说词主要是在后期制作过程中，根据对纪录片时长、主题、情节点等的把控，以及为了与后期包装、配音配乐更好地搭配而做了微调和删减。

## （三）配音与配乐

片子的解说词配音共找过 5 位播音主持的专业人员进行试音。在配音阶段，为了调动配音员的感情，我们搜集了《了不起的匠人》《舌尖上的中国》等配音风格相似的纪录片以供参考。同时在试音之前积极和配音员进行沟通，一起完成了解说词的配音标注，并在沟通中尝试用音乐（如片子主题曲《Yumeji's Theme》《夜上海》等）与影像作品（电影《花样年华》选段）来启发配音员，配合他们完成情绪上的表达。

5 位配音员有男有女，声音有的低沉、有的高昂，风格不一。我们根据试音小样与画面的搭配，以及与主题的契合程度，最终选择了较为绵柔婉转的女声。

在配音完成后，根据其风格又进行了配乐的筛选。片中的配乐大多偏爵士或华尔兹风。除了有《Yumeji's Theme》等经典电影原声音乐作为主题音乐外，还选用了带有古风韵味的《Choices and Release》、王若琳充满爵士风的《亲密爱人》，以及电影《画皮2》中凄婉动人的《心靖爱情之歌》等。

## （四）精编与后期合成

在精编阶段，片子使用的视频编辑软件主要还是 Adobe Premiere CC 2015，声音处理选用的是音频处理软件 Adobe Audition。在校色和包装阶段，则主要运用了 Adobe After Effects cc 和 DaVinci Resolve 达芬奇两款软件。

在精剪时，主要对粗剪画面进行了删减（由原本的 38 分钟删减为 21 分钟），缩减了采访内容，将主人公的部分采访内容融入解说词当中。较长的采访中插入了旗袍画面或相应的实物画面加以支撑，并加入了配音音频，以此为基准调整了画面长度。最后配合背景音乐，调整了片子的整体节奏。

根据几轮修改后的定版成片，通过 Adobe Premiere CC 2015 字幕插件为本片加上中英文双语字幕。字幕格式因节目类型和风格而定，《CHINA·风韵》选用的是左对齐式双语小字符式。中文字体为微软雅黑，加粗，加阴影，纯白色；英文字体为 Console，加粗，加阴影，纯白色。

声音的制作也需要精编。片中所有采访内容都是双轨录音（摄像机同步收音和 Zoom 无线话筒同期收音，后者的声音效果更好，杂音小），所以需要对所有 zoom 录音机的采访音频进行对位。同时，在相应片段也需要加入环境同期声，如正片一开始的车流喧闹声、旗袍制作过程中的裁剪声和缝纫机工作声或部分空镜头中的风声、鸟叫声等。这些同期声大部分是在现场实拍的素材中截取的，有的则需要单独补录或是在网络音频素材库中筛选。同时，全片音频的音量应该是统一的，所以在精编阶段需要根据音频器校对，并通过"音频增益"或"音频定点曲线"进行修改。片子全部解说词音频音量波动控制在 $-18 \sim -6$，所有背景音乐音量波动控制在 $-36 \sim -24$，采访音频音量波动控制在 $-15 \sim -6$，同期声一般在 $-20 \sim -12$。

校色主要用 Adobe Premiere CC 2015 中的"效果控件—颜色校正—RGB 曲线"和 DaVinci Resolve 达芬奇共同完成。在前期拍摄中，不同场景、不同时间拍摄的素材白平衡和光感都不相同，所以在后期包装中要将它们调到一个相同基准之后再上色。《CHINA·风韵》的校色风格为偏蓝粉的冷色调，加大了对比度和饱和度，以及蓝色高光的比率，在统一全片色调的同时，更衬托出了旗袍的古典与韵味。

而特效包装在《CHINA·风韵》中则着重体现在了片头片尾的制作当中。片头LO-GO定版是参考网站"新CG儿—数字视觉分享平台"中的部分经典模板案例，使用特效软件Adobe After Effects cc制作完成的。

片头定版采用了水墨化的风格呈现，贴合旗袍的古典特色。而片头底板直接选用片中新加坡Tong Tong旗袍店制作台的实景拍摄画面，用转动的缝纫机和模特做前景。片名LOGO从主体位置以毛笔字形式写出，直接突出主题。

（五）检查与修改

在《CHINA·风韵》校对与修改阶段，第一轮主要是对片子流畅度和完整性的审查修改。反复观看完整版的成片样片，查看是否有剪辑失误（跳帧、丢帧、多帧等）、校色不当（前后镜头、不同场景衔接时出现的色差或是视觉跳动感）、衔接问题（前后画面衔接、段落衔接、结构安排合理性），以及字幕等问题，并及时进行修改。

第二轮主要是对片子内容和主题诠释的审查修改，在指导教师与主创人员就样片进行拉片后，针对部分情节、镜头美感和细节提出一些具体的完善意见（如空镜头和人物细节的补拍、采访问题的精练等），组织进行补拍补录，并在补拍补录后进行新素材的替换剪辑和包装制作。

第三轮就是对片子各项内容的集中审查，包括样片从头到尾的流畅性（可适当运用"胶片溶解""渐黑渐白""时间伸缩"及"速度曲线"等效果控件进行调节），包装的统一性（色调色差的调节、字幕校对、AE特效融合等），音频音量统一（所有音频是否都在相应的规定区间内，并根据实际效果通过"音频增益""音频定点曲线""音频控件"等进行微调），解说词、配乐、采访之间的衔接（适当运用"恒定功率"控件以及"音频定点曲线"手动调节音频音率，以实现合理过渡），以及符号性元素的加入（片名水印、主创人员水印的设计制作和职员表的制作等）。

## 【附录1】

### 《CHINA·风韵》解说词文案

解说词：都说女人如玉、旗袍如画。众多传统服饰中，旗袍最能勾勒出中国女人的美。沉静典雅，玲珑迷人，如同中国女性跌宕起伏的命运一般，旗袍从清代到现代一路走来，其发展、改良、演变亦经历了历史的风风雨雨，经历了百年的历练和智慧的凝结，渐渐地变成了一种符号和文化因子，渗入每个中国人的血液里。

解说词：衣袂摇曳，风尚流转，人们对旗袍的喜爱与执着并没有消退。

解说词：遍观时下风潮，融东西风韵而浑然天成者，鲜见。得于古，化于今，巧运匠心，遂成一种境界。

解说词：坚守三代女红工艺，设计师邓丽元和母亲，一人设计，一人制作，依伴着雍和宫的古香古韵，成就了这京派旗袍的第一品牌。

采访1：红馆旗袍创始人母女的故事

采访2：京派旗袍的特点

解说词：京派旗袍的特点不是中西合璧的艳丽，而是本位本土的拙朴。京派是传统的正宗。（可加店长声音）宽大的滚边、过膝的长裙，保守和传统的结合，衬托出典雅大方、雍容华贵的民族风格。

字幕：量体

解说词：如果说京派旗袍体现了女性的大气、端庄之美，那么海派旗袍则凸显了女性的精致与灵气。

解说词：作为一件私人化的服装，旗袍的制作需要量体裁衣，根据不同人的不同尺寸，制作出一件独一无二的旗袍。近代旗袍进入了立体造型时代，整体的设计更加流畅贴身，这就要求对尺寸的度量更加精确。十八个部位的准确度量，才能制作出一件合体的旗袍。

解说词：几年前，鼎澜祥旗袍创始人刘晓雪初到天津，接触到了旗袍。从那时起，旗袍就让她的生活发生了变化。

采访3：刘晓雪采访——旗袍改变了她的生活

解说词：改良旗袍中融合与调整的理念深深影响了刘晓雪。凡事预则立，不预则废。一把尺子丈量的不仅是旗袍的尺寸，更是对生活的态度。

解说词：夜幕降临，天塔的映像从窗中透进来，静静地陪伴着依旧在忙碌的刘晓雪。

字幕：剪裁

解说词：一双巧手，一支粉笔，一把剪刀，在纸板和布料上留下缝制标记，依照所量取的身材精确剪裁出所需的轮廓，再用熨斗进行涨缩处理，既不破坏面料上的图案，又能达到收腰丰臀的效果。在剪裁师傅手里，赋予了旗袍独特的生命和情感。

解说词：几百千米外的北京，古韵与现代化交汇。李荒歌静静地用最古朴也最具传承的技法，完成一件件旗袍的手工制作。剪裁旗袍的同时，李荒歌也从万千条道路中挑选出属于自己的方向。

采访4：李荒歌采访——与旗袍结缘，从北电到北服的蜕变

解说词：夜晚的三里屯SOHO，灯火通明，李荒歌的古法旗袍工作室，就藏在这万千灯火之中。暗含古典韵味的旗袍，与这里的快节奏和商业气息显得格格不入，却也为这里的繁华，增添了一抹淡淡的古典之美。

解说词：李荒歌说，极具传承与还原度的古法旗袍，无须制版的工序，讲究无缝剪裁，不见针脚。

采访5：李荒歌采访——谈古法旗袍的特点与美

解说词：独特的剪裁方式，既能展现女人线条的流畅之美，又不像西方礼服那样死死地绑住身体。它的连肩、无腰省处理，以及对传统工艺手法——镶嵌滚的运用，更突显出古法旗袍极强的包容性。

采访6：李荒歌采访——谈自己的创作灵感来源于传承心愿

字幕：缝制

解说词：从古时候的女红思想起，中国女性对于手工缝制有着独有的热衷。一件旗袍，侧缝、衣领、滚边、袖口，各个部位都离不开缝制的定型和完善。布料间的飞针走线、手工缝制可以使旗袍更加结实耐用，也确实使得旗袍边缘更加柔软有灵性。

解说词：文化的差异，也造就了旗袍不一样的缝制风格。

采访7：红馆店长采访——京派旗袍的缝制讲究与独特生命力

解说词：最初的京城女性以上流社会为源头，旗袍通常平直宽肥，有大襟。主要以锦缎、古香缎和绸为面料，偏厚重加之盘、绣、滚、镶均是手工完成，使之更具立体感。京派旗袍衣身的宽大使得人体退居第二位，所以在装饰上就不得不考究起来，以繁复的刺绣纹样或织纹为美，充分展示旗袍自身的魅力。

解说词：叶影如梭，飞针走线中，不仅仅是布料间的契合，也是缝制岁月的写照。

字幕：盘扣

解说词：作为旗袍制作的最后一道工序，盘扣总能起到画龙点睛的作用。盘扣造型细腻优美、品种花样繁多，它所采用的图案表达的都是招福纳祥、吉祥如意之意，与中国传统文化相呼应。小小的盘扣蕴藏着质朴、自然的情愫，蕴含着人们对美好生活的寄托和追求。

解说词：岁月绵缠，时光沉淀。近些年来，旗袍越来越频繁地出现在国际舞台上，各大时装周上的中国元素备受关注。但想要旗袍更多地被世界了解，远不止进军秀场那么简单。

解说词：在洋洋潮流的喧嚣中，心怀一脉相承的东方情愫，阿云和她的 Tong Tong 旗袍店，就扎根于牛车水的这片繁华闹市中。

采访8：阿云采访——怎么了解、接触到的中国旗袍？

解说词：虽然从小在新加坡长大，对中国的文字和历史都不是十分了解，但阿云对旗袍却有着难以割舍的情怀。

采访9：阿云采访——对旗袍的热爱和坚持

解说词：荧光流转，珠联璧合。阿云将象征东方女性婉约美的旗袍传承到了海外，也将每个东方女人心底的旗袍情结无尽延续。

解说词：传统的旗袍制作工艺耗时长久，受到批量化时装的冲击。目前，旗袍的手工制作工艺已经成了非物质文化遗产，但旗袍文化的传承远没有想象中的那么顺利。

采访10：红馆店长采访——在旗袍店经营中感受到的最大的困难

采访11：李荒歌采访——谈古法旗袍的辛苦

采访12：刘晓雪采访——谈旗袍还会有发展

采访 13：阿云采访——谈旗袍的海外发展现状

解说词：创新但不冒进，刘晓雪正努力丈量出新时代旗袍的样子。执着的李荒歌，剪裁着她对旗袍的追求。红馆中的人们，始终以家族为纽带缝制着民族的技艺和文化。阿云为自己烙上盘扣、将旗袍传播到海外。不论走到哪里，不忘落叶归根，便是中国的民族特色。

# 尾　声

解说词：一代代旗袍匠人的坚持有赖于对旗袍的热情与创新，运用非经验式的中国服饰语言，不对当下流行趋之若鹜，但尽得潮流风致。她们真正倾心打造的，是糅东方美学于时尚灵魂、内外兼修的新古典主义生活藏品。

解说词：锦衣旗袍诗，曼玉花样时，一针一线，一丝一锦，裁衣裁心裁岁月，新时代的旗袍又将如何延续中国之美？

# 案例二《心目》

时长：24′32
导演：陆子豪
组员（带分工）：李佳琳（后期制作、公关、文案）
　　　　　　　　郭琬琪（统筹、制片、采访）
　　　　　　　　何婷（摄像、资料）
　　　　　　　　林志协（摄像）
　　　　　　　　章震（摄像）
　　　　　　　　秦政（摄像）
类型：纪录片
指导教师：张萌
内容简介：

本片以"心目影院"创始人的创业历程为线索，试图从助盲这个角度切入去看中国公益事业的多个侧面。片中既展现了公益人的举步维艰、社会公众对于公益的误解，又将"双向互助"这个公益理念传输给观众。

创作阐述（李佳琳、郭琬琪整理）：

## 前期——创意构思阶段

### （一）选题阶段

作为整个大学阶段的总结性作品，我们对毕业设计的投入与期望还是很高的。但是对于创作一部完整的纪录片来说，我们的制作周期非常短，仅有四个月的时间。因此，在选题申报阶段，我们提出了三个原则：一是选题的取景地尽量在京津冀等较近、较方便的区域；二是选题以人物为主；三是选题要尽量有社会意义、有公益性或是文化感。

此次选题的筛选，我们组的意见空前统一，几乎是全票通过。起因是我们组的导演曾经在一个盲人公益组织当过志愿者，参加过一次有关"心目影院"的公益活动。

所谓"心目影院"，指的是通过志愿者为盲人用语言描述电影的画面信息部分，弥补其视觉障碍带来的信息缺失，帮助盲人理解电影、"看"懂电影。这不仅是欣赏电影艺术，更重要的是使盲人朋友平等地享受社会生活。

现在，很多一二线城市都有一群致力于打造和服务于"心目影院"的志愿者。在助人的同时，志愿者也得到了更多的回馈。

在进行了初步调查与实地勘景，以及与指导教师充分沟通后，我们最终确定了做"心目影院"这一选题。我们希望通过志愿者与受助者的故事体现什么是真正的助盲，号召更多人能关注"心目影院"并且加入进来。

选题确定后，我们对这部作品的主题与结构做了三个方向的设想，一是从"心目影院"创始人的角度进行讲述，突出"眼盲与心盲"的主题；二是从盲人的角度展开，通过对盲人群体日常点滴的记录，来反衬"心目影院"在他们生活中的影响；三是从单纯第三方讲述人的角度客观讲述"心目影院"的发展与延伸。

### （二）收集素材、预先采访

在确定拍摄"心目影院"这一选题之后，成员们便开始搜集相关素材。除了参考大量公益类纪录片的叙事风格和表现手法以外，也需要对盲人群体的生活进行体验与了解。

由于我们平时极少接触盲人朋友，对于他们的生活状态和内心世界都并不了解，所以在拍摄前期进行了相当长时间的熟悉沟通。我们片中的主要拍摄对象王伟力（以下称"大伟老师"）是一位电影讲述人，给盲人朋友讲电影有 15 年的时间，对盲人朋友十分了解。所以在所知甚少的情况下，我们首先与大伟老师进行了沟通，对于盲人朋友如何获取外界信息、生活状态等基本情况有了一定了解。

片中主人公大伟老师义务助盲 15 年，此次拍摄他的助盲故事，显然我们的拍摄跨度无法覆盖他的所有经历。因此对于大伟老师早期的助盲故事及他的个人生活轨迹，我们主要通过前期搜集资料、预先采访进行了解。大伟老师与其爱人郑晓洁女士正式开始助盲之时，曾经创办过一档电视栏目《生命在线》，是关于残障人士的。也正是这档栏目，帮助大伟老师决心投入助盲事业。

考虑到片子的需要，我们找到了这档拍摄完成近 20 年的电视栏目，并且在网上搜集到了许多曾经拍摄大伟老师的纪录片和电视栏目，对于大伟老师的助盲故事有了更细致的了解。

通过前期的背景了解，小组成员们深刻体会到助盲的真正含义，对于本片深度的挖掘和主题表现有了更明确的目标。拍摄纪录片不能打无准备之仗，前期的充分了解为接下来的工作做了很好的准备。

## （三）撰写拍摄文案

经过一段时间的观察与思考，我们的纪录片主题发生了比较大的变化，由之前的"助人"开始转向"自助"。在撰写拍摄文案时，我们组经过讨论，从以下三个方面入手。

1. 本片要通过"心目影院"创始人做助盲这件事的自身变化来突出他从中得到的收获。

社会上大多数人把做公益单纯理解为献爱心，这其实是一种错误的公益理念。我们要做的是把一种"双向互助"的公益理念传输出去，尤其是助盲这件事，其实最大的受益者应该是施助人。

2. 我们还要找到一些共性问题。

这种共性也是我们要传达的一种共鸣：想要做成任何事情，其过程必然不容易，而这件事本身会不断地通过自己的方式来教会你该怎么做，冥冥之中，你自己成了被帮助的对象。

3. 社会大环境在发生变化，人民逐渐由物质追求转向精神追求，所以做公益这件事已经不仅仅是社会弱势群体的需求，也应该是社会文明进步的需求。

心理学家说当一个人完全不考虑自己的时候就会感觉愉悦，而助盲这件事就会达成这一条件。在帮助盲人朋友们的过程中，我们会反思，会在盲人身上审视自己，会思考如果和盲人朋友互换角色，又希望这个社会给我们带来什么。所以从这个角度来说，助盲真正的意义其实在于帮助明眼人解开"心盲"，擦亮双眼去看待世界。

## 中期——采访摄录阶段

## （一）拍摄沟通

《心目》整个拍摄过程历经三个多月（117 天），包括了"红丹丹视障文化交流中心"的所有日常活动与大型活动、主人公大伟老师和郑老师的日常跟拍记录、实时采访、盲人日常生活的跟拍记录等。为了保证纪录片的真实性，我们将拍摄周期拉得很长，在三个多月的拍摄过程中，我们和被拍摄对象不断沟通、熟悉，让他们适应镜头，最大限度地还原了被拍摄对象的真实状态。

《心目》的拍摄过程中，共记录盲人日常活动 28 次、盲人外出等大型活动 19 次，盲人采访 11 位，盲人日常跟踪拍摄 17 次，主人公跟踪拍摄 23 次，主人公采访 25 次。为了确保活动能够及时跟进，我们的制片人每周都会与"红丹丹视障文化交流中心"（以下简称"红丹丹"）进行沟通，以便随时制定详细的拍摄计划。除此之外，在整个拍摄的过程中，我们的全体组员也成了"红丹丹"的志愿者，用三个多月的时间体验、参与助盲活动。在这个过程中，我们与"红丹丹"的工作人员及盲人朋友有了更多的接触，也更能体会他们的想法与感受。

## （二）指挥调度

《心目》的拍摄制作过程历时 117 天，加上是异地拍摄，因此合理的调度是很有必要的。除了安排专人负责与"红丹丹"工作人员实时联系，掌握第一手活动信息外，也需要对每次拍摄的出行人数、具体路线及经费预算进行规划。

在人员分配上，拍摄阶段，摄制组（共 8 人）分为了 A、B、C 三组，A、B 组每组 4人，分别为一名统筹（兼录音）、一名现场导演（兼记录、灯光、置景）、两名摄像；C组为摄制组全体。根据具体活动和拍摄内容的需要，A、B 组轮换赴北京拍摄，大型活动时 C 组全员拍摄。而在活动调度中，则要考虑拍摄活动的时间、地点，高铁、地铁的路线规划，北京的实时路况及就近住宿等多个因素。

## 后期——剪辑制作阶段

## （一）画面粗剪

在画面粗剪阶段，首先进行的是素材画面的整理和筛选工作。《心目》在主要拍摄阶段共拍摄素材 6237 条（内存占比约 1200G，整体时长约 150 小时），而收集的历史素材、影像资料、音频资料共 207 段（内存占比约 500G）。

将素材分类整理好后，依照解说词及片子结构筛选素材，方便后期制作与修改。在筛选完成后，根据现有素材，与拍摄脚本等文案结合，进行片子整体结构和脉络的调整，敲定最终的结构框架。

《心目》的粗剪使用的视频编辑软件主要为 Adobe Premiere CC 2015，根据解说词内容分段剪辑，共分为六个段落。

1. 开篇

展现时代背景，以及主人公开启公益之路的背景介绍。多用历史资料进行快节奏的拼接，同时适当运用 AE 特效技术进行图像处理。

2. 探索——"心目影院"的起步

引入"心目影院"的概念。这部分，我们采取历史素材与拍摄素材相结合的方式，通过几次活动实拍，展现"心目影院"的日常状态，让观众充分了解"听电影"对于盲人生活的意义。

3. 低潮——"心目影院"发展过程中的坎坷与探索

通过对主人公及"红丹丹"主要工作人员的采访，还原"心目影院"发展所经历的坎坷及心路历程。在采访的过程中，穿插历史素材及部分情景再现，使画面更有说服力。同时加入了一些主人公夫妇二人的日常对话和生活细节，用以丰富人物，突出两人始终坚持的心态，为后面走出低谷做铺垫。

4. 转变——由助盲到为大众解开"心盲"的转变，逐渐探索出属于自己的独特公益之路通过对"红丹丹"四合院内各项助盲活动的实时记录，展现盲人生活的种种改变，再由这些改变引申出"助人"对于志愿者自身的影响，从而点出"双向互助"这个公益新概念，突出"心盲"的主题。

5. 陪伴与传承——助盲路上的夫妻之情以及对于未来的"迷茫"

通过对主人公夫妇二人日常生活细节的记录，突出助盲已经深入他们的生活之中，并运用夕阳、秋风等多种意象，衬托出主人公公益之路传承的窘境。

6. 展望与尾声

首尾呼应，呼吁社会关注此事。

素材按照段落要求进行初步排列后，就要开始细化解说词了。

## （二）解说词写作

纪录片《心目》解说词共有 15 版。最初的解说词大纲是前期与被拍摄对象沟通及实地勘景后撰写的，属于纪录片前期策划方案的初步完善和落实，主要用于把控纪录片的整体脉络及拍摄重点。而后几版解说词是在拍摄阶段及素材整理、画面粗剪完成后，根据现有内容整理完成的。到这一阶段，片子的整体结构框架已经定型，解说词与画面的配合，与采访、讲述的连贯性都需要设计好。此时就需要结合粗剪完成大致的画面备注，以及采访的细化和位置的确定。

最后 3 版解说词主要是在后期制作过程中，根据对纪录片时长、主题、情节点等的把控以及为了与后期包装、配音配乐更好地搭配而做了微调和删减。

## （三）配音与配乐

《心目》的解说词配音共找过 7 位播音主持专业的同学进行试音。在制作之初，我们考虑过很多种配音方案，如选男声还是女声、更偏重讲述感还是客观陈述等。在配音试音过程中，我们从开端、发展、低潮和尾声等各个阶段抽取了有代表性的解说词定稿片段，请配音员们试配，并将小样结合样片粗剪进行对比和挑选，最终选定了声音较为浑厚、有年代感的男声配音。

正式配音阶段，我们也参考了《舌尖上的中国》《我在故宫修文物》等优秀纪录片的配音风格，并将里面有相似性和参考价值的片段剪辑出来发给配音员，以调动配音员的感情，帮助其更好地理解片子的内容。

由于本片涉及的故事时间跨度较大，所以在配乐的选择上也要体现一定的年代感，来配合整部片子的节奏。本片开头部分交代了主人公夫妇从事公益事业之初的时代背景，所以选用了《走进新时代》这样节奏欢快、情绪激昂的音乐作为背景音乐。在讲述二人早期的公益经历时，选用了张国荣的《当年情》《沉默是金》的伴奏来配合。选用同一时期的背景音乐。更容易将受众情绪带入片中，引起共鸣。采访部分，配合主人公讲述内容的情绪起伏，配以 *Legacy*、*Journey*、*Fireflies* 等不同节奏的背景音乐，这些音乐不为观众熟悉，配到片中易于受众将的注意力集中到主人公讲述的内容上，起到很好的烘托情绪的作用。

## （四）精编与后期合成

在精编阶段，《心目》使用的视频编辑软件主要还是 Adobe Premiere CC 2015，适当加入了音频处理软件 Adobe Audition。在校色和包装阶段，则主要运用了 Adobe After Effects cc 和 DaVinci Resolve 达芬奇两款软件。

在精剪时，主要对粗剪画面进行了删减（由原本的 45 分钟删减为 22 分钟），缩减了采访内容，将主人公的部分采访内容融入解说词当中。字幕格式因节目类型和风格而定，《心目》选用的是左对齐式双语小字符式。中文字体为微软雅黑，加粗，加阴影，纯白色；英文字体为 Console，加粗，加阴影，纯白色。

声音的制作也需要精编。《心目》中的所有采访内容都是双轨录音（摄像机同步收音和 Zoom 无线话筒同期收音，后者的声音效果更好，杂音小），所以需要对所有 Zoom 录音机的采访音频进行对位。同时，在相应片段也需要加入环境同期声，如车流喧闹声、盲人盲杖的助力声或部分空镜头中的风声、鸟叫声等。这些同期声大部分是在现场实拍的素材中截取的，有的则需要单独补录或是在网络音频素材库中筛选。同时全片音频的音量应该是统一的，所以在精编阶段需要根据音频器校对，并通过"音频增益"或"音频定点曲线"进行修改。

校色主要用 Adobe Premiere CC 2015 中的"效果控件—颜色校正—RGB 曲线"和 DaVinci Resolve 达芬奇共同完成。在前期拍摄中，不同场景、不同时间拍摄的素材白平衡和光感都不相同，所以在后期包装中要将它们调到一个相同基准之后再上色。《心目》是偏重纪实的纪录片，全片上色程度不能过大，以还原真实为主。全片的校色风格为饱和度较高的暖色调，基于四合院内颜色对比度与饱和度的基础，调整了部分画面对比度与饱和度，大多加大了蓝色高光的比率，统一全片色调的同时，更衬托出了公益之路的"温暖"。但《心目》的校色还是有段落划分意识的，例如历史素材部分色调整体偏黄偏暗，低潮部分色调则略微偏冷。

## （五）校对与修改

同《CHINA·风韵》。

# 【附录 2】

## 《心目》解说词文案

字幕：但是……如果这些都看不见呢？

引言：一家专门面向盲人的电影院，坐落在北京的小四合院里，已经有十五年时间。从鲜为人知到蜂拥而至，如今，这里吸引人的地方，早已不单是为盲人朋友讲述电影。时光流转，和盲人朋友一起看世界的故事，才刚刚开始。

LOGO：心目

解说词：时间步入 21 世纪，全面建设小康社会成了整个国家发展的共识，除了经济与生活水平的提高，越来越多的人也将精力投入到了文化与娱乐产业当中。

解说词：2000 年年初，为了和爱人一起投身制作一档名为《生命在线》的助残节目，大伟辞去了中国科学院地质与地球物理研究所的工作。虽然节目收视率很高，但资金短缺，最终在大伟输血一年后停播。

采访 1：大伟老师——《生命在线》的由来，为什么要做《生命在线》？停播的原因？停播后是怎么做的？

解说词：2003 年，夫妻俩用仅剩的拆迁补偿款作为启动资金，创办了"红丹丹视障文化交流中心"，开始为视障人群提供媒体制作技能培训和无障碍信息传播服务。

解说词：2004 年，残疾人保障法的修改工作正式启动，残障人士的需求开始受到更多的关注。也是在这一年，一个盲人朋友来大伟家里做客。

采访 2：大伟老师——第一次给盲人讲电影的经历？当时是怎样的情景？知道他们的真正需求是什么吗？

解说词：就这样，一间不足 30 平方米的屋子、一台电视、一台 DVD、一个扩音器和三十几把椅子，组成了中国第一家盲人电影院。

解说词：每周六上午，盲人朋友们都会从北京的四面八方赶过来，来赴一场与电影的约会。信息的闭塞让盲人很难真正融入这个社会，而电影就像一个取之不尽的博物馆。

采访 3：大伟老师——谈讲电影的好处

采访 4：盲人奶奶——第一次听电影的感受

解说词：作为一个新兴的助盲模式，"心目影院"开始受到更多人的关注，来听电影的盲人越来越多。但大伟想做的却不止于此，他希望盲人们可以像明眼人一样正常地工作、生活。

解说词：但事情却没有想象中的那么顺利……

采访 5：郑老师——低潮时的"红丹丹"

采访 6：大伟老师——低潮时自己的状态

解说词：四合院的租金在不断地上涨，外界有不理解与猜忌，甚至被帮助的盲人也发出了质疑。

采访 7：郑老师——当时遇到的问题，盲人朋友对他们的不理解

解说词：伴随而来的是极度的迷茫与孤独。

采访 8：郑老师——讲述大伟老师那段时期的状态和自己的状态

采访 9：两人的顿悟

采访 10：大伟老师——如何看待那段低谷的时期？为何还要坚持干下去？

解说词：2008 年，盲人杨光站上了春晚的舞台，盲人这个群体也越来越受到大众的关注。

解说词：随着一次次电影的讲述，一个个故事形象渐入人心，"心目影院"让盲人

朋友们发生了由内而外的变化。

采访 11：盲人肖爷爷——"心目影院"给自己带来的变化

解说词：如今再回首过往，大伟已不愿过多提及那些"卖了车、用光存款，甚至向父母借钱"的困难处境，他只希望有更多的人去关注盲人群体，理解他们的不容易。

解说词：周五的朗诵课，周六的"心目影院"，周日的合唱团排练，不定期的徒步出行，以及名胜游览、各种形式的触摸体验……都成了这里的日常。

解说词：同时，"红丹丹"也创办了中国第一家语音图书馆，以及音频图书网站"心目悦读网"，为全国盲校的学生和老师，以及更多的视障者提供服务。

采访 12：盲人——自己对"红丹丹"的感受

采访 13：大伟老师——盲人朋友们所发散出来的东西，心态的变化，责任心

解说词：如今，随着自媒体的迅速发展与社会力量的加入，越来越多的人涌入这个四合院。

采访 14：郑老师——参加的志愿者有很多，大家一起成长

解说词：2017 年 9 月 23 日，一年一度的盲人运动会在北京体育大学拉开帷幕，这是"红丹丹"举办的第九届盲人运动会。

解说词：这样一场与众不同的运动会，意味着需要大量的志愿者和组织机构的参与。

采访 15：志愿者——盲人摔倒给志愿者的思考

解说词：当一个生命与另一个生命相互绑定后，"告诉我你看到了什么"似乎已经成了双方共同的话题。

采访 16：志愿者——志愿者在盲人身上学到了很多东西

采访 17：大伟老师——盲人给志愿者带来了什么？为什么能解开大众的"心盲"？给大伟老师带来了什么？

解说词："红丹丹"越做越好，"心目影院"也扩散到了全国各大城市，光上海一座城市就已经建成二十多家，越来越多的公益组织邀请大伟去各个城市孵化"心目影院"。

解说词：在很多人看来，大伟无疑是"心目影院"的代言人，但在这一过程中，他最想感谢的却是爱人郑晓洁。

采访 18：大伟老师——感谢郑老师，感谢陪伴者

解说词：表面光鲜的背后，是四合院管理者的刁难、其他组织的竞争。这一路走来，必然要有人专注于助盲服务，其他所有琐碎的管理和运营的各种问题就都落在了郑晓洁身上。

采访 19：郑老师——不管多累都值得，不后悔

解说词：四合院的后院有一小片空地，大伟种了一棵柿子树，现在也到了收获的季节。

解说词：时光流逝，为了盲人的方便，夫妻俩一直坚守在什刹海旁的这个小四合

院里。十四年过去了，59岁的大伟心脏已经搭了两个支架，身体也不似当年。

解说词：现如今，大伟闲下来就在家中录音，一本本心目图书、一张张光盘，助盲已经融入他的生活。

解说词：九十年前，海伦·凯勒就写下了《假如给我三天光明》。十五年前，这本书才在中国畅销。直到今天，"心目影院"走入了我们众人的视野。数十年以后，世界会怎样？我们又会怎样？而这个关于助盲的故事又将怎样出现在未来？而你，又希望未来会怎样呢？

字幕：你改变的，从来不只自己。

# 后 记

伴随着 2011 年国务院学位委员会对各学科门类的调整，天津师范大学获批了"戏剧与影视学"一级学科硕士学位授予权。其中，广播电视艺术学专业方向于 2012 年开始招生，2017 年电影学方向也开始招生。

2018 年 9 月 14 日，天津师范大学"戏剧与影视学"一级学科硕士学位授权点合格评估的专家评审会在新闻传播学院召开，并顺利通过合格评估。我作为该学科的学科带头人，在会上就学科的目标定位、人才培养、质量保障等方面进行了详细汇报；以国务院学位委员会"戏剧与影视学"学科评议组召集人胡智锋教授为组长的六位专家组成的评审组，通过听取汇报、审核学科相关材料、召开师生座谈会等，对该学科的发展和成绩给予了肯定，并提出要结合天津曲艺之乡的地位凸显学科特色，适度扩大招生规模，创办相关的研究机构，以便更好地服务于京津冀协同发展的国家战略。

当下京津冀协同发展战略的规划与实施，不只是缩小京津冀地区之间的差距，实现资源共享、优势互补、互利共赢，更需要突出京津冀的功能定位，以期提升京津冀各自的区域整体竞争力。天津作为北方曲艺的发祥地之一，彰显着别具一格的城市形象以及独特的历史文化与人文景观，既需要戏剧与影视学学科对相关史料的归纳与整理，更需要高质量的应用型影视创作人才服务于天津的戏剧影视文化产业。这是出于学校总体学科发展规划的需要，也是着眼于天津广播影视事业、天津地方经济发展的需要。即本学科在天津地区丰厚的传统文化与艺术成果基础上，与时俱进，侧重传播与艺术相结合，有效整合新闻传播资源，凝练学科方向与特色，明确与强化"聚焦学科前沿、服务京津冀"的学科目标定位，以适应当下多媒体时代媒介融合发展的必然趋势。

2016 年 10 月，"京津冀电影教育联盟"成立，天津师范大学为"京津冀电影教育联盟"的创始成员之一。该联盟的成立既是推动京津冀电影教育协同发展的重要举措，也是京津冀高校影视学科深度合作的一个里程碑。第二届"京津冀电影教育联盟"论坛由天津师范大学承办，并专门开设了研究生的分论坛，加强了京津冀学生之间的学术交流与探讨。

不仅如此，戏剧与影视学学科在持续发展之际，也在着力突出"天津曲艺与相声"的区域品牌，并充分发挥天津师范大学马季艺术研究会的相关职能，继续进行马季及其弟子相声作品的资料整理、"马季相声艺术研究"口述史的出版工作，筹划与承办第二届"马季杯"全国大学生相声展演，努力使相声艺术真正走进高校校园。2018年12月，我校申报的"中国相声艺术"获批了教育部第一批中华优秀传统文化传承基地；与此同时，依托于马季艺术研究会申报的"相声表演与理论人才培养"也获批了国家艺术基金2019年度艺术人才培养资助项目。

　　鉴于此，这套"戏剧与影视学"系列教材的出版正是对天津师范大学戏剧与影视学学科建设的一份贡献，且对我们个人、学科发展与科研团队也具有非同寻常的意义。

　　最后，我要特别感谢周星教授在百忙之中为该系列教材作总序，我还要感谢北京师范大学出版社的周粟编辑和朱前前编辑，我也要感谢参与该系列教材编写的每一位同仁。感恩与你们一路同行！

天津师范大学新闻传播学院教授、河北大学文学院博士生导师　王艳玲

2020年5月

# 参考文献

1. 童宁. 电视节目结构方法[M]. 北京：中国广播电视出版社，2004.

2. 董从斌，于援东. 影视节目制作技术简明教程[M]. 北京：清华大学出版社，2010.

3. 朱宝贺，王慧敏. 电视文艺编导教程[M]. 北京：中国传媒大学出版社，2012.

4. 刘荃. 影视后期特效制作理论与实践[M]. 北京：中国广播电视出版社，2006.

5. 杨柳，郭峰. 影视策划实务[M]. 南京：江苏美术出版社，2012.

6. 陈立强. 电视编导实用教程[M]. 北京：中国传媒大学出版社，2012.

7. 李林，刘万军. 电视编导实务[M]. 北京：中国传媒大学出版社，2013.

8. 王晓红. 电视画面编辑[M]. 北京：北京广播学院出版社，2002.

9. 邢益勋. 电视编导基础教程[M]. 北京：中国传媒大学出版社，2010.

10. 邵清风，李骏，俞洁，彭骄雪. 视听语言（第2段）[M]. 北京：中国传媒大学出版社，2013.

11. 田建国. 电视摄像实务[M]. 北京：中国传媒大学出版社，2013.

12. 宋家玲，张宗伟. 电视片写作[M]. 北京：中国广播电视出版社，2003.

13. 郑月. 电视节目导播[M]. 北京：中国传媒大学出版社，2007.

14. 刘海贵. 中国新闻采访写作教程[M]. 上海：复旦大学出版社，2008.

15. 张雅欣. 中外纪录片比较[M]. 北京：北京师范大学出版社，1999.

16. 刘林沙，陈锋. 影视节目编导与制作[M]. 北京：中国林业出版社，2013.

17. 王心语. 影视导演基础（修订版）[M]. 北京：中国传媒大学出版社，2009.

18. 徐威. 电视节目声音与制作[M]. 北京：中国广播电视出版社，2005.

# 说　　明

　　本书配有教学课件 PPT，请有需要的老师联系以下邮箱，获取《电视编导实训教程》及更多北师大出版社影视艺术与传媒类教材课件资源。

联系人：周编辑

联系邮箱：bnu2015ys@126.com